歐盟全球經濟治理

EU's Global Economic Governance

陳麗娟 主編

淡江大學出版中心

目　次

CONTENTS

序言

　　歐盟存在國際社會已經超過一甲子以上，在全球經濟治理扮演著愈來愈重要的角色，特別是在法律制度上，歐盟法不僅自成一格是一個獨立的法律制度，而且主導著全體會員國法制制度的發展。隨著全球金融海嘯的潮起潮落，2014 年上任的執委會主席 Juncker 提出了擴建基礎設施的振興經濟方案「容科投資計畫」，大力致力於結構改革，以促進歐盟的經濟復甦。

　　在歐盟的贊助下，「莫內講座教授」陳麗娟博士得以籌劃「歐盟全球經濟治理」學術研討會，分別針對歐洲專利保護制度、歐盟商標權保護、歐元的未來、歐美民用航空器補貼之爭端解決、歐盟電子商務發展、歐盟群眾募資法制、以及歐盟在全球金融治理之影響力，鉅細靡遺探討歐盟經濟法制的發展新趨勢。本書將此次研討會論文集結成冊，有助於國內學術界、產業界、商業界認識歐盟經濟法制及其在全球經濟治理之影響力。

　　再次衷心感謝歐盟的贊助，使得淡江大學歐洲聯盟研究中心成為亞太地區歐盟法研究的重鎮。

淡江大學歐洲聯盟研究中心主任
莫內講座教授
陳麗娟
2017.06.07

「容科計畫」之轉機與契機

陳麗娟

淡江大學歐洲研究所教授

莫內講座教授

前言：研究動機與目的

2007 年以來的全球金融海嘯使歐元區[1]（Euro Area）籠罩在一片低成長與高失業的經濟低迷現象，經濟復甦為歐盟的當務之急，除了在財政紀律、供給面的結構改革、需求面刺激消費與促進成長外，增加公共投資與民間投資，是克服經濟衰退的重要作法。歐洲景氣低迷需要有更多的刺激及誘因，以促進經濟成長及繁榮，2014 年歐洲中央銀行（European Central Bank）總裁德拉吉（Mario Draghi）在歐洲議會的經濟暨貨幣事務委員會亦指出[2]，僅靠貨幣政策並無法克服在歐元區支離破碎的金融市場，這種支離破碎的現象也反映出不平衡與制度的缺陷，因此必須大力進行結構改革，以改善商業環境與刺激投資，以期提高生產力、創造新的工作機會與提高經濟成長潛力。結構改革應聚焦在提高經濟成長潛力，而不是只是致力於財政穩定，應更進一步積極採取行動，以振興歐洲經濟。

2014 年歐盟執委會主席容科（Jean-Claude Juncker）提出「歐洲投資計畫」（Investment Plan for Europe），又稱為「容科計畫」，推動新的公共投資政策，希望藉由投資計畫鼓勵長期投資於基礎設施，促進歐洲

---

[1] 歐元已經成為全球第二大的儲備貨幣。目前使用歐元的國家有荷蘭、比利時、盧森堡、德國、法國、義大利、西班牙、葡萄牙、奧地利、芬蘭、愛爾蘭、希臘、賽浦路斯、馬爾它、斯洛維尼亞、斯洛伐克、愛沙尼亞、拉脫維亞，立陶宛亦於 2015 年 1 月 1 日使用歐元，共有 19 個會員國使用歐元，統稱為歐元區（Euro Area）。

[2] Introductory Remarks by ECB President Mario Draghi at the European Parliament's Economic and Monetary Affairs Committee on 17. November 2014.

經濟復甦，以創造更多的就業機會、長期的成長與提高競爭力。「容科計畫」猶如現代版的歐洲「新政」[3]（New Deal），「容科計畫」聚焦於消除投資障礙、對於投資項目提供看得見與技術上的協助、以及更有智慧的使用新的財務資源與現有的財務資源。在 2020 年以前，歐盟將陸續修改與增訂法規，以落實「容科計畫」。

歐盟已經成為國際社會重要的對話夥伴，在 WTO 架構下，全體會員國不得再就貿易議題對外發言，歐盟成為唯一的發言人，由歐盟以「一致的聲音」對外發言，歐盟積極的扮演其全球角色（global actor）參與擬定全球治理規則。本文針對「容科計畫」的內容進行分析，以期明瞭在全球金融海嘯後，歐洲振興經濟的具體做法，特別是「容科計畫」三大任務方向「資本市場聯盟」、「數位單一市場」與「能源聯盟」的內容。

壹、「容科計畫」

一、「容科計畫」提出的背景

2007 年以來的全球金融海嘯引發經濟與金融危機，重創歐盟的經濟發展，大多數的會員國精減公共支出，使得歐盟的投資水準大幅下滑，因而使歐洲經濟處於低迷的狀態，特別是在義大利、葡萄牙、西班牙、愛爾蘭與希臘等五國（通稱為「歐豬五國」），整體而言創了歷史新低的投資水準[4]，即便是歐盟富裕的會員國例如德國與盧森堡，在過去的數年，厲行撙節措施，為了減少公共支出，遲緩或限縮國內的基礎設施投資，因此有必要在全歐盟改善交通運輸連結、電力供應連結、超快速的寬頻網絡、以及改善學校與醫院的設備[5]，以帶動經濟復甦與走出經濟低谷。

---

[3] Jan David Schneider, "Growth for Europe – Is the Juncker Plan the Answer?" (Discussion Paper, European Policy Center, March 20, 2015), p.3.

[4] COM (2014) 903 final, p.4.

[5] Laurence Peter, "EU Investment: Juncker's Cunning Plan," *BBC News*, December 17, 2014.

　　整體而言，希臘、賽浦路斯、拉脫維亞、葡萄牙、羅馬尼亞、斯洛維尼亞與西班牙等七國，是公共投資下滑最嚴重的國家；義大利、愛沙尼亞、芬蘭、保加利亞、丹麥、愛爾蘭、立陶宛、法國、荷蘭亦大幅減少基礎設施的投資；而波蘭、盧森堡、瑞典、德國與比利時等五國仍有高於 2007 年的投資水準，公共投資減少連帶的影響建築 / 住房投資、企業擴充設備投資與基礎設施投資。[6]

　　造成公共投資下滑有許多原因，遲緩的經濟成長是主要的原因，而公共投資下滑是阻礙經濟復甦的一個最重要因素。公共投資減少與成長遲緩是歐洲景氣低迷的主因，因此有必要採取特別的政策結合結構改革措施、有利於成長的金融改革、加強經濟暨貨幣同盟的治理、以及減少不確定因素等，以刺激投資與成長。[7]另一方面，民間投資亦明顯下滑，由於金融與主權債務危機而使得銀行變得十分脆弱，在實施銀行改革後，提高銀行資本適足的要件，也使得貸款與風險佈局的轉變，但卻造成中小企業很難取得融資以擴充生產設備，銀行緊縮銀根政策同時影響了長期的投資項目。[8]政策與經濟的不確定性，也影響投資人在歐盟投資的意願，財政整頓措施亦會影響歐盟的資本形成。[9]

　　上述這些因素造成投資下滑，而景氣低迷不振，改善中期的生產力成長是當務之急，以公共投資帶動生產力成長成為首要工作，而投資於經濟的無形資產（intangible asssets of the economy），就是所謂的「以知識為基礎的資本」（knowledge-based capital）[10]。無形資產的投資有助於增加與更新企業與國家的知識資本財。[11]與美國相比，歐盟在無形投資上，遠遠落後於美國，由於財政撙節措施而使得基礎研究的公共經費亦

[6]　Eulalia Rubio, David Rinaldi, Thomas Pellerin-Carlin (2006), "Investment in Europe: Making the Best of the Juncker Plan, " Jacques Delors Institute, p.28.

[7]　Ibid., p.29.

[8]　Ibid., p.30.

[9]　Ibid.

[10]　OECD, *Supporting Investment in Knowledge Capital, Growth and Innovation* (Paris: OECD, 2013).

[11]　Eulalia Rubio, David Rinaldi, Thomas Pellerin-Carlin (2006), op.cit., p.31.

遭大幅刪除，其中義大利、希臘、西班牙最為嚴重[12]，因此歐盟更需要進行結構改革，以提升競爭力，同時允許新的新創企業進入市場、採取特別的措施（例如租稅減免、特別的公共擔保計畫以流動風險投資）以鼓勵民間投資於研究發展。[13] 優質訓練的人力是創新與適當運用新知識資本的前提要件，因此人力與教育政策也是歐盟以知識基礎振興經濟的重要策略。[14] 總而言之，歐盟有必要提高公共投資，以促進經濟復甦。結構改革聚焦於促進成長潛力，同時應採取更積極的措施，有些學者主張應刺激消費[15]，有些學者主張應採取廣泛的成長策略，以提高民間及公共投資，這應該是容科提出投資計畫的重要背景因素。[16]

由於全球金融海嘯的衝擊，2010 年以來，歐盟強調全體會員國應遵守財政紀律與屢行撙節措施，但另一方面又必須鼓勵投資，以促進經濟成長，2012 年 6 月舉行的歐洲高峰會議[17]（European Council）通過「成長與就業公約」[18]（Compact for Growth and Jobs），又稱為「財政穩定

---

[12] 丹麥、芬蘭與德國在金融海嘯期間卻增加在研究與發展的公共支出。

[13] Eulalia Rubio, David Rinaldi, Thomas Pellerin-Carlin (2006), op.cit., p.32.

[14] Ibid., p.33.

[15] P. Legrain, "Germany's Economic Mirage," EurActiv, September 23, 2014, accessed March 10, 2015, http://www.euractiv.com/sections/eu-priorities-2020/germany-economic-mirage-308648.

[16] Jan David Schneider (2015), op.cit., p.2.

[17] 歐洲高峰會議係由歐盟會員國國家元首與政府首長組成的理事會形式，國內研究歐盟法學者均以「歐洲高峰會議」名稱稱之。依據歐洲聯盟條約第 15 條之規定，歐洲高峰會議由會員國的國家元首與政府首長、歐洲高峰會議主席與執委會主席組成，外交暨安全政策的聯盟高級代表參與其運作。歐洲高峰會議應給予聯盟發展必要的推動，而為推動發展確定一般的政治目標和優先的項目。歐洲高峰會議並不參與立法，為歐盟政治領導重要的角色，其決議不具有法律上的拘束力。惟應注意的是，歐洲高峰會議與歐洲理事會（Council of Europe）為兩個完全不相關的概念，歐洲理事會由 10 個歐洲國家（比利時、丹麥、法國、愛爾蘭、義大利、盧森堡、荷蘭、挪威、瑞典與英國）於 1949 年在法國史特拉斯堡所締結的國際條約，目前共有 43 個會員國。歐洲理事會的宗旨，為致力於歐洲的人權保障、基本權力的繼續發展與文化合作，以促進經濟與社會的進步。

[18] 「成長暨就業公約」又稱為財政穩定公約（Fiscal Stability Treaty），除捷克與英國外，所有會員國皆為簽署國，為一個政府間的條約（intergovernmental treaty），自 2014 年 4 月 1 日起，在 25 個會員國生效施行。整體而言，財政穩定公約為

公約」（Fiscal Stability Treaty）作為因應金融海嘯的「黃金法則」（Golden Rule），以作為促進經濟成長的方法，同時囊括 1,200 億歐元的投資包裹。2012 年與 2013 年，歐元區持續的經濟負成長，促使新任執委會主席容科提出新的經濟振興方案。

在 2014 年 7 月 15 日，執委會主席容科在歐洲議會進行就職演說時，即強調致力於提高歐洲的競爭力、促進在歐洲的投資活動，以期創造更多的就業機會及促進經濟成長。[19] 容科強調，由歐盟的預算提撥 160 億歐元與歐洲投資銀行出資 50 億歐元，集中投資於基礎設施，例如寬頻、能源網絡、在工業中心的運輸基礎設施、再生能源項目、教育及培訓、支援中小企業與中型的資合公司等。[20]

2014 年 9 月，歐盟成立了一個「投資專案小組」（Special Task Force for Investment），由執委會、歐洲投資銀行（European Investment Bank）與會員國政府代表組成，2014 年 12 月「投資專案小組」提出一份最終報告，以作為投資計畫振興經濟的理由 [21]，同時詳細表列 2,000 個計畫

歐盟法架構外的國際條約，但簽署國必須將財政穩定公約轉換成國內法，特別是必須符合財政穩定公約規定的財政預算規則，即一般預算赤字（general budget deficit）不超過 GDP 的 3%、結構赤字（structural deficit）不超過國家特別的中期預算目標、至多不超過 GDP 的 0.5%、債務與 GDP 的比例不超過 60%；每三年必須重新計算國家特別的中期預算目標。應建置一個自動的修正機制（automatic correction mechanism），以修正可能的明顯偏離。執委會與理事會負責監督遵循預算原則，若認為會員國違反預算赤字 3% 的上限或不遵循債務水準規則時，執委會應啟動超過赤字程序（Excessive Deficit Procedure）與提出一份對會員國的反制措施建議，以修正這種超過赤字的現象。原則上，反制措施只是概述、指出應採取修正行為的規模與時程表、考慮國家特別的財政永續風險。在全面評估結構收支平衡的基礎上，評價每個會員國是否有遵循中期預算目標。若歐元區的會員國一再違反遵守中期預算目標與「成長暨就業公約」規定的財政限制原則的調整途徑（adjustment path）時，執委會得對該會員國課以其 1% GDP 的罰鍰，但理事會得以三分之二多數決議否決此一罰鍰。

[19] COM (2014) 903 final, p.3

[20] Nicholas Hirst and Dave Keating, "Juncker Outlines Investment Plan," accessed August 11, 2015, http://www.politico.eu/article/juncker-outlines-investment-plan/.

[21] Special Task Force for Investment, "Final Task Force Report," accessed December 14, 2016, http://ec.europa.eu/priorities/jobs-growth-investment/plan/docs/special-task-force-report-on-investment-in-the-eu_en.pdf.

項目，應在三年（2015-2017 年）投入高達 1.3 兆歐元的經費。[22]「投資專案小組」指出，現階段存在的投資障礙與瓶頸 [23]，有必要進行結構改革與財政整頓，同時應簡化法規與行政程序，以解決對於民間投資的障礙 [24]，特別是中小企業的融資問題。[25]

2014 年 11 月，容科接任執委會主席後，提出歐洲投資計畫（Investment Plan）的倡議，推動新的投資政策，希望藉由投資計畫長期投資於基礎設施，促進歐洲經濟復甦 [26]，以創造更多的就業機會、長期的成長與提高競爭力。[27] 2014 年 12 月 6 日，執委會在史特拉斯堡舉行會議時，提出振興經濟的最優先方案，即為「歐洲投資計畫」（Investment Plan for Europe），又稱為「容科計畫」（Juncker Plan）或「歐盟基礎設施投資計畫」（EU Infrastructure Investment Plan）。[28] 目標為在 2015 年至 2017 年三年的會計年度在實體經濟進行 3,150 億歐元的公共與民間投資。2015 年 1 月 9 日，拉脫維亞接任理事會的輪值主席，在首都 Riga 舉行的歐洲高峰會議中，拉脫維亞總理 Laimdota Straujuma 強調，拉脫維亞將聚焦在落實執委會的 3,150 億歐元投資計畫上，以承諾支持歐洲的商業發展。[29] 2015 年 6 月 24 日，歐洲議會決議支持容科的投資計畫倡議，以期致力於歐洲的經濟復甦。[30]

整體而言，「容科計畫」希望藉由鼓勵投資於基礎設施方案，以促

---

[22] Ibid., p.10.

[23] Ibid., p.5.

[24] Business Europe, "Business Europe Expectations from an EU Investment Plan," accessed December 14, 2016, http://www.businesseurope.eu/content/default. asp?Page1D=568&Doc1D=33551, p.3.

[25] Bain & Company and the Institute of International Finance , "Restoring Finance and Growth to Europe's SMEs ," accessed December 14, 2016, http://www.bain.com/Images/ REPORT_Restoring_financing_and_growth_to_Europe%27s_SMEs.pdf.

[26] "Investment Plan," accessed August 11, 2015, http://ec.europa.eu/priorities/jobs-growth-investment/plan/index_en.htm.

[27] COM (2014) 903 final, p.4.

[28] EC Press Release, "A New Start: European Commission Work Plan to Deliver Jobs, Growth and Investment," accessed December 6, 2014.

[29] The Parliament Magizine, January 9, 2015 – News.

[30] European Parliament Plenary sessions, June 24, 2015.

進歐盟長期的成長及加強會員國的結構改革。「容科計畫」的內容涵蓋運輸、能源基礎設施、教育、健康、研究、資訊與通訊技術、創新、再生能源、環境基礎設施、都市更新與社會領域、對中小企業的財務援助。

二、「容科計畫」的目標

2015 年 6 月 24 日，歐洲議會決議支持容科的投資計畫倡議，以期致力於歐洲的經濟復甦。[31]「容科計畫」的目標為動員民間資金進行投資策略，以克服在歐盟境內的投資缺口，有下列三大目標：

1. 藉由深化的單一市場廢除現有的投資障礙。
2. 對於投資項目，提供看得見與技術上的協助。
3. 更有智慧的運用新的與現有的財務資源。

也就是「容科計畫」三大優先目標就是要建構「資本市場聯盟」（capital markets union）、「數位單一市場」（digital single market）與「能源聯盟」（energy union）。單一市場一直是歐洲經濟成長策略的核心，但不論在會員國層次或歐盟層次，仍有許多的制度障礙、瓶頸與以及不同的會員國利益，因而阻礙競爭力與成長的利益。「容科計畫」的首要任務之一就是要活化單一市場，應致力於廢除單一資本市場（single market for capital）的障礙，並建立一個資本市場聯盟、克服殘缺不全的能源市場、促進數位經濟及創新。[32]

「容科計畫」的第一步是要進行大規模的公共投資，以期促進歐元區的經濟復甦，因此應聚焦於公共財的大規模投資[33]，根據國際貨幣基金（International Monetary Fund，簡稱 IMF）的數據顯示，在金融海嘯期間，歐洲的投資銳減，對於歐洲經濟的復甦非常不利，尤其是對於中

---

[31] Ibid.

[32] Pier Carlo Padoan, "Making Progress in Economic and Monetary Union," in *Stagnation Verus Growth in Europe: Capitalism in the 21st Century*, ed. Luigi Paganetto (New York: Springer, 2016), p.2.

[33] F. Zuleeg, "A New Deal for growth and jobs in the eurozone revisited," European Policy Centre, January 27, 2014, accessed March 10, 2015, http://www.epc.eu/pub_details.php?cat_id=4&pub_id=4100.

小企業融資條件更為嚴峻，猶如雪上加霜，因此「容科計畫」對於中小企業而言，有積極的效應，至少顯示在歐盟層級積極規劃如何使經濟復甦與促進成長。事實上，在創新、基礎設施或基礎研究發展非常需要公共投資，亦可以充分補充在這些領域民間投資的不足，例如能源系統與基礎設施的公共投資可以吸引民間的資金，二者是相輔相成[34]，民間投資可以協助興建與擴建基礎設施的建設，增加就業機會及帶動經濟復甦。

三、「容科計畫」的內容

　　歐盟投資計畫聚焦於消除投資障礙、對於投資項目提供看得見與技術上的協助、以及更有智慧的使用新的與現有的財務資源。投資計畫應在下列三個領域積極規劃[35]：

1. 在三年內至少應啟動籌集投資 3,150 億歐元。
2. 支援在實體經濟的投資，主要可以分為 (1) 協助在歐盟與海外的機構投資人取得更多的投資項目、(2) 協助項目推動者更容易取得風險融資、(3) 協助員工在 3,000 人以上的創新型中小企業更容易取得融資[36]。
3. 創造一個有利於投資的環境。

（一）資本市場聯盟

　　資本市場聯盟是「容科計畫」的三大優先目標之一。[37] 2015 年 2 月 18 日，執委會提出「建構資本市場聯盟綠皮書」（Green Paper: Building a Capital Markets Union）[38]，闡述在「容科計畫」下，建構一個

---

[34] Jan David Schneider, op.cit., p.3.

[35] "Investment Plan," accessed September 16, 2016, https://ec.europa.eu/priorities/jobs-growth-and-investment/investment-plan_en.

[36] Ibid.

[37] "Capital Movements," accessed March 6, 2017, http://ec.europa.eu/finance/capital-markets-union/index_en.htm.

[38] COM (2015) 63 final.

資本市場聯盟，以在全體會員國間形成一個真正的單一資本市場。相較
於其他國家，歐洲企業仍相當仰賴銀行取得融資，因此更強大的資本市
場可以補充銀行提供融資，同時可以投資更多企業（特別是中小企業）
與基礎設施項目、吸引更多外國的投資人到歐盟投資、以及開放更廣泛
的融資來源、建立更穩定的金融制度。[39]

自 2015 年 2 月開始，執委會開始向各界進行公開諮商，回收超過
700 個回應，歐洲議會與理事會均強烈支持應逐步建構資本市場聯盟。
因此在 2015 年 9 月 30 日，執委會提出「建構資本市場聯盟行動計畫」
（Action Plan on Building a Capital Markets Union）[40]，執委會指明首要目
標為強化歐洲經濟與促進投資，以創造就業；為加強長期投資，因此需
要有更強大的資本市場，以提供企業新的融資來源、協助儲蓄人更多的
儲蓄選擇、使經濟更有彈性，這也是容科接任執委會主席後的首要工作
項目之一，應在全體會員國建構一個真正的單一資本市場，即所謂的資
本市場聯盟。[41]

資本市場聯盟是提供所有企業（包括中小企業在內）與基礎設施項
目所需資金的融資管道，藉由儲蓄與成長之連結，可以提供給儲蓄人與
投資人新的投資機會與選擇，而更深化與更整合的資本市場可以降低融
資成本與使金融體系更有彈性，全體會員國可以從建構一個真正的單一
資本市場受惠。[42] 透過資本市場聯盟，支援經濟凝聚與協助解決歐元區
的經濟震盪，亦可以支撐經濟暨貨幣同盟。[43] 更強大的資本市場可以補
充強勢的銀行融資傳統，同時更強大的資本市場有下列的作用：

1. 開啟更多來自歐盟與其他國家的投資：資本市場聯盟有利於歐洲資
   金的流動，將資金導向所有的企業（包括中小企業在內）、基礎設
   施與長期永續的項目，皆有助於創造更多的就業機會；另一方面，

---

[39] Ibid., p.2.

[40] COM (2015) 468.final.

[41] Ibid., p.3.

[42] "Capital Movements," accessed March 6, 2017, http://ec.europa.eu/finance/capital-markets-union/index_en.htm.

[43] COM (2015) 468.final., p.3.

資本市場聯盟亦提供儲蓄人更好的選擇，可以規劃更好的退休理財。

2. 在歐盟內有更好的連結投資項目的融資：市場規模小、而有高成長潛力的會員國對於其基礎設施項目，可以獲得更好的融資與投資管道；而已經開始發展資本市場的會員國可以從更大的跨國投資與存款機會獲益。

3. 使金融體系更穩定：完整的金融與資本市場有助於會員國（特別是歐元區的會員國）承擔經濟震盪的衝擊。

4. 深化金融整合與提高競爭力：更多的跨國風險分享、更深化及更流通的資本市場、更多元的資金來源將深化金融整合、降低成本費用及提高歐盟的競爭力。

　　簡言之，資本市場聯盟將加強儲蓄存款與成長的連結，可以提供給儲蓄人及投資人更多的選擇與更好的獲利，同時亦會給企業在不同發展階段更多的融資選擇。要達成資本市場聯盟，必須採去許多具體的措施，以便消除在投資人的資金與投資機會間的障礙、克服阻礙企業取得融資的障礙，應盡可能使會員國內與跨國的融資管道更有效率。愈緊密整合的資本市場與逐步消除會員國現有的障礙，以避免有可能會對金融穩定產生新的風險，因此應提高金融監理整合，以便資本市場的主管機關以一致的方式進行監理，並加強可使用的工具，以審慎有效的管理系統風險（systemic risks）。[44]

　　根據在公開諮商的回應與執委會自己的分析，執委會在「建構資本市場行動計畫」中，指出將針對下列的領域採取具體的措施：[45]

1. 對歐洲企業與中小企業提供更多的融資選擇

　　歐洲企業在融資的每個階段與公開發行市場仍有許多的法規障礙，這些法規障礙限制了中小企業上市股票與發行債券，因此執委會將採取下列的措施：

(1) 現代化公開說明書指令，以減少企業公開募集資金的費用、檢討

---

[44] Ibid., p.3.

[45] Ibid., pp.4-6.

小企業在股票市場和債券市場上市所面臨的法規障礙、透過歐洲諮詢結構支援小企業的上市活動。

(2) 公布包裹措施，以在歐盟內支持風險資本（venture capital）與股票融資，包括透過泛歐基金的基金（pan-European funds-of-funds）、法規改革、鼓勵租稅誘因的最佳實踐，以催化民間投資使用歐盟資源。

(3) 促進創新形式的商業融資，例如群眾募資（crowdfunding）、私募、貸款發起基金（loan-orginating funds）、投資人保護與金融穩定。

(4) 開發建構泛歐途徑的方式，以使中小企業與更多的融資來源有更好的連結。

2. 對長期與永續投資、及歐洲基礎設施的融資，確保適當的法規環境

歐洲需要許多新的長期永續投資，以維持與提高競爭力。透過「容科計畫」3,150 億歐元公共支援措施，可以協助長期投資，但亦須要採取措施以開啟長期的民間投資。因此執委會將採取下列的作法：

(1) 儘速修訂 Solvency II，更真實的反應基礎設施投資真正的風險，接著檢討在資本適足要件規章中，銀行對基礎設施曝險的處理。

(2) 評估先前法規改革的全面衝擊，以確定凝聚與持續，這是執委會希望有更好的法規與 2013 年歐洲議會開始進行凝聚歐盟金融服務立法的一部分。

3. 增加投資與供零售及機構投資人的選擇

資產管理人、人壽保險公司與退休金基金直接或間接持有零售的儲蓄存款，有助於開啟資本市場。在公開諮商的結果，也顯示有利於零售投資人作更卻的投資選擇，歐洲的資產管理業逐漸步上軌道，但仍需要加強「歐洲護照制度」[46]的跨國監理與競爭。執委會並將採取下列的措施：

---

[46] 自 1999 年起，歐盟陸續公布許多法規整合歐盟的金融市場與消除阻礙跨國金融服務活動的法規障礙，逐漸形成一個單一的金融市場，並發展出金融業取得一個會員國核准設立，即得在其他會員國經營業務，即為所謂的「歐洲護照制度」。

(1) 藉由綠皮書的諮商結果，找出方法，以促進跨國零售金融服務與保險的選擇性與競爭力；同時，評估對於零售投資的法規架構，特別是針對改善透明度、以及針對愈來愈多的線上融資提供改善投資諮詢的品質與可取得的融資。

(2) 開發新的方式，以增加退休儲蓄的選擇與建構一個個人歐盟退休金儲蓄市場，退休金提供者亦可在歐盟內選擇提供私人退休金的時間。

(3) 擬定一個有效的「歐洲基金護照」（European Fund Passport）作為統一的核發執照標準，以消除跨國的手續費與障礙，以期提高競爭力及增加消費者的投資選擇。

4. 提高銀行提供借貸的能力

銀行作為提供產業融資的主要借貸人與資本市場的中介者，銀行在資本市場聯盟將持續扮演一個核心的角色。由於銀行有很強的地緣人脈關係與資訊，因此銀行仍將是資本市場最主要的融資來源。

5. 消除跨國的障礙與發展在全體會員國的資本市場

雖然歐盟已經成功的發展一個單一的資本市場，但仍有許多的法規障礙影響跨國的投資，例如會員國不同的破產法、租稅法與證券法，因而造成支離破碎的市場結構。

因此，此一「建構資本市場聯盟行動計畫」描繪出在 2019 年以前，應在全體會員國建構一個發揮良好作用與整合的資本市場聯盟，由於這是一個長期的計畫，因此執委會將快速的進行各項措施，在 2017 年執委會將進行成果的評價與重新評估優先執行的項目。[47]

（二）數位單一市場

互聯網（internet）與數位科技改變了世界，但在數位時代（digital age），歐盟卻面臨許多的障礙，例如僅 7% 的中小企業進行跨國的商品交易與提供服務。2010 年 5 月 19 日，執委會提出「歐洲數位議程」[48]

---

[47] COM (2015) 468.final., p.6.

[48] COM (2010) 245 final.

（Digital Agenda for Europe），以作為「歐洲 2020 策略」[49]（Europe 2020 Strategy）的七個支柱[50] 之一，首要目標為發展一個數位單一市場，以期促進在歐盟的智慧、永續及融合的成長，更佳的利用資訊與通訊技術。「數位議程」的措施包括：

1. 落實數位單一市場，主要為開放進入合法的線上內容。
2. 簡化電子支付與會計，特別是完成「單一歐洲支付區」[51]（Single Euro Payment Area，簡稱 SEPA）。
3. 統一電子通訊服務。
4. 改善器具、運用、資料庫、服務與網絡的相容性與規格。
5. 加強互聯網信任與線上安全，以期對抗數位犯罪及線上的兒童色情與加強隱私及個資的保護。
6. 促進快速與光纖快速的互聯網入徑。
7. 提高投資於與資訊技術相關的研究與創新。
8. 改善數位職權、專業資格與整合。

　　「容科計畫」的另一個重要議題，就是要完成數位單一市場，以便確保在數位單一市場內保障商品、人員、服務與資金的自由流通。2015 年 5 月 6 日，執委會公佈「數位單一市場策略」[52]（Digital Single Market Strategy），以期對人民及企業開放數位機會與提高歐盟在數位經濟（digital economy）世界領導的角色。「數位單一市場策略」包含下列三個支柱：[53]

---

[49] COM (2010) 2020 final.

[50] 這七個支柱為歐洲數位議程（Digital Agenda for Europe）、創新聯盟（Innovation Union）、青年遷徙（Youth on the Move）、能源效率的歐洲（Resource Efficient Europe）、全球化時代的產業政策（An Industrial Policy for the Globalisation Era）、新的專業與就業議程（An Agenda for new Skills and Jobs）與歐洲對抗貧窮平台（European Platform against Poverty）。

[51] 單一歐洲支付區係歐盟整合跨國的歐元支付，簡化銀行匯兌歐元的手續。2015 年 7 月，單一歐洲支付區包括歐盟的 28 個會員國、冰島、列支敦斯登、挪威、瑞士、摩納哥與聖瑪麗諾。

[52] COM (2015) 192 final.

[53] "Digital Single Market," accessed March 6, 2017, https://ec.europa.eu/digital-single-

1. 進入：在全歐洲境內，消費者與企業更佳取得數位商品與服務。
2. 環境：對數位網絡與創新服務，創造正確的條件與平順的交易環境。
3. 經濟暨社會：最大化數位經濟的成長潛力。

　　數位單一市場的目標，包括下列各項：[54]

1. 盡快完成共同的歐盟資料保護規則。
2. 致力於正在進行的電信規則改革。
3. 修訂著作權法，以因應新的科技發展。
4. 簡化消費者線上買賣的規則。
5. 應使創新者更容易開創其自己的事業。
6. 鼓勵數位專業與學習。
7. 在全歐盟境內，有相同的線上內容與服務。

　　據估計，數位單一市場可促進歐盟經濟高達 4,150 億歐元，可以促進就業、經濟成長、競爭、投資與創新。數位單一市場可以擴張市場，以更好的價格提供更好的服務，消費者有更多的選擇與創造新的就業來源，對於新創公司與現存的企業亦創造新的商業機會。[55]

（三）能源聯盟

　　能源聯盟係指更安全、更容易取得與更永續的能源，永續能源可以跨越邊界自由流通，並且可以在每一個歐盟會員國內安全供應援能。新的技術與更新基礎設施可以減少人民的日常支出與創造新的工作機會與專業技術，同樣的企業可以擴大出口與促進成長。這些都會造成永續、低碳與更環保的經濟，歐盟因而也成為再生能源生產與對抗全球暖化的先驅。[56]

---

market/digital-single-market.

[54] "Digital Single Market," accessed March 6, 2017, https://ec.europa.eu/commission/priorities/digital-single-market_en.

[55] Ibid.

[56] "Energy Union and Climate," accessed March 6, 2017, https://ec.europa.eu/priorities/energy-union-and-climate_en.

能源聯盟應確保歐洲有安全、可取得與環保的能源，更有智慧的能源使用，同時可以對抗氣候變遷，可以創造新的就業機會與促進經濟成長，並且投資歐洲的未來。歐盟已經開始實施能源聯盟架構策略（Energy Union Framework Strategy），將過渡到一個低碳、安全與有競爭力的經濟（a low-carbon, secure and competitive economy）。[57]

歐盟的能源聯盟策略主要有五個相關與相互補充的要素：[58]

1. 供給安全：多元的歐盟能源來源、更佳與更有效率的使用在歐盟境內生產的能源。

2. 一個完全整合的單一能源市場：使用相互連結器可以使能源在歐盟內自由流通，也就是沒有任何的技術或法規的障礙，能源供應者可以自由競爭，以最好的價格供應能源。

3. 能源效率：消費較少的能源，以期降低污染與保存國內的能源來源，目的就是減少歐盟對於能源進口的依賴。

4. 氣候行動即降低排放廢氣：更新歐盟的廢氣排放交易制度（Emmissions Trading System）與推動 2015 年 12 月巴黎氣候高峰會議決議的全球廢氣交易，並鼓勵民間投資於新的基礎設施與技術。

5. 對於氣候的研究與創新：藉由協調研究與協助取得民間部門的融資夥伴項目，支援突破低碳技術。

在「容科計畫」架構下，建構一個永續的能源聯盟，歐盟並且已經撥款給能源聯盟，以期進行再生能源與能源效率的計畫，而按照執委會的估計，在 2030 年前，需要投資超過 2 兆歐元，以建置電力網絡、能源效率（energy efficiecy）與清淨發電。[59]

能源效率為現階段歐盟基礎設施建設的優先項目之一，為了使能源效率與電力和天然氣系統有更好的連結，一方面歐盟將降低 80% 從俄羅斯的天然氣進口，另一方面亦減少 80% 天然氣新的基礎設施需求。[60]

---

[57] Ibid.

[58] Ibid.

[59] E3G, accessed September 28, 2016, https://www.e3g.org/library/europe-needs-a-stronger-investment-plan-for-theenergy-union.

[60] Ibid.

清淨能源投資是一個長期投資項目，對於歐盟的安全、成長與競爭力非常重要。

低碳經濟（low-carbon economy）是對抗氣候變遷與全球暖化的必要手段，必須在能源、交通運輸、水與建築領域等進行大規模基礎設施的改建與擴建，以期建構更有效率、更低碳與更符合氣候的基礎設施，不僅可以提高環境利益，同時可以提高歐盟經濟更高的成本效益與協助維持或提高歐盟的競爭利益。依據 OECD 對於低碳基礎設施的定義，係指協助減緩排放溫室廢氣或支援配合氣候變遷調整的基礎設施，這種類型的投資主要在改建原來的基礎設施，即所謂的「褐地投資」（brownfield investment）、興建或擴建新的基礎設施，即所謂的「綠地投資」（greenfield investment）。[61]

執委會在低碳經濟路徑（Low Carbon Economic Roadmap）報告指出，每年需要增加公共與民間投資約 2,700 億歐元，以期支付建立一個有效率、低碳、能源與運輸系統。[62]基礎設施的擴建需要民間資金的投入，因此為鼓勵民間投資轉型成為低碳經濟，在法規面與長期的政策方針必須做適當的調整，以便刺激民間投資於低碳技術與基礎設施，運用金融工具[63]（financial instrument），藉由結合這些項目減少財務風險，以催化民間投資於低碳項目。[64]歐盟已經完成能源聯盟重要的工作，包括至 2030 年的能源暨氣候政策架構[65]（policy framework for energy and climate

---

[61] Jan David Schneider, op.cit., p.33.；「褐地投資」與「綠地投資」為外國直接投資主要的兩種形式。

[62] European Commission, A Roadmap for moving to a comparative low carbon economy in 2050, COM (2011) 112 final.

[63] 為促進策略投資。執委會提出建構一個新的歐盟金融工具服務（New EU Financial Instruments Service）以提供可能的投資人諮詢與援助，即為所謂的金融指南（fi compass），亦為「一站式諮詢中心」（one stop shop advisory hub）的一部分。金融工具是運用歐盟預算經費的一種資源效率方式，得以投資於產業。金融工具包括貸款、擔保、股票、風險資金與其他含有風險的工具。總之，金融指南目標為提高技術協助、以一個諮詢中心提供給公共及民間發起人所有必要的財務與技術支援、以及提供投資人透明的資訊。當然金融工具也是發展結合政策的資源，以實現「歐洲 2020 策略」的目標。2014 年至 2020 年在歐洲結構暨投資基金（European Structural and Investment Funds）下，對於許多的計畫項目提供許多的金融工具。

[64] Jan David Schneider, op.cit., pp.33-34.

[65] 在 2030 年以前，應降低 27% 的能源使用，同時應達到減少排放溫室廢氣至少

for 2030）、能源安全策略（energy security strategy）與一個整合的能源市場。[66]

三、「容科計畫」的運作

（一）歐洲策略投資基金

2015 年 5 月 28 日，歐盟已經立法通過歐洲策略投資基金規章[67]（Regulation for European Fund for Strategic Investment），以作為設立「歐洲策略投資基金」（European Fund for Strategic Investment，簡稱 EFSI）與運作的法律依據，並規定投資計畫的動員融資與融資投資的預算分配，「歐洲策略投資基金」為歐盟投資計畫運作的核心，負責歐洲投資計畫的運作事宜。

「歐洲策略投資基金」係由歐洲投資銀行[68]（European Investment Bank）與執委會共同倡議設立的一個基金，設立資本為 210 億歐元，由歐盟的預算提撥 160 億歐元與歐洲投資銀行出資 50 億歐元，以協助克服歐盟目前的投資鴻溝。「歐洲策略投資基金」將支援投資於運輸、能源與數位基礎設施、教育及培訓、健康、研究與發展、資訊暨通訊技術與創新、擴展再生能源與資源效率、環境、城市與社會項目、以及支援中小企業與中型的資合公司。在 2015 年至 2017 年的三年，「歐洲策略投資基金」的目標為啟動 3,150 億歐元的投資，這些資金將投資於實體經濟。

歐洲投資銀行是整個歐洲投資計畫最重要的策略夥伴，因此在歐洲投資銀行內將啟動民間的投資基金。歐洲投資計畫特別是要支援策略投資（strategic investment），例如寬頻與能源網絡、以及少於 3,000 名員

40% 的目標。

[66] "Energy Union and Climate," accessed March 6, 2017, https://ec.europa.eu/priorities/energy-union-and-climate_en.

[67] OJ 2015 L 169/1-38.

[68] 歐洲投資銀行為由歐盟會員國合資經營的金融機構，於 1958 年 1 月 1 日成立，1959 年開始營運，總行位於盧森堡，主要宗旨為提供貸款給會員國尚未開發地區的經濟開發項目。

工的小型企業,主要是要對歐洲社會市場經濟有實際附加價值的項目提供經費管道。歐洲投資計畫要挹注資金,以創造一個更有利投資的商業環境,尤其是對中小企業與長期項目增加資金,2015年底執委會提出了一個工作計畫,以協助消除現有的市場障礙。

2015年7月22日,執委會亦採取了一個包裹措施,以期「歐洲策略投資基金」可以早日開始運作。「歐洲策略投資基金」之目的,就是要藉由填補市場鴻溝與動員民間投資,以克服現階段的市場失靈,同時在基礎設施、教育、研究與創新、小企業的風險融資等關鍵領域,支援策略投資。

「歐洲策略投資基金」的治理結構為 (1) 指導委員會(Steering Board)統籌所有事務、投資守則、風險分類、策略政策與財產分配。表決權的多寡取決於出資的多寡,因此目前僅執委會與歐洲投資銀行有表決權。(2) 由獨立的市場專家組成一個投資委員會(Investment Committee),對指導委員會負責,應負責實際投資項目的篩選,投資委員會應確保項目是可變動的,且公共支援不會排擠民間投資。[69]

(二)歐洲投資項目入口

「歐洲投資項目入口」(European Investment Project Portal)是以歐盟為基地的項目發起人(project promoter)與分享他們的投資項目及想法給可能的投資人。2016年6月1日,執委會設立「歐洲投資項目入口」提供媒合服務,即項目發起人可以上網提出項目,以便尋求相關的投資機會。

(三)歐洲投資諮詢中心

「歐洲投資諮詢中心」(European Investment Advisory Hub)為建置單一取得投資守則與諮詢的聯繫點,以支援在歐盟內的基礎設施投資。[70]
2015年9月1日,「歐洲投資諮詢中心」開始運作,項目發起人、公

---

[69] European Commission, The European Fund for Strategic Investment: Questions and Answers (Brussels, 2015).

[70] COM (2015) 468 final., p.16.

家機關與民間企業可以獲得技術支援，以協助他們開始啟動項目，以便吸引投資。「歐洲投資諮詢中心」提供合適的融資來源及取得相關技術與財務的專業協助。[71]

（四）致力於結構改革與加強單一市場

在面臨高齡化社會的歐盟，更需要以創新為導向的生產，因此應邁向一個完全的創新聯盟（Innovation Union），也就是歐盟應擬定一套整合的倡議，教育與研究是創新主要的動力，透過教育與研究鼓勵知識創造。應更有效率的協調結構改革與財政政策，強大的結構行動可以促進中期的成長，因此可以支持公共財政的穩固，最後可以提高經濟成長。[72]

「容科計畫」同時希望可以消除對投資的法規障礙，鼓勵會員國的國家開發銀行（National Development Bank）積極參與，提出對於歐洲投資挑戰共同與整合的解決方案。換言之，歐盟設立「歐洲策略投資基金」以提供經費給計畫的項目，當然有賴於會員國國家開發銀行的合作，以達成「容科計畫」的目標。因此，要落實「容科計畫」的各項計畫，必須由「歐洲策略投資基金」、國家開發銀行、歐洲投資銀行或其他現有的歐洲基金共同出資；另一方面，應積極消除對投資的法規障礙。當然會員國應持續實施必要的改革，以消除在「歐洲學期」[73]（European Semester）指出的事項，例如破產法、政府採購、司法制度、公共行政的效率或特別領域的法規等的投資障礙。

貳、「容科計畫」對於振興歐洲經濟的轉機與契機

歐盟在全球金融海嘯後，目前仍處於低成長與高失業率的經濟低迷

---

[71] Markus Berndt, "The Investment Plan for Europe: A Contribution to Addressing the EU's Competitivness Challenges," in Stagnation Verus Growth in Europe, ed. Luigi Paganetto (Switzerland: Springer, 2016), p.110.

[72] Pier Carlo Padoan, op.cit., p.3.

[73] 為實施歐盟的經濟治理，歐盟有一個年度的經濟政策與監督機制，即稱為「歐洲學期」（European Semester）。執委會分析每各會員國的財政與結構改革政策、提出建議與監督其執行。

狀況，雖然公布了「財政穩定公約」作為「黃金法則」，強調遵守財政紀律與厲行撙節措施，但這些消極的作法並無法使經濟復甦走出低谷。為振興歐盟經濟成長，執委會主席容科提出歐洲投資計畫，並創設「歐洲策略投資基金」。「容科計畫」是歐盟因應全球金融海嘯積極振興經濟的一個重要努力方案，主要整合歐盟的資源，以便可以推動歐盟的經濟復甦，希望藉由給予公共擔保、提供投資項目協助與改善單一市場因產業別及融資障礙的投資環境，以刺激民間投資。「容科計畫」的目標為支援在策略基礎設施的投資、改善對中小企業的融資條件、以及提昇歐盟的競爭力。

整體而言，「容科計畫」是以公共投資鼓勵民間投資的一個重要契機；另一方面，歐洲中央銀行的 QE 政策對於低利率政策與金融市場有正面的影響。增加投資對於歐盟邁向永續成長是很重要的策略，短期投資可以刺激內需，中期可以提高供應與可能的產出。因此，「容科計畫」是目前歐盟振興經濟的重要方案。「容科計畫」並未特別具體指出地理的分配經費，但投資人在評估投資計畫時，必定會考慮各會員國的政治是否安定，例如飽受歐債危機的希臘，肯定無法吸引許多投資項目，因此應對這些深受歐債風暴的國家給予更多的經濟刺激以吸引投資，例如像嚴重經濟衰退的希臘，不論是歐盟或各會員國均應藉由投資，以協助希臘走出經濟低谷。[74]

中小企業是歐洲單一市場的經濟骨幹，新創企業實際上為歐盟創造許多新的工作機會，同時新創企業充滿了高度的成長潛力，可以創造更多的就業機會，[75]尤其是周邊的產業，可以使「容科計畫」帶動經濟復甦與克服高失業率的現象。

資本市場聯盟是歐盟目前最重要的振興經濟方案，藉由鼓勵與擴大長期及公共基礎設施的投資，並刺激民間投資，因此必須對歐洲投資環境作全面的檢討與改革，廢除深化歐洲資本市場的障礙，以提供資本市場聯盟的效率與提高投資人對歐洲資本市場的信心。

---

[74] European Commission, The European Fund for Strategic Investment: Questions and Answers.

[75] Machado Wilson, "High growth firms and job creation in Europe," accessed March 10, 2015, http://www.bruegel.org/nc/blog/detail/view/1514/.

　　「容科計畫」的另一個重要議題，就是要完成數位單一市場，以便確保在數位單一市場內保障商品、人員、服務與資金的自由流通。數位單一市場可以擴張市場，以更好的價格提供更好的服務，消費者有更多的選擇與創造新的就業來源，對於新創公司與現存的企業亦創造新的商業機會。

　　在「容科計畫」架構下，建構一個永續的能源聯盟，歐盟並且已經撥款給能源聯盟，以期進行再生能源與能源效率的計畫，低碳經濟是對抗氣候變遷與全球暖化的必要手段，必須在能源、交通運輸、水與建築領域等進行大規模基礎設施的改建與擴建，以期建構更有效率、更低碳與更符合氣候的基礎設施，不僅可以提高環境利益，同時可以提高歐盟經濟更高的成本效益與協助維持或提高歐盟的競爭利益。

　　「永續投資」是歐盟新的振興經濟方針，特別是投資於基礎設施與中小企業，也是未來幾年歐盟的政策核心，尤其是要更有效率的使用有限的財政資源，並且採取改善一般商業環境的措施。可以預期的是，為了實現歐盟的資本市場聯盟，自 2017 年起，執委會勢必陸續公布新的法規，以具體落實「容科計畫」。

　　「容科計畫」並不是要解決所有的經濟問題，也無法改變整個世界，但若能有效率的執行，將有助於歐洲往正確的方向改革與發展，事實上歐洲單一市場並不是新的議題，是歐盟自成立以來的目標，「容科計畫」再次強調加強單一市場，也成為歐盟現階段努力的目標。

　　雖然 2016 年 6 月「英國脫歐」公投結果，引發另一個不確定因素，歐盟在 9 月召開了一個特別的高峰會議，「容科計畫」的各項結構改革措施，並未因「英國脫歐」公投或美國新任總統川譜上台而停頓，「容科計畫」的三大方向「資本市場聯盟」、「數位單一市場」與「能源聯盟」亦如火如荼的按照表定時程向前邁進，可以預期的是，為了落實「容科計畫」，歐盟勢必在檢討目前的法規現狀後，進行必要的改革，以期真正的實現單一市場與對抗嚴峻的氣候變遷，因此歐盟必定會陸續修法或提出新的法規，以落實資本市場聯盟、數位經濟與低碳經濟，而成為一個更緊密結合的歐盟，這些發展與改變值得台灣密切關注，畢竟歐盟是我國的一個重要出口市場。

歐盟專利最新發展趨勢探討

謝銘洋

國立臺灣大學法律學院教授

壹、歐盟近年來的科技政策與智慧財產保護策略

　　歐盟為世界三大經濟體之一，其科技與產業原本即有高度發展，然而面臨美國、日本的競爭以及俄羅斯、中國、印度等新興國家的崛起，歐盟深感其競爭力有所不足。為此，歐盟針對未來如何提昇其產業與社會的發展，已經有相當長遠而縝密的思考與規劃，這其中如何促進科技與創新，以及如何藉由有效率的智慧財產制度來達到促進科技發展，並將成果擴散運用以促進社會進步的目的，就成為關鍵。

　　歐洲的智慧財產保護雖然在過去已經有相當具體的發展與成果，然而為了達到激勵產業與科技發展的目的，同時也兼顧兼顧社會整體的發展，歐盟更是擬訂多項策略與措施，並積極推動落實。

　　在策略方面，歐盟於 2010 年提出「歐洲 2020」（Europe 2020）策略 [1]，以作為未來 10 年經濟治理策略與方針，其中「推動內部市場與落實智慧財產權的保護」亦為其重點，其強調應建立歐盟專利，以及爭端解決機制，同時也要建立有效率的核准與管理智慧財產制度，甚至有效落實智慧財產權的執行，以免仿冒品阻礙產業創新等。

　　在此之前，歐盟有關智慧財產權執行，最重要的就是 2004 年所通過的歐盟智慧財產權執行指令（2004/48/EC）[2]，該執行指令包含歐盟會員國的法院對於智慧財產權侵權案件所應採取的措施、程序及救濟，主要著重於執行面的問題，以調和各歐盟會員國間對於智慧財產執行的歧

---

[1] European Commission, accessed April 30, 2017, http://ec.europa.eu/europe2020/index_en.htm.

[2] Directive 2004/48/EC of the European Parliament and of the Council of April 29, 2004 on the enforcement of intellectual property rights.

異，要求各歐盟會員國應採取必要之措施、程序及救濟，以確保智慧財產權之實施，這些措施、程序及救濟應公平、適當且不得無必要地複雜化或增加費用，或增加不合理的時間限制或拖延（見指令第 3 條）。在指令中規定，包括對權利人之推定、命令對造提出相關證據，特別是已經達到商業規模之侵權（第 6 條）、證據保全措施（第 7 條）、命令侵權人或其他人提供侵權資訊（第 8 條）、預防措施（第 9 條）、改正措施（第 10 條）、禁制令（第 11 條）、損害賠償之計算與懲罰性損害賠償（第 13 條）等。十年來經過指令的整合[3]，歐盟各會員國的智慧財產保護已經具有相當的成效，並達到歐盟所要求之最低保護標準。此一具體成效究竟如何，目前是適當的時機檢視此一執行指令的成效，特別是該指令非常重視與 TRIPS 規範間之一致性，尤其是 TRIPS 第 41 條以下有關智慧財產權之執行部分，包括執行程序、訴訟程序與實體損害賠償之認定與計算，該執行指令使得歐洲對於智慧財產保護不僅更符合國際規範，且能更有效地落實與執行。

「歐洲 2020」策略在上述歐盟智慧財產權執行指令的基礎上，進一步推動歐洲智慧財產之保護與落實，具有相當重要的前瞻性。「歐洲 2020 策略」提出強化經濟社會發展的三項趨動力其中之一即為「智慧成長」（Smartgrowth），發展以知識、創新為基礎的經濟社會，明確定義出於 2020 年欲達成的五大目標之一為：研發投資的支出須達 GDP 的 3%，其所提出之七大旗艦行動（Flagship initiatives）之一即為「創新聯盟」（Innovation union）[4]，透過建立適合研究與創新的環境，使確保創意得以被實現，並創造工作機會與經濟成長。

特別值得注意的是，「歐洲 2020」策略對於中小企業的重視，歐盟認為中小企業創造了許多就業機會，是歐洲產業發展的重要基礎與動力所在，應鼓勵更多的創業與創新，並消弭中小企業發展上之障礙，特別是融資上的障礙，甚至要促進中小企業的發展與國際化。

尤有進者，為了能夠具體落實「歐洲 2020」策略下的旗艦行動「創

---

[3] 此一指令要求歐盟各會員國必須於 2006 年 4 月 29 日前將其轉換成國內法律。

[4] European Commission, accessed April 30, 2017, http://ec.europa.eu/research/innovation-union/index_en.cfm.

新聯盟」，歐盟於 2013 年進一步啟動一個「地平線 2020」（Horizon 2020）研究與創新的框架計畫，做為先前從 2007 年運作至 2013 年的第七框架計劃（Seventh Framework Programme, FP7）的延續，並將所有歐盟的研究與創新加以整合，包括相關之智慧財產規範之適用，以及研究成果的擴散與運用。「地平線 2020」計畫執行期間為 2014 年至 2020 年，預計投入 800 億歐元預算，較先前第七框架計畫的 550 億元更多，是歐盟歷史上最大的科研和創新計劃，將所有歐盟的研究與創新，整合進入此一全面性的架構內，特別是中小企業也及大學與個人，將更容易參與此計畫，使所有參與此一計畫者都適用單一的一套規範，包括相關之智慧財產規範 [5]。

由於利用公共資金所產出的研究成果的擴散與運用受到多方重視，未來新的智慧財產框架，如何盡最大努力儘速並以適當方式實施其研究成果，包括要求參與者有義務實施其研究成果，不論是商業利用或是進一步研究，或是授權他人使用均可，以及開放近用（open access）研究成果與研究數據，不僅是向歐盟開放，包括向歐盟研究單位為免費非商業性開放，且必要時向所有歐盟會員國開放，將成為重要的議題，以確保地平線 2020 的資金能直接開創產業之領先地位，並促進產業的成長與就業 [6]。

除了策略面的發展之外，在具體措施方面，不論是在發明專利、著作權或是商標等各方面，也都有相當具體的創新與變革，包括在專利方面創設歐盟單一專利、歐洲統合專利法院，讓專利權之取得能更有效率，專利權的訴訟保護能更為周延。在商標方面，2015 年底歐盟針對歐盟商標法有重大修正，著作權法方面則在歐盟提出的「數位單一市場」藍圖下，也將面臨調整。從 2013 年起歐盟開始著手起草營業秘密保護指令，並於 2015 年 12 月完成初步草案，使歐盟未來的營業秘密保護更往前邁進一大步。

---

[5] European IPR Helpdesk, "Intellectual Property in Horizon 2020 – overview with a focus on comparison with FP7," accessed April 30, 2017, http://www.fitforhealth.eu/cms/docs/pdf/EU_IPR_Helpdesk_IP_in_Horizon_2020.pdf

[6] Ibid.

貳、歐洲專利的形成

歐洲各國在專利領域的合作，過去以來一直是以 1973 年簽署而於 1977 年正式運作之「歐洲專利公約」（The European Patent Convention, EPC）為基礎，依據該公約，於 1975 年成立「歐洲專利局」（European Patent Office）。歐洲專利保護目前及於 42 個國家，包括 38 個成員國（member state）、2 個延伸保護國（extension state）以及 2 個生效保護國（validation state）[7]，不僅超出歐盟的範圍，甚至已經延伸涵蓋至歐洲以外之國家，位於北非的摩洛哥與 EPO 簽署的生效協議（validation agreement）在 2015 年 3 月 1 日生效，成為第一個承認歐洲專利在其領域具有效力的非歐洲國家；此外，原屬蘇聯而於 1991 年獨立的摩爾多瓦共和國亦於 2015 年 11 月 1 日簽署生效協議。

2016 年 3 月 3 日歐洲專利局（EPO）公布的 2015 年年報顯示，歐洲專利申請件數創新高，達 27 萬 9,000 件（2014 年為 27 萬 4,000 件，成長 1.6%），2015 年實際已向 EPO 請求審查成為歐洲專利案件計 16 萬件 (2014 年為 15 萬 2,700 件，+4.8%)。然而其核准程序非常嚴謹，只有 48% 的申請案取得歐洲專利。2015 年歐洲申請案前 5 大申請國為美國、德國、日本、法國和荷蘭[8]。

歐洲專利公約不僅超越專利申請程序上之國際化，並進而統一專利授與之程序，由歐洲專利局進行檢索並為形式與實質審查，若符合其要件，即授予歐洲專利，而該專利包含申請人所指定之數個會員國之專利，亦即申請人只須為一次之申請，並指定其所欲受保護之會員國，即

---

[7]　延伸保護國，係指由歐洲專利組織（European Patent Organisation）其他非屬歐洲專利公約會員國的歐洲國家簽訂；而生效保護國，則是與歐洲以外之國家簽署之協議，兩者均是將歐洲專利的效力延伸及於歐洲專利公約之國家，歐洲專利申請人可以請求並繳納延伸的費用，而在延伸國取得與該國所核准之專利相同效力的保護，就如同歐洲專利在會員國所受之保護相同。目前屬於延伸保護國的有：Bosnia-Herzegovina 與 Montenegro，屬於生效保護國的有：Morocco 與 Republic of Moldova。參考 EPO, *How to get a European patent, Guide for applicants, 16th edition*, (2016), p.14。

[8]　見智慧財產局於 2016 年 3 月 30 日公告資訊之國際動態，https://www.tipo.gov.tw/ct.asp?xItem=585573& ctNode= 7124&mp=1

可同時取得數個會員國之專利保護,但自 2007 年之後,所有之專利申請案均視為指定全部之會員國,若欲指定個別之國家,尚須繳納指定費,於核發專利前,得隨時撤回指定(公約第 79 條)。

歐洲專利公約之正式語文為英文、法文與德文(公約第 14 條第 1 項),以所有文件皆具備之日為申請日(Date of filing,公約第 80 條),採取早期公開,亦即申請日或優先權日後屆滿 18 個月,則該歐洲專利之申請即會被公開,在此之前亦可因申請人之申請而公開(公約第 93 條第 1 項)、請求審查制,歐洲專利之保護期間為二十年,自申請日起算,專利權人在其所指定之會員國內享有與該國所授與之國內專利權相同之權利,歐洲專利權受侵害時,應依各會員國之內國法處理。在實體審查方面,則是採取請求審查,於申請人繳納審查費後後,才由歐洲專利局之審查部門(Examining Divisions)進行實體審查;於一定時間內未為審查之要求者,則其歐洲專利申請即被視為撤回(公約第 94 條)。歐洲專利局審查之結果,如果認為該申請或發明不符合本公約所規定之要件,特別是本公約第 52 條以下所規定之要件,包括新穎性、創造性、產業上之可利用性等,則應予以駁回;若審查通過,則授予歐洲專利(公約第 97 條第 1、2 項)。授予歐洲專利之決定,自公告於歐洲專利公報之日起生效(公約同條第 3 項)。

專利公告後 9 個月內,任何人皆可向歐洲專利局以書面提出異議並繳納費用(Opposition,公約第 99 條第 1 項),提出異議之後,異議人與專利權人為為異議程序之當事人(公約同條第 3 項),異議事由僅限於該被授予之專利不具有第 52 條至第 57 條之可專利性、該發明並未清楚而完整地公開達到使該技術領域中具有通常知識者得以實施之程度,或歐洲專利之客體超出原申請案之內容(公約第 100 條)。異議案由歐洲專利局之異議部門審理之,若認為異議成立,則應撤銷該專利;若認為異議不成立,則應駁回之(公約第 101 條第 1、2 項)。在異議程序中,專利權人修改其專利後,異議部門審酌後認為修改後之專利符合專利公約之要件,則得維持該專利,若認為仍然不符合,專利公約之要件,則得駁回之(公約同條第 3 項)。另外,歐洲專利公約亦設有訴願(Appeal)之制度,亦即對於初審部門、審查部門、異議部門之決定,在一定之條件下可以提出訴願(見公約第 106 條以下)。

　　歐洲專利公約以及未來所推動的單一專利，相對於我國專利法都只是指發明專利，而不及於新型專利或是設計專利。

參、歐盟單一專利制度

一、發展過程

　　雖然歐洲專利長期以來運作良好，且有相當好的成效，然而歐盟國家仍然積極努力於建立單一的歐洲專利制度。其實早在歐洲專利公約於 1973 年簽署後不久，歐洲共同體各國於 1975 年在盧森堡就簽署「歐洲共同體專利公約」（European Community Patent），其作用在於在歐洲建立起一個單一而對於所有歐盟會員國均有效之專利權，然而該公約因須全體歐洲歐盟會員國之批准始生效力，有些國家（西班牙和義大利）不滿只有將英文、德文和法文訂為正式語言，而拒絕加入，因而使得該公約之生效延宕多時。西班牙與義大利甚至於 2011 年向歐洲法院（European Court of Justice）提出訴訟，認為歐盟理事會推動建立單一專利以強化合作，濫用權力、欠缺法律基礎且違反歐盟相關規範以及單一市場之精神，惟該案嗣後被歐洲法院於 2013 年 4 月 16 日判決駁回，法院認為統一專利可以讓智慧財產權在各會員國有一致的保護，不致讓各國的差異性影響專利權之實施 [9]。

　　依照歐洲專利公約於 2000 年修正第 14 條第 2 項，規定歐洲專利之官方語言為英文、法文、德文，申請歐洲專利應以其中一種語文提出，但亦得先以這三種語文以外之語文提出，以取得申請日，並於一定期間內提出任何一種官方語文的翻譯。若逾期未提出，則申請案視為撤回。此一修正規定，大幅放寬其他語言國家以及歐洲以外國家人民申請歐洲

---

[9]　Judgment of the court (Grand Chamber) in 16 April 2013: (Unitary patent – Decision authorising enhanced cooperation under Article 329(1) TFEU – Actions for annulment on grounds of lack of competence, misuse of powers and infringement of the Treaties – Conditions laid down in Article 20 TEU and in Articles 326 TFEU and 327 TFEU – Non-exclusive competence – Decision adopted 'as a last resort' – Preserving the interests of the Union).

專利的便利性。

　　雖然如此，依照 2000 年修正之歐洲專利公約第 65 條之規定，各會員國得要求專利權人於專利獲准後，必須於三個月內提出該國官方語文或其指定語文的翻譯本，並繳納公告該翻譯本之相關費用，若逾期未繳納，則該歐洲專利在該國將被視為自始無效。這對於專利申請人造成相當大的負擔，同時也影響專利申請人申請歐洲專利之意願。

　　為降低此一翻譯的負擔，並提高歐洲專利申請之意願，歐洲國家於 2000 年達成「倫敦協議」（London Agreement）[10]，該協議於 2008 年生效，建立「免除翻譯要求」(Dispensation with Translation Requirements) 之機制，雖然並非所有歐洲專利公約會員國均簽署，但最主要的專利申請國（德、英、法）均已經加入。依該機制，歐洲專利公約之會員國分為兩類[11]：

> 以英文、德文或是法文之一做為官方語文的國家，完全無需提出翻譯本，這些國家包括法國、德國、冰島、列支登斯敦、盧森堡、摩納哥、瑞士、英國。
> 未以英文、德文或是法文之一做為官方語文的國家，得要求專利權人必須就該專利之請求項，提出該國官方語文之翻譯本；亦得要求提出英文、德文或是法文之一的翻譯本（這種情形大部分國家會指定英文），而不需要提出該國語文之翻譯本。

　　除了在翻譯費用上的努力，以節省申請歐洲專利之成本，使歐洲專利之申請更為便捷，近年來由於歐盟商標之成功，也間接激勵在專利領域之持續努力，2012 年歐盟執委會於 4 月提出兩項規定之草案以強化歐洲專利合作[12]，12 月 10 日歐盟理事會正式同意簽署該兩項草案與統

---

[10] Agreement on the application of Article 65 of the Convention on the Grant of European Patents, accessed April 30, 2017, http://documents.epo.org/projects/babylon/eponet.nsf/0/7FD20618D28E9FBFC125743900678657/$File/London_Agreement.pdf

[11] 見歐洲專利公約網站，檢索於 2017 年 4 月 30 日，http://www.epo.org/law-practice/legal-texts/london-agreement.html.

[12] 一為有關單一專利保護之規範 Regulation under Art.118(1) TFEU creating unitary patent protection，另一則是與語言安排有關之規範 Regulation under Art.118(2) TFEU on language arrangements。

合專利法院協議，12 月 11 日歐洲議會正式通過這兩個規範[13]與協議，2013 年 1 月 20 日該兩項規範正式生效，同年 2 月 19 日 25 個會員國簽署統合專利法院協議[14]，使得歐盟專利之成立與實施逐漸落實。

隨著這些規範與協議之生效與簽署，歐盟在專利領域建立了一套系統，利用這系統可以取得在歐盟範圍內具有統一效力之專利權（單一專利權保護，Unitary Patent Protection，簡稱 UPP），同時也建立一個統一的歐洲統合專利法院（Unified Patent Court，簡稱 UPC），讓 UPP 專利權可以經由一些指定國家之法院，或是該歐洲統合專利法院來進行專利之維護與無效程序。

目前歐盟 28 個會員國中，除西班牙和克羅埃西亞（Croatia）外，其餘 26 個歐盟會員國都已經加入單一專利保護（Unitary Patent Protection）[15]，包括義大利[16]。

歐盟單一專利將使得專利權在目前已經加入的 26 個會員國發生一致的效力，亦即一次申請與審查就可以得到 26 個會員國的保護，且專利權人並不可以限定只在其中幾個會員國發生單一的效力。單一專利落實之前，歐洲專利局所核發之歐洲專利，權利人必須在受保護之數個國家分別面對無效的主張，而各個國家在無效的處理上並不完全相同。如果各個國家認定其有效，則權利人也必須向各個不同的國家繳交不同的專利年費。

---

[13] REGULATION (EU) No 1257/2012 OF THE EUROPEAN PARLIAMENT AND OF THE COUNCIL of 17 December 2012 implementing enhanced cooperation in the area of the creation

[14] EPO, "Unitary Patent - frequently asked questions," accessed April 30, 2017, https://www.epo.org/law-practice/unitary/faq.html#faq-630.

[15] 見歐洲專利局網站 https://www.epo.org/law-practice/unitary/unitary-patent.html。原本因為語言問題而不願意加入的義大利，已經於 2015 年 9 月成為第 26 個加入的單一專利成員國，見歐盟網站，Daily News 30/09/2015: Italy joins the Unitary Patent, accessed April 30, 2017, http://europa.eu/rapid/press-release_MEX-15-5748_en.htm。

[16] 原本因為語言問題而不願意加入的義大利，已經於 2015 年 9 月成為第 26 個加入的單一專利成員國，見歐盟網站，Daily News 30/09/2015: Italy joins the Unitary Patent, accessed April 30, 2017, http://europa.eu/rapid/press-release_MEX-15-5748_en.htm。

二、歐盟單一專利權保護（UPP）之規範依據

歐盟單一專利之規範依據有二：

1. REGULATION (EU) No 1257/2012 OF THE EUROPEAN PARLIAMENT AND OF THE COUNCIL of 17 December 2012 implementing enhanced cooperation in the area of the creation of unitary patent protection，此為歐盟單一專利最重要之規範（以下簡稱「歐盟單一專利規章」）。

2. COUNCIL REGULATION (EU) No 1260/2012 of 17 December 2012 implementing enhanced cooperation in the area of the creation of unitary patent protection with regard to the applicable translation arrangements（以下簡稱「歐盟單一專利翻譯規章」）

上述規範係於 2012 年 12 月 11 日由歐洲議會正式通過，並於 2013 年 1 月 20 日正式生效，其法源基礎為歐盟條約第 3 條第 3 項所要求之建立內部市場。因為在內部市場建立一個統一的專利保護制度，可以創造有利於產品之製造與跨國流通之法律環境，有利於內部市場之建立，同時單一的專利保護制度將能促進內部市場之科技發展，並透過能以較為簡便而較低費用且法律上更為安全之方式取得專利，將能提升內部市場之功能；且在歐盟內可以得到在個會員國都一致的專利保護，並降低專利保護之成本與複雜性，亦將有助於提昇專利之保護水準 [17]。此外，歐盟運作條約（Treaty on the Functioning of the European Union，簡稱 TFEU）第 118 條，亦要求歐洲議會與理事會應在歐盟內建立起一致的智慧財產權保護機制，並在歐盟內設置集中式的授予合作與監督機制，且要求歐洲理事會透過規章對於歐洲智慧財產權之語言安排加以規範。是以在內部市場建立一致的專利保護機制，亦符合歐盟運作條約之要求。

從國際條約之角度觀之，歐盟單一專利亦符合歐洲專利公約第 142 條（容許會員國透過特別協議，規定歐洲專利僅得在這些國家共同被授與而發生單一之效力。歐盟單一專利規章即屬於該條所稱之特別協

---

[17] 見歐盟單一專利規章之前言 (1)、(4)。

議）、專利合作條約第 45 條第 1 項之規定，以及巴黎公約第 19 條之規定 [18]。

歐盟單一專利規章雖然只有 18 個條文，然而對於歐洲專利的單一效力、何時生效，以及一致的保護、單一專利之權利耗盡、在會員國之效力、授權、歐洲專利組織之行政任務、相關費用、費用分配、執委會與歐洲專利局之合作、競爭法與不正競爭法之適用、生效等加以規定。

歐盟單一專利規章與歐盟單一專利翻譯規章所未規定之部分，則適用歐洲專利公約與歐盟統合法院協議之規定，包括權利之範圍以及限制 [19]。

三、單一專利保護之申請與取得

歐盟單一專利是建立在現有的歐洲專利公約（EPC）之上，亦即申請人仍然是向歐洲專利局提出專利申請，並由歐洲專利局依據歐洲專利公約進行審查，並決定是否核給專利。取得歐洲專利之人，於歐洲專利核發後，可以聲請欲發生單一的效力（unitary effect），如果符合形式要件，歐洲專利局將會賦予其單一效力，亦即在所有 26 個會員國內享有一致的保護與相同的效力。

歐盟單一專利規章並不影響參與之會員國依其專利法授與專利之權力，亦不取代各國之專利法，專利申請人可以自由選擇申請內國專利、歐盟單一專利，或是歐洲專利而只有在一個或是數個歐洲專利公約會員國發生效力，或是歐盟單一專利再加上一個或是數個未參與單一專利的歐洲專利公約會員國 [20]。

是以有關申請與審查程序，完全依照歐洲專利公約之規定，只有經過歐洲專利局審查通過並授與之歐洲專利，專利權人始得依照要求歐盟單一專利規章之規定請求在參與的會員國內發生單一的效力，此種專利被稱之為「具有單一效力之歐洲專利」（European patent with unitary

---

[18] 見歐盟單一專利規章之前言 (6)。

[19] 見歐盟單一專利規章之前言 (9)。

[20] 見歐盟單一專利規章之前言 (26)。

effect）[21]。此種賦予歐洲專利單一效力之情形，係於「授與歐洲專利後」之階段（post-grant phase），其單一的性格表現於，在所有參與的會員國內都受到一致的保護並具有相同的效力[22]。

從專利申請與核准之角度觀之，歐盟單一專利與歐洲專利之關係如圖 1 所示。

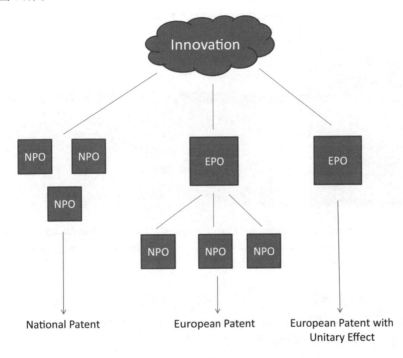

圖 1：歐盟單一專利與歐洲專利之關係

資料來源：The Select Committee/The Preparatory Committee, "An Enhanced European Patent System," accessed April 30, 2017, https://www.unified-patent-court.org/sites/default/files/enhanced-european-patent-system.pdf

此一歐盟單一專利之運作，雖然仍然是向歐洲專利局提出申請並由

---

[21] 見歐盟單一專利規章之前言 (5)。

[22] 見歐盟單一專利規章之前言 (7)。

歐洲專利局進行審查，然而並不會影響或增加現有歐洲專利局之檢索或審查業務之負擔。然而對於專利申請人而言，相較於只是利用歐洲專利而在數個會員國受到保護，可以節省相當多的費用（詳表1）。

表1：成本比較：傳統歐洲專利與新一代專利

	European "bundle" patent (25 MS)	European patent with unitary effect (25 MS) - during transitional period	European patent with unitary effect (25 MS) - after transitional period
Procedural fees (filing, search, examination and grant)	4 045 € * (not concerned by the reform)	4 045 € * (not concerned by the reform)	4 045 € * (not concerned by the reform)
Validation costs:			
Translation	20 145 €	2 380 €	680 €
Local patent agents	5 250 €	0	0
Official local patent offices fees	2 679 €	0	0
Validation costs total	28 074 €	2 380 €	680 €
TOTAL COSTS	**32 119 €**	**6 425 €**	**4 725 €**

資料來源：European Commission, "Costs Comparison," accessed April 30, 2017, http://ec.europa.eu/internal_market/indprop/docs/patent/faqs/cost-comparison_en.pdf

　　另外，歐盟單一專利規章要求依歐洲專利公約之規定，會員國應設置專責行政委員會（select committee of the Administrative Council）處理有關單一專利之相關業務[23]。

四、單一專利保護之效力

　　具有單一效力之歐洲專利，只能在全部參與的會員國內同時被限制、移轉、撤銷或喪失；但是在授權方面，則是可以在全部或部分參與的會員國領域為之。為確保具有單一效力之歐洲專利在各會員國能享有實質上一致的保護範圍，只有經過授與而且效力及於全部參與會員國的歐洲專利，始可以就相同的請求項請求單一效力。歐洲專利之單一效力

---

[23] 歐盟單一專利規章第9條第2項。

具有從屬之性質，如果歐洲專利被撤銷或限制，其單一效力亦同被撤銷或限制[24]。

單一專利保護之效力，回溯自該歐洲專利公告於歐洲專利公報之日發生效力，且為避免重複保護，各參與的會員國應確保該歐洲專利於其領域內尚未發生國內專利之效力[25]。

至於具有單一效力之歐洲專利之強制授權，則由各參與之會員國依其內國法於其領域內加以規範[26]。

此外，考慮到專利制度對於研發與技術發展之影響，以及對第三人之正當利益與社會利益，歐盟單一專利規章要求歐盟執委會應評估對專利加以適當之限制，如有必要並提出建議[27]。為鼓勵專利之實施，專利權人得向歐洲專利局預先聲明同意在適當條件下授與專利，此種情形其專利年費將予以減收[28]。

權利耗盡原則亦適用於歐盟單一專利，以符合歐盟法院（Court of Justice of the European Union, CJEU）過去所建立的案例，亦即只要專利物品進入歐盟之市場，歐盟單一專利之效力亦隨之而耗盡[29]。

至於損害賠償方面，則依各參與之會員國之內國法，以及 2004 年所通過的歐盟智慧財產權執行指令（2004/48/EC）[30]。

伍、歐洲統合專利法院（UPC）之建立與運作

建立歐洲統合專利法院之目的在於確保歐盟單一專利制度能妥善運作，並確保案件處理之一致性，以提高法律的安定性，且對於專利權人

---

[24] 見歐盟單一專利規章之前言 (7)。

[25] 見歐盟單一專利規章之前言 (8)。

[26] 見歐盟單一專利規章之前言 (10)。

[27] 見歐盟單一專利規章之前言 (11)。

[28] 見歐盟單一專利規章之前言 (15)。

[29] 見歐盟單一專利規章之前言 (12)。

[30] 見歐盟單一專利規章之前言 (13)。

能有效節省訴訟費用[31]。由於現行歐洲專利公約，對於歐洲專利之侵害與有效性之認定，是由各會員國法院各自審判，這對歐洲專利權人造成相當程度的困難，專利權人欲在數個會員國行使其歐洲專利權，或是第三人欲在數個會員國撤銷該歐洲專利，要耗費相當多費用，且各國法院之審理結果可能不一而欠缺法的安定性，其結果，容易造成利用各國法院對於業經整合的歐洲專利法在解釋上之歧異性，或是各國法院在審理速度上之快慢，或是損害賠償額度認定上之差異，而進行「選擇法院」（forum shopping）。

為解決這些問題，歐盟國家乃透過協議，建立一個特別的專利法院，亦即歐洲統合專利法院，以專屬管轄歐洲專利，或是具有單一效力之歐洲專利所產生之訴訟案件[32]。

一、規範依據

歐洲統合專利法院之法源基礎與歐盟單一專利並不相同，如前所述，「歐盟單一專利規章」（No 1257/2012）以及「歐盟單一專利翻譯規章」（No 1260/2012）為法源基礎，然而歐洲統合專利法院的法源基礎則是於 2013 年 2 月 19 日提出並由各會員國簽署的「統合專利法院協議」（AGREEMENT ON A UNIFIED PATENT COURT）[33]。依規定該協議將於包括德國、法國、英國三個國家在內的 13 個歐盟會員國批准後，才會生效[34]。英國於 2016 年 11 月通知歐盟，表示其將會簽署該協議[35]，使得歐洲統合專利法院得以進一步發展。目前除了西班牙、波蘭

---

[31] 見歐盟單一專利規章之前言 (25)。

[32] 見歐洲專利局對於統合專利法院之說明，accessed April 30, 2017, https://www.epo.org/law-practice/unitary/patent-court.html。

[33] Unified patent court, accessed April 30, 2017, http://www.unified-patent-court.org/images/documents/upc-agreement.pdf

[34] 見歐洲專利局網站，accessed April 30, 2017, https://www.epo.org/law-practice/unitary.html。

[35] https://www.gov.uk/government/news/uk-signals-green-light-to-unified-patent-court-agreement; https://www.unified-patent-court.org/news/update-upc-ratifications-uk-signals-green-light, accessed April 30, 2017.

與克羅埃西亞之外，其他國家都已經簽署該專利法院協議[36]。該協議只有開放給歐盟國家，是以其他非歐盟之歐洲國家，雖然已經加入歐洲專利公約而成為延伸保護國或是生效保護國，但仍不得加入歐洲統合專利法院協議。

為了使歐洲統合專利法院能順利籌設，歐盟成立了「籌備委員會」（Preparatory Committee），根據該委員會 2017 年 3 月於海牙召開之會議，其籌備工作已經告一段落，即將進入下一個「暫行階段」（provisional application）的階段。目前已經有不少會員國簽署有關「暫行議定書」（Protocol to the Agreement on a Unified Patent Court on provisional application，簡稱 PPA），已經簽署的國家有 11 個：德國、丹麥、法國、英國、希臘、匈牙利、義大利、盧森堡、羅馬尼亞、瑞典、斯洛維尼亞，其他國家尚未簽署[37]。

2017 年 3 月 15 日統合專利法院籌備委員會經過 18 次的修改之後，已經提出最後版本的程序規範（Preliminary set of provisions for the Rules of Procedure of the Unified Patent Court）[38]。

歐洲統合專利法院協議預定在 2017 年 5 月先啟動「暫行階段」（Provisional Application Phase, PAP），整個統合專利法院協議則預定於 2017 年 12 月生效[39]。

二、暫行階段與選擇排除

暫行階段，係指正式建立專利法庭並為運作，包括人員聘用的確定，預計自 2017 年 9 月初起，將提供至少 3 個月時間的「日出期間」（sunrise-period），讓原本擁有歐洲專利之權利人，在歐洲統合專利法

---

[36] The Preparatory Committee, "An Enhanced European Patent System," accessed April 30, 2017, https://www.unified-patent-court.org/sites/default/files/enhanced-european-patent-system.pdf

[37] 見歐洲專利局網站，accessed April 30, 2017, http://www.consilium.europa.eu/en/documents-publications/agreements-conventions/agreement/?aid=2013001。

[38] Unified patent court, accessed April 30, 2017, https://www.unified-patent-court.org/sites/default/files/upc_rules_of_procedure_18th_draft_15_ march_2017_final_clear.pdf

[39] 見歐洲統合專利法院網站，accessed April 30, 2017, https://www.unified-patent-court.org/news/final-preparatory-committee-signals-state-readiness-15-march-2017。

院正式運作之前，可以選擇是否要排除（opt-out）歐洲統合專利法院之管轄[40]，值得注意者，只有原本之歐洲專利有此選擇排除之適用，對於具有單一效力之歐洲專利則無適應之餘地。

所謂選擇排除，係指根據歐洲統合專利法院協議第 83 條第 1 至 3 項之規定[41]，在該協議生效後，有七年的過渡期間，歐洲專利之侵權訴訟或是撤銷訴訟，均仍可以在國內法院或有權處理機關提出之；在過渡期間屆滿之前所核准或申請之歐洲專利，除非已經繫屬於統合專利法院，否則專利權人或是申請人最晚於過渡期間屆滿前一個月，得通知登記處（Registry）排除（opt-out）歐洲統合專利法院之專屬管轄[42]。該七年之過渡期間，行政委員會（Administrative Committee）得於五年後開始廣泛諮詢該制度之使用者與法院之意見，並決定再延展七年（協議第83 條第 5 項）。所有選擇排除之專利，將會公開在專利統合法院網站上[43]。

由於歐洲統合專利法院在專利侵權與有效性之審理上，具有一致性，可以提高判決的可預測性並避免在不同國家審理結果之歧異，且判決之效力（不論是禁制令或損害賠償）及於歐盟的 25 個會員國，且未來預期審理速度會比個別的國家來得快，是以如果不選擇排除，對於歐洲專利權人而言，較為有利[44]。

三、組織

未來此一統一的歐洲專利法院制度如圖 2 所示[45]。

---

[40] 見歐洲統合專利法院網站，accessed April 30, 2017, https://www.unified-patent-court.org/news/upc-provisional-application。

[41] 見歐洲統合專利法院網站，accessed April 30, 2017, https://www.unified-patent-court.org/faq/opt-out。

[42] 同上註。

[43] 見歐洲統合專利法院網站，accessed April 30, 2017, https://www.unified-patent-court.org/faq/opt-out。

[44] The Preparatory Committee, "An Enhanced European Patent System," accessed April 30, 2017, https://www.unified-patent-court.org/sites/default/files/enhanced-european-patent-system.pdf, p.18.

[45] Ibid., p.11.

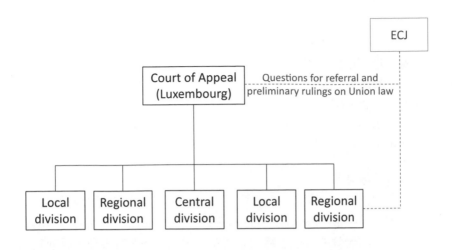

圖 2：統一專利法院的結構

資料來源：The Select Committee/The Preparatory Committee, "An Enhanced European Patent System," accessed April 30, 2017, https://www.unified-patent-court. org/sites/default/files/enhanced-european-patent-system.pdf

　　歐盟統合專利法院是由第一審法院（The UPC Court of First Instance, UPC-CFI）、上訴法院，以及設於上訴法院所在地之登記處（Registry）所組成。

（一）第一審法院

1. 組成

　　第一審法院由幾個分院（Division）所組成，包括中央分院（Central division）、地方分院（Local division）與區域分院（Regional division）。「中央分院」設在英國倫敦、德國慕尼黑、法國巴黎。倫敦中央分院負責審理化學、製藥、生物技術、人類必需品（包括醫療設備）案件；慕尼黑中央分院負責審理機械工業等相關案件；巴黎中央分院負責電力、軟體、物理等案件。各國可以設置第一審

的「地方分院」，一年的案件量每增加 100 件，則可以多設一個，但是單一國家內的地方分院不得超過四個。若一國內未設有地方分院，也可以由兩國以上申請共同設立「區域分院」。目前德國的地方分院設置於 Munich、Mannheim、Dusseldorf、Hamburg，義大利設置於米蘭，瑞典則設於斯德哥爾摩[46]。

第一審法院所有的審判庭都是由跨國法官所組成，並依循相同的程序規定。

2. 專屬管轄範圍

歐盟統合專利法院對於歐盟單一專利之無效或民事侵權案件，有專屬管轄權（exclusive competence），傳統由歐洲專利局核發的歐洲專利的無效或侵權也將由歐盟統合專利法院專屬審理（目前是由各會員國法院自審），但對於由各別歐洲國家所核發的專利則無管轄權，其仍然由各國內國法院審理。然而歐盟統合專利法院之判決，只有在有簽署並批准歐盟統合專利法院協議之國家內發生效力[47]。

3. 管轄法院

有關侵權、暫時或保全程序、禁制令、損害賠償或因暫時保全而產生之補償、先使用等訴訟，均由侵害發生地，或是被告住所地或營業地之地方分院或區域分院管轄。原告得選擇在侵害發生地或是被告住所地或營業地之分院提起訴訟。如果侵害發生在數個第一審之地方分院或區域分院，原告得選擇之。但如果被告在所有的簽約國都無住所或營業所，則原告得在侵害發生地之地方分院或區域分院，或是中央分院，提起訴訟。如果侵害發生地無地方分院或區域分院，則向中央分院起訴[48]。

---

[46] Unified patent court, accessed April 30, 2017https://www.unified-patent-court.org/locations.

[47] The Preparatory Committee, "An Enhanced European Patent System, " accessed April 30, 2017https://www.unified-patent-court.org/sites/default/files/enhanced-european-patent-system.pdf, p.11.

[48] Ibid., pp.12-13.

4. 撤銷訴訟

專利之撤銷（revocation）或其他非侵害（non-infringement）訴訟，原則上是向中央分院提出之，然而如果在相同當事人之間，就相同之專利，已經有侵權訴訟繫屬於某地方分院或區域分院，則其僅得向同一地方分院或區域分院提出訴訟。不服歐洲專利局對於行政事項所為之決定，例如請求發生單一效力、單一專利效力之登記、年費之繳納等，則一律向中央分院提出之[49]。

5. 反訴

主張專利應予撤銷之反訴（Counterclaim for revocation），亦即如果專利侵害訴訟是於地方分院或區域分院提出之，在訴訟中被告向該地方分院或區域分院提出反訴，主張該專利應予撤銷，則應分下列三種情形而為不同之處理[50]：

(1) 該地方分院或區域分院得決定同時處理侵權訴訟與撤銷之反訴。

(2) 該地方分院或區域分院得決定將撤銷之反訴，移轉到中央分院審理，並視情形而決定暫停或是繼續該侵權訴訟，亦即分開處理（bifurcation）。

(3) 該地方分院或區域分院得徵得雙方當事人同意，將侵權訴訟與撤銷之反訴均同時移轉到中央分院審理。

（二）上訴法院

不服第一審法院判決者，可以向設於盧森堡的上訴法院（UPC Court of Appeal）提出上訴。上訴法院之法庭亦是由跨國法官所組成，並依歐盟統合專利法院之訴訟程序而為審理。至於歐洲法院（ECJ）則只是對歐洲法與歐盟統合專利法院協議之條文規定有解釋權，而非扮演設於盧森堡的上訴法院的再上訴法院的角色。

固然在第一審時，有時候專利權人可以在數個國家的地方分院或

---

[49] Ibid., p.13.

[50] Ibid., pp.13-14.

是區域分院中選擇訴訟之法院，這可能是基於地域方便性或是語言的考量，然而各國地方分院或是區域分院之審理結果，並不會有太大差異性，因為上訴法院之存在目的就是可以確保審理的一致性[51]。

四、法官

歐盟統合專利法院將由法律法官與技術法官共同審理，第一審的法庭（panel）必須由三位多國法官共同組成（協議第 8 條第 1 項），上訴審的法庭，則是由五位多國法官共同組成，包括三位來自不同國家的法律法官和兩位技術法官，由法律法官擔任審判長（協議第 9 條第 1、3 項）。

法官必須為參加歐盟統合專利法院協議的會員國民，具有專利訴訟之經驗，並至少嫻熟三種官方語文其中之一。法律法官必須在其所屬國內具備被任名為法官之資格；技術法官則應具備大學學歷並為技術領域之專家，且對於專利侵權訴訟之民法與訴訟程序有所了解[52]。

陸、結語

歐洲是人類近代文明的搖籃，過去為了促進歐洲國家之間的合作，以提升整體的競爭力，形成了歐洲共同體與歐盟，在產業財產權方面，則是透過歐洲專利公約，以強化智慧財產權之保護並促進產業發展。

歐洲專利公約雖然提供專利保護之便利性，並使得歐洲國家在專利授予上有一致之標準，然而其所取得者，仍然是受各國內國法保護的專利，為了讓專利能夠有效的促進研發與產業發展，歐盟除了提出 Europe 2020 與 Horizon 2020 的明確策略與作法外，為了讓專利權人能在歐盟各國能受到一致之保護，並進一步參考已經順利運作多年的歐盟商標，建立歐盟單一專利制度，特別是透過一次年費的繳納，就能在歐盟各國維持其專利，同時也設立歐盟統合專利法院，讓專利侵權訴訟與專利無效訴訟之審理能具有一致性，避免選擇法院與判決結果的歧異。

---

[51] Ibid., p. 18.

[52] Ibid., p. 17.

　　歐洲歐盟單一專利制度與歐洲統合專利法院，不僅把歐洲現有的專利合作與保護更往前推動一大步，也使得歐洲專利制度進入一個新的里程碑。本文之目的在於對於此一制度性變革進行探究，以了解新的歐盟單一專利制度的相關規範與運作，以及其與原有的歐洲專利間之關係，甚至其與各國原有專利間之關係，同時探究歐洲統合專利法院的組成與運作、管轄範圍與審理方式等，以做為未來進一步研究的基礎。

歐盟商標保護制度之探討

陳昭華

台灣科技大學專利研究所教授

前言

　　歐盟為強化競爭力、促進經濟成長，使商標註冊程序更具效力及更具法安定性，進而使企業更容易使用，於 2015 年 12 月 23 及 24 日分別公告新修正「歐盟商標指令」（EU Trade Mark Directive 2015/2436）（以下簡稱「指令」）及「歐盟商標規則」（EU Trade Mark Regulation 2015/2424）（以下簡稱為「規則」）。「歐盟商標指令」於公布後 20 日（即 2016.1.13）生效，成員國須在 3 年內將其轉化為國內法；「歐盟商標規則」於 2016.3.23 生效。此次修正幅度很大，除程序部分外，亦有許多實體法上之修正。而且此次修正內容有許多是基於之前歐洲法院之見解，為對於新修正之歐盟商標規範有更深入之了解，並提供我國商標法制之借鏡，將就新修正之規範內容及過去歐洲法院相關實務見解加以詳述，之後再與我國相關規範或實務見解加以比較分析之。

壹、歐盟商標規範改革概說

　　歐盟於 2015 年 12 月 23 及 24 日分別公告新修正「歐盟商標指令」及「歐盟商標規則」。「歐盟商標指令」於 2016.1.13 生效，成員國須在 3 年內（2019.1.14 之前）將其轉化為國內法；「歐盟商標規則」於 2016.3.23 生效。此次改革之目標為強化競爭力、促進經濟成長，使商標註冊程序更具效力，亦即更便宜、簡單、快速及可預見性，同時更具法安定性，以使企業更容易使用。改革重點為：在原來成功的基礎上為因應網路時代修正調和程序、明確規範歐盟智慧財產局之所有作業，包括與各歐盟成員國智慧財產局間之合作架構及協調。此外，亦全面調降

規費，使商標法相關程序更具效率。修正之條文有屬於商標權保護之實體部分，亦有程序部分。前者有些改革可能對我國商標法制影響較大，因此將於後詳述，其他二規範同時修正之重點可簡述如次[1]：

1. 專業用語之變更：由於里斯本協定使歐洲共同體轉變為歐盟，故自歐盟商標規則修正生效之日（2016.3.23）起所有尚有效存在及申請中的「共同體商標」（Community Trade Mark, CTM）將自動變更為「歐盟商標」（European Union Trade Mark, EUTM）。原來的主管機關「歐盟內部市場調和局」（Office for Harmonization in the Internal Market, OHIM）亦自該日起改名為「歐盟智慧財產局」（European Union Intellectual Property Office, EUIPO）。法規名稱則從「共同體商標規則」（Community Trade Mark Regulation）變更為「歐盟商標規則」（European Union Trade Mark Regulation，簡稱 EUTMR）（規則第 1 條、第 2 條）。

2. 規費的調整：包括：(1) 註冊申請案基本規費調降，並以指定使用於 1 個類別為限（One-Class-Per-Fee，修正前可指定使用於 3 個類別[2]），其目的在使商標申請人在申請時就明確說明將使用在哪一類別，以避免浮濫申請。(2) 從 2016.3.23 起，歐盟商標申請費將採取一標一類的階梯定價。延展註冊基本規費用亦將調降，在修正前該規費相當於註冊費用[3]。

---

[1] Neue Unionsmarkenverordernung, accessed June 1, 2017, https://euipo.europa.eu/ohimportal/de/eu-trade-mark-regulation.

[2] 修正前歐盟商標申請基本規費，可以包含 3 個指定類別，又各類別之描述可以指定尼斯分類標題，是申請人基於盡可能擴大商標保護範圍之想法，指定未來不會從事之商品／服務項目，於此情形下，所取得的商標權可能因所涵蓋之範圍過廣，導致遭他人異議或提出撤銷（基於註冊商標未使用）機率提高；在歐盟商標新制度下，商標申請規費將逐類別進行收費，而商品／服務若指定尼斯分類標題，則將有無法主張權利之虞，是建議商標申請人應依目前實際及將來可能經營之商品／服務內容規劃申請類別及權利範圍，以獲得合理的商標權範圍及降低遭他人異議及撤銷風險。「歐盟商標新制介紹」，《廣流智權評析》，32 期（2016 年 4 月 1 日），檢索於 2017 年 6 月 1 日，http://www.widebandip.com/tw/knowledge2.php?idno=124。

[3] 關於規費之詳細數額，請參規則附件一。

3. 申請作業的變更：自 2016.3.23 起，歐盟智慧財產局所有現行的共同
   體商標（CTMs）及 CTM 申請案將自動轉為歐盟商標及歐盟商標申
   請案，該局的線上申請表單和規費計算器亦將自動更新以適用新制。
   同時在申請途徑亦有調整：歐盟商標申請將不再被允許通過成員國
   商標局進行提交。

4. 商品／服務類別之文義解釋：過去在商品／服務清單中提出相關商
   品／服務類別之完整的類別名稱，歐盟商標就該類別的所有商品
   ／服務均受到保護（"class headings cover all" Prinzip）。歐洲法院在
   2012.6.19 關於「智慧財產權翻譯器（IP Translator）」的判決[4]中要求
   申請人尋求受商標法保護之商品／服務必須清楚且明確表示，使主
   管機關及經營者可以明確了解其請求保護之範圍。若申請人使用尼
   斯分類表（Nizzaer Klassifation）的所有上層概念，則申請人必須表
   示其將使用到在尼斯協定的字母列表中之所有的或只有部分的商品
   ／服務。若非如此即非清楚且明確地表示[5]。此即 "what you see is what
   you get" 的方法[6]（即「所見即所得」，歐洲商標規則第 28 條第 5 項）。

5. 審查程序方面的調整：官方有權在歐盟商標註冊之前的任何時間依
   職權重啟針對絕對註冊障礙的審查。

6. 不使用商標撤銷的期限調整：修改前，五年不使用的商標撤銷計算
   起始日為商標註冊日；修改後，起始日將從商標不能再被異議的日
   期／最終異議裁定日期／異議撤回日期起算（規則第 42 條第 2 項、
   指令第 44 條第 1 項）[7]。

---

[4] Urteil des EuGH vom 19. 6. 2012, C-307/10.

[5] Alexander Späth, "EuGH entscheidet über Klassenüberschriften bei Marken," Junary 19,
     2012, accessed June 1, 2017, http://www.cmshs-bloggt.de/gewerblicher-rechtsschutz/
     markenrecht/eugh-entscheidet-uber-klassenuberschriften-bei-marken/.

[6] Antonia Bognar, "Unionmarkenverordnung: Die Gemienschaftsmarke wird zur
     Unionsmarke," 2016. 3.4, accessed June 1, 2017, http://www.cmshs-bloggt.de/
     gewerblicher-rechtsschutz/markenrecht/unionsmarkenverordnung-die-gemeinschaftsmarke-
     wird-zur-unionsmarke/.

[7] 在我國，商標無正當理由迄未使用或繼續停止使用已滿三年者，商標專責機關應
     依職權或據申請廢止其註冊（商標法第 63 條第 1 項第 2 款），關於廢止日自何
     時起算？在註冊後迄未使用之情形，廢止日自商標註冊日起算；在使用過一段時
     間後繼續停止使用已滿三年者，廢止日自開始停止使用之日起算。由於我國非採

7. 修正提異議之截止日期：對指定歐盟之國際申請提異議之日期變更了。修正前是自國際公告日六個月後的三個月內。修正後改為自國際公告日一個月後的三個月內，該變更將加速異議之程序[8]。

8. 商標撤銷可以在成員國商標局進行：修正後就國家商標之無效程序得在下列商標局或法院提起：(1)某些成員國之國家商標局或法院。(2)僅在有管轄權之法院。根據指令第 45 條之規定，所有的成員國必須設立「快速有效之商標撤銷或宣告無效的行政程序」。成員國必須對本國商標實施行政撤銷制度。上述規定將提高歐盟內成員國商標撤銷程序之成本及時間效率[9]。

9. 制定新的證明標章（certification marks , Gewährleistungsmarke) 制度：證明標章是所提供之商品具有特定品質，且經會員國符合驗證標準之組織審查過而標示之標誌。申請人必須在申請時提交證明標章之規範（規則第 74a 至 74k 條）。

貳、歐盟商標規範有關商標權保護實體面改革之探討

歐盟商標規則在商標權之實體面亦有許多修正，也是歐盟各會員必須將之納入國內法規範者，以下將就比較重大之變革及歐洲法院相關實務見解加以探討，並與我國法制比較之。

一、商標形式

（一）修法內容

規則第 4 條，指令第 3 條係關於商標形式（Markenform）之規定。

用異議制度，所以起算日與歐盟規定未盡相同。

[8] 在我國撤銷註冊之商標，除有異議制度外，尚有評定制度，且無國際公告之問題，因此關於提起時間與歐盟之規範不同。在我國，異議得自註冊公告日後三個月內提起（商標法第 48 條第 1 項）。評定則因註冊違反之因素不同而有不同的期間，為註冊公告日起五年或十年（同法第 58 條）。

[9] Jones Day Publications: Overview of European Trade Mark Law Reforms, 2016.4, accessed June 1, 2017, http://www.jonesday.com/overview-of-european-trade-mark-law-reforms-04-07-2016/.

修法之後的規定刪除「圖文表示」（Graphical Representation）的申請要件，以利非視覺可感知的聲音及氣味等新型態商標之申請。在新制度下，商標必須記載在登記簿上，且以主管機關及公眾可以清楚或準確地判斷給予保護之主題的方式呈現 [10]。

其中第 1 項前段係可作為商標保護之客體，修正前規定：「任何足以使企業之商品與他企業者相區別之標識均得做為商標，特別是文字，包括姓名，圖案、字母、數字、商品之形狀或包裝。」此次修正時新增「顏色」及「聲音」。

修正後第 1 項後段，將原「足以使企業之商品與他企業者相區別者」規定為 a) 款。此外，新增 b) 款，歐盟商標之註冊在註冊時應以主管機關及公眾對於授予之商標權所保護之客體得以清晰且明確地確定的方式表示。

（二）歐洲法院見解

以上修正部分與歐洲法院過去判決見解有關，亦即將過去實務見解納入新規範中。茲將相關實務見解分述如次：

1. 位置商標：所謂位置商標，係指將圖形等標誌置於商品之特定位置，以指示商品 / 服務來源之標識。歐洲法院曾有幾個位置商標之案例，茲以在袖子上及在褲管上平行的兩條線（圖 1）之案例為例說明之。針對上開商標，歐洲法院認為：固然在運動產品中附加簡單的設計可能被認為是指示商品來源的標識，但並非任何模式的標識均是如此。又位置商標只是判斷系爭商標是否具有先天識別力的考慮因素之一，非必然具識別力。本件商標係由兩條相同寬度及長度的平行線所組成，在袖子上；及平行傾斜條紋，位於褲子下部。由於其圖樣非常簡單，缺乏特色，不足作為指示商品來源之標識 [11]。

---

[10] 規則及指令前言第 9 點表示：准許商標以任何適當之形式及使用一般可行之技術呈現，只要該等呈現是清楚、準確、獨立一體、易理解、明白、持久且客觀地。

[11] Urteile des EuGH vom 16.12.2015, T-63/15 und T-64/15.

圖 1：袖子上及褲管上平行之位置商標圖

資料來源：Urteile des EuGH vom 16.12.2015, T-63/15 und T-64/15.
　　　　　http://curia.europa.eu/juris/document/document.jsf?text=&docid=172987
　　　　　http://curia.europa.eu/juris/document/document.jsf?text=&docid=172986

2. 顏色商標：歐盟商標規則及指令在此次修正時均明訂顏色亦得做為
  商標。顏色，包括單一顏色及顏色組合。在修正前，歐洲法院曾在
  無空間限制（無固定輪廓）的橙色（libertel-Orange）商標案中表示：
  無固定形式及無輪廓之顏色原則不能作為商標。但該顏色若可以圖
  文表示清楚、準確、獨立一體、易理解、明白、持久且客觀地表示時，
  即得作為商標。判斷特定的顏色是否具有識別力，必須考慮公共利
  益，即其他經濟參與者使用該顏色於註冊者所指定使用之商品／服
  務時是否會受到不合理地限制 [12]。之後，在藍色／黃色顏色組合的案
  例中，歐洲法院表示：在兩個或兩個以上抽象且無輪廓的顏色，在
  圖文表示的要求下，必須具精確性及持續地可感知，始受保護。若
  只是單純無形式或無輪廓結合之兩種或多種顏色，或只說出兩種或
  多種顏色用在「任何可能的形式」下，不符合明確性及固定性之要
  求 [13]，不得作為商標。類似的案例，申請註冊者為兩種顏色之組合，
  二者所佔比率是可變動的。指定使用在鑽具（Bohrwerkzeuge）上。其
  中黃色色調的覆蓋面最多 2/3，亦即該顏色只要不超過 2/3 的上限，

---

[12] Urteil des EuGH vom 6.6.1003, C-104/01.

[13] Urteil des EuGH vom 24.6.2004, C-49/02.

可以大些或小些。因此該標識並非有體系地將各顏色以預定地或固定地方式呈現，故亦不得作為商標[14]。

3. 聲音商標：歐洲法院曾表示：聲音商標，只要是可以以圖文表示，即具有商標能力（markenfähig）的，特別是可借助圖像、線條或字是清楚、準確、獨立一體、易理解、明白、持久且客觀地表示者，即可作為商標[15]。至於鈴聲，具有商標能力，且可以透過音符的方式以圖文表示呈現，使相關交易範圍清楚辨識[16]。現在亦可能以 MP3 的檔案做數位記錄。

4. 氣味商標：第一件氣味商標的申請案是 1996 年向歐盟內部市場調和局（OHIM）申請「剛割過的青草味」，指定使用於網球，OHIM 認為這樣的敘述非有效的圖文表示而核駁其申請。但 OHIM 第二上訴委員會（the Second Board of Appeal）推翻 OHIM 的決定，第二上訴委員會認為「剛割過之青草味」係具有 別性之氣味，且每個人 可以自經驗中 刻認知到這樣的味道，因此核准其註冊[17]。之後在 Sieckmann 公司申請的案件中，申請人以化學式及文字描述之方式「帶有少許肉桂之果膠味」，並將氣味樣品提存至實驗室及專利商標局，但經德國專利商標局以其圖文表示不足為由核駁其申請。該案之後移請歐洲法院解釋。法院認為本案並不符合圖文表示之要求，認為圖文表示必須清楚、準確、獨立一體、易理解、明白、持久且客觀地[18]。其他相關案例如：將文字描述為「成熟草莓之氣味」，並附有草莓之彩色圖之商標，申請註冊使用在化妝品、保養品；書籍、文具、紙張；衣服、鞋子等商品。本件爭點為：本案氣味商標申請案之文字描述、草莓圖樣或其組合是否為有效之圖文表示？結果法院採否定見解。理由是：相關的語言描述及成熟的草莓照片，並不

---

[14] Urteil des EuGH vom 3.2.2011, T-299/09.

[15] Urteil des EuGH vom 27.11.2003, C-283/01.

[16] Urteil vom 13.9.2016, T-408/15–Klingelton.

[17] Vennootschap, In Case R156/1998-2, Decision of the Second Board of Appeal of 11 February 1999. 此外，詳請參朱稚芬、鍾桂華，「非傳統商標之『看不到』篇：以美國與歐洲案例為中心」，《智慧財產權》，109 期（2008 年 1 月）：頁 94-134。

[18] Urteil des EuGH vom 12.12.2002, C-273/00.

符合上述圖文表示之要求，蓋「成熟草莓之氣味」可能因不同種類之草莓而有不同氣味，因此這樣的描述不明確且不客觀，因此不得作為商標 [19]。

（三）我國相關實務見解

我國商標法在 2003 年修正時新增聲音可以做為商標之客體，同時在當時之商標法第 17 條第 2 項新增商標應以視覺可感知之圖樣表示之規定。亦即可以以五線譜、簡譜或描述說明之商標圖樣，但須附聲音樣本，因此我國商標法並不以圖文表示為申請要件。

現行第 18 條第 1 項規定：「商標，指任何具有識別性之標識，得以文字、圖形、記號、顏色、立體形狀、動態、全像圖、聲音等，或其聯合式所組成。」可見任何具有識別性之商識均得做為商標，也包括在該條項未明訂的位置商標或其他非傳統之商標。至於申請時就商標圖樣之表示方式，同法第 19 條第 3 項規定：「商標圖樣應以清楚、明確、完整、客觀、持久及易於理解之方式呈現。」又，商標法施行細則第 13 條 1 項規定：「申請商標註冊檢附之商標圖樣，應符合商標專責機關公告之格式。商標專責機關認有必要時，得通知申請人檢附商標描述及商標樣本，以輔助商標圖樣之審查。」關於商標描述及商標樣本，同條第 3、4 項分別規定：「第一項所稱商標描述，指對商標本身及其使用於商品/服務情形所為之相關說明（第 3 項）。第一項所稱商標樣本，指商標本身之樣品或存載商標之電子載體（第 4 項）。」

茲將我國實務對於非傳統商標註冊之見解說明如次。

1. 位置商標：我國有若干位置商標經註冊之案例，例如盧森堡普拉達股份有限公司（PRADA S.A.）於 2003.4.16 註冊指定使用於鞋靴的商標（註冊第 01041178 號）（圖 2）。

   此外，澳大利亞的 2XU PTY LTD 註冊指定使用在醫療用減速及壓迫性衣物與復原用衣物及凡裝、女裝之位置商標。該商標係由一個聖安德魯十字圖形所構成，如圖 3。

---

[19] Urteil des EuG vom 27.10.2005, T-305/04.

圖 2：位置商標圖

資料來源：**經濟部智慧財產局**，http://tmsearch.tipo.gov.tw/TIPO_DR/servlet/InitLo
goPictureWordDetail?sKeyNO=090031786

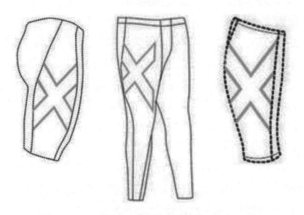

圖 3：位置商標圖

資料來源：http://www.trademarkia.com/company-2xu-pty-ltd-4545-page-1-2

2. 顏色商標：顏色商標，指單純以顏色本身作為標識的情形，可以是
單一顏色或數顏色的組合，而且該單一顏色或顏色組合本身已具備
指示商品/服務來源的功能。顏色商標要能註冊，必須具備識別性。
顏色商標，尤其是單一顏色，在消費者的認知多屬裝飾性質，故通
常不具先天識別性，至顏色組合商標，因其為二種以上顏色的組合，
如在顏色之選擇或比例之分配等有獨特性，具先天識別性的可能性

較單一顏色為高，因此，若顏色組合具有先天識別性，足使消費者辨別商品／服務來源者，則不待舉證取得後天識別性，即可獲准註冊。但不可諱言的，顏色組合商標仍較一般圖形設計商標不易具備先天識別性，通常仍須舉證取得後天識別性，始得註冊（「非傳統商標審查基準」4.2.3）。經註冊之顏色商標例如：金頂電池利用「銅、黑」二色組合，使用於整個電池表面即是。但以白色作為「藥物吸入器」本體之顏色，於該商品側邊崁入式按鈕部分及卡樺處之圓點則為亮綠色，整體係由白色及亮綠色兩種顏色組合而成。由於商品本身或其包裝外觀的顏色常具有裝飾美觀之目的或顯示按鈕位置之功能，且系爭商標予人予人寓目印象僅為該商品上單純之顏色裝飾或顯示按鈕位置功能，尚不足以使相關消費者認識其為表彰商品之標識，並得藉以與他人之商品相區別，自不具先天識別性。申請人復無法證明具後天識別性，故不具識別性[20]。

3. 聲音商標：聲音商標，係單純以聲音本身作為標識的情形，係以聽覺作為區別商品／服務來源的方法，聲音商標可以是音樂性質的商標，例如一段樂曲或一段歌曲，也可能是非音樂性質的聲音，例如人聲所為的口白或獅子的吼叫聲，而且該聲音本身已具備指示商品／服務來源的功能（「非傳統商標審查基準」5.1）。智慧財產局於2005.1.1 核准國內第一件聲音商標[21]，即「綠油精，綠油精，爸爸愛用綠油精……」這首曾紅遍大街小巷的廣告歌曲。申請聲音商標者，商標圖樣為表現該聲音之五線譜或簡譜；無法以五線譜或簡譜表現該聲音者，商標圖樣為該聲音之文字說明（商標法施行細則第 18 條第 1 項）。

4. 氣味商標：根據商標法第 18 條第 1 項，氣味商標只要具有識別性，並不排除其作為商標的可能性。但其商標圖樣如何能以清楚、準確、獨立一體、易理解、明白、持久且客觀之方式呈現，或藉由文字說明，並輔以商標樣本之補充，以清楚、完整表現商標，在審查及公告作業技術方面，尚有其困難性，縱不排除其單純以文字描述作為

---

[20] 智慧財產法院 104 年度行商訴字第 135 號判決。

[21] 註冊第 01135554 號商標。

商標圖樣之可行性，但該等以氣味、味道或觸覺可感知的標識作為區別商品／服務的來源，審查時如何要求檢附商標樣本，使其與商標圖樣間可以互相參照，以確認所欲請求保護的標的，在智慧局未公告審理程序之細節規定前，審查時應就個案中所檢送的商標圖樣、商標描述及商標樣本等相關資料，準用非傳統商標審查基準之相關規定進行審查[22]。

二、不得註冊事項

在歐盟商標規則及指令均訂有不得註冊事項，不得註冊事項又可分為絕對不得註冊事項（規則第 7 條；指令第 4 條）及相對不得註冊事項（規則第 8 條；指令第 5 條）。所謂絕對不得註冊事項，係指絕對不得作為商標註冊之事項，通常是與公益有關之事項；而相對不得註冊事項，係指與權利衝突有關之事項，若經註冊，利害關係人得撤銷其註冊。在歐盟，商標主管機關在商標申請註冊時，僅審查是否具有絕對不得註冊事項，以決定准駁。茲將此次改革事項分述之。

（一）絕對不得註冊事項

1. 修法內容

此次修正最主要為關於排除功能性商標註冊之規定。修正前規則第 7 條第 1 項 e) 款及指令第 4 條第 1 項 e) 款規定：「有下列情形之一者，不得註冊為商標：e) 僅由下列所構成之標識：(i) 因商品本身之特性所決定之形狀。(ii) 為達到某種技術效果所必要之商品形狀。(iii) 為賦予商品重大價值之形狀。」修正後在前述條文 e) 款的每一目中的形狀之後均加入「或其他特徵」（oder einem anderen charakteristischen Merkmal）。表示除立體商標之形狀外，在其他商標（例如顏色商標[23]、聲音商標[24]……）具功能性者，亦不得註冊為商

---

[22] 非傳統商標審查基準第 8 點。

[23] 例如紅色或橘色常被當為危險或警告的顏色。

[24] 例如摩托車發動的聲音。

標。

2. 歐洲法院見解

關於功能性之認定，歐洲法院曾有若干判決就認定標準加以解釋，茲分述之。

(1) Tripp Trapp 兒童成長椅案

兒童成長椅由挪威 Stokke 公司販售，其造型如圖 4，其椅面是可滑動的，使用者可隨年齡及身高之不同調整椅面所在之高度，在其專利期過後，Stokke 公司以其立體形狀在 1988.5.8 向荷比盧之智慧局申請立體商標之註冊，指定使用於「椅子，特別是兒童用之高腳椅」，經獲准註冊。

嗣 Stokke 公司以 Hauck 公司之 "Alpha" 及 "Beta" 兩款椅子侵害其著作權及商標權為由，提請訴訟請求賠償損害。本案訴訟中，海牙上訴法院認為該成長椅具有吸引力外觀賦予該商品重要的價值，且該外觀係由商品本身之特質所決定，因此認為具有上述規定第 1 目及第 3 目規定情形，而認定商標無效。之後上訴到荷蘭最高法院，最高法院將爭點聲請歐洲法院為先決判決。歐洲法院針對上述規定 e) 款之第 1、3 目所為之解釋可歸納如下：

(a) 第 1 目「僅因商品本身之特性所決定之形狀」，係指一標識係僅由一個或多個商品固有的重要的使用特性（wesentliche Gebrauchseigenschaften），且是消費者可能在其競爭商品上找到之「必要特徵」所構成之形狀。

(b) 第 3 目「僅為賦予商品重大價值之形狀」，可適用於一標識，其係僅由具有數個賦予商品重大價值之特徵的商品形狀所構成。是否有該目之適用，以交易範圍對於商品形狀之認知為判斷標準之一。

(c) 上述第 1 目及第 3 目所規定之不得註冊事由不得同時適用[25]。

---

[25] Urteil des EuGH vom 18.9.2014, C-205/13，另請參見夏禾，「從 Tripp Trapp 兒童成長椅思考商標權保護之界線」，《智慧財產權》，199 期（2015 年 7 月）：頁 19-36。

圖 4：兒童成長椅申請註冊商標圖

資料來源：Urteil des EuGH vom 18.9.2014, C-205/13.
　　　　　http://curia.europa.eu/juris/document/document.
　　　　　jsf?docid=157848&doclang=EN

(2) 樂高玩具磚案

　　LEGO 積木曾獲專利保護，期滿後，於 1996.4.1 以紅色長方積木向 OHIM 申請註冊為共同體立體商標，指定使用於遊戲器具及玩具。1999.10.19 准予註冊。競爭對手 MEGA 以其違反絕對不得註冊事項為由請求法院宣告無效。案經 OHIM 撤銷部門及上訴委員會以其具備功能性為由撤銷其註冊。LEGO 於 2006.9.25 向歐洲普通法院提起訴訟，遭駁回。LEGO 再上訴，歐洲法院最後於 2010.9.14 駁回其訴 [26]。

　　根據歐洲法院見解，第 7 條第 1 項各款絕對不得註冊事由應以公眾利益為出發點解釋。特別是 e) 款各目所規定之功能性是較嚴格之註冊要件，即使具識別性，若具功能性仍無法註冊為商標。其目的是避免特定技術成果所必須之商品形狀被註冊，使特

---

[26] Urteil des EuGH vom 06.10.2011, T-508/08, Bang & Olufsen v. OHIM, 2011 II-06975.
另請參見夏禾，「從 Tripp Trapp 兒童成長椅思考商標權保護之界線」，頁 16-18。

定人永久獨占技術解決方案。因此即使獲得後天識別性，但有功能性，仍無法註冊為商標。

第 2 目「僅是為達成某種技術效果必須」，係指商品形狀之所有技術特徵均係為達成特定技術效果所必須者，縱該形狀縱非唯一者，亦同。換言之，達成技術成果之形狀還有其他替代可能性時，仍可能適用該目。至於認定是否有該目之適用，可以「二階段測試法」認定之。亦即：首先，須就系爭標識辨認有哪些「重要特徵」（即「最重要的構成要件」）。其次，看是否所有技術特徵都是為了實現特定商品所欲達成之「技術功能」（technical function）所必須。若是，即有本目之適用。分析其是否係為實現商品之技術功能即可，與替代形狀之存在事實毫無相關。排除替代形狀之理由是：為預防因商標權「及於近似」之保護效力，造成技術解決方案獨占、或者限制競爭者選擇可能性——特別是當系爭標識包含技術上所偏好之解決方案型態，一旦賦予保護，競爭者便難以找出「真正之替代形狀」[27]。

系爭商標之重要特徵為「積木上方表面之兩排凸鈕」，並參考專利文件，不僅凸鈕係達成組合積木此技術成果所必須，其餘元素，如其整體外型、表面螺栓、下側空心及內孔位等特徵，亦均為一般玩具磚實施裝配、排列組合及固定等功能所必須之要件，因此不得註冊為商標。

(3) 魔術方塊案

本案系爭商標為英國一家遊戲玩具製造公司 Seven Towns Ltd 於 1999 年向 EUIPO 註冊、外觀上與一般魔術方塊無異之三維立體拼圖方塊商標（圖 5）。德國一家玩具製造公司 Simba Toys GmbH & Co. KG 在 2006 年間就該商標提出無效申請。理由是其外觀，黑色外框線所構成之格子狀圖樣，並非一種裝飾構想，而是單純為執行內部旋轉功能，此外觀設計具有功能性應受專利，而非商標保護。

---

[27] Lego Juris A/S v OHIM –MEGA Brands, Inc., Case T - 270/06 (2008). 關於該案之訴訟過程及爭點討論，請參見許慈真，前引文，頁 103 以下；夏禾，「從 Tripp Trapp 兒童成長椅思考商標權保護之界線」，頁 13。

圖 5：魔術方塊商標圖

資料來源：Urteil des EuGH vom 10.11.2016, C-30/15 P.
　　　　　http://curia.europa.eu/juris/document/document.jsf?text=&docid=185244

　　歐洲法院在 2016.11.10 判決 [28] 推翻歐盟智慧財產局 OHIM 以及普通法院（General Court，屬歐盟法院體系之初審法院）先前認定系爭商標為有效之裁決結果 [29]，並將案件發回歐盟智慧財產局（EUIPO）重新審理。

　　本案主要爭點為：在審查一商品形式之商標是否具有功能性時，首先固然以圖文表示出發，但商標若包括圖文表示無法清楚確定之因素時，應如何判斷？就此，歐洲法院表示：

(a)　在審查商品形式之商標除由圖文表示出發外，在進一步的審查時還必須考慮特定商品的功能相關的因素，也包括那些基於圖文表示無法明確掌握之客觀的觀點，例如魔術方塊立體拼圖的各個部分的旋轉。換言之，判斷商標外型圖案是否具功能性，應仔細詮釋實際產品之技術功能，以及該商標圖案是否存在其他非功能性裝飾要素。

---

[28] Urteil des EuGH vom 10.11.2016, C-30/15 P.

[29] 普通法院（T 450/09）認為商品的外觀本身必須是為達到一技術效果所必要者才不得註冊為商標。本案魔術方塊之分離旋轉的技術成果是因為魔術方塊內部，而非因為外觀的黑色格線的結構所能達成的，因此黑色格線外觀並非達到一個技術效果所必要，故得註冊為商標。

(b) 系爭商標主要爭議之處在於立方體（Wurfel）以及在立方體每一面的格子結構（Gitterstruktur）是否具有規則第 7 條第 1 項 c) 款第 2 目之功能性。法院認為：在判斷商標之形狀是否具有技術效果時亦應考量實際商品之技術功能。不可僅因註冊類別或申請註冊說明未具體說明商標形狀的功能，而在審查標識之必要特徵的功能性時排除考量該標識所具有之實際商標技術功能，否則會擴張商標權人之保護範圍。因為系爭商標權利人可能在其他情形透過該商標的註冊而將其權利範圍擴及至所有立體方塊之其他近似的形式。這表示所有的立體拼圖，其構成部分，將與其立體形狀之功能方式個別獨立。而此可能性將與規則第 7 條第 1 項 c) 款第 2 目避免一企業壟斷技術解決方式或商品之功能特定之規範目的有違。基此，歐洲法院廢棄普通法院判決，發回 EUIPO 重新審理。

(4) 擴音器案

系爭商標為一擴音器立體商標（圖 6），指定使用在電器及電子設備及類似設備、數位或光接收器、擴音器及音樂家具等。涉及之主要爭點為：是否構成規則第 7 條第 1 項 e) 款第 3 目「賦予商品重要價值之形狀」之功能性？

該目不得註冊之理由是：防止賦予商品重要價值之形狀為商標權人所壟斷。同時當商品之設計係消費者在購買決定時是非常重要之因素時，也不宜讓商標權人獨自享有，縱使消費者在購買時亦有將其他商品特徵納入考量者，亦然。針對擴音器，普通法院認為：系爭商品，設計是消費者選擇中非常重要的因素，即使消費者考慮到商品的其他特徵。本案系爭的形狀被認為是一純粹、修長、恆久的雕塑品，顯示出非常具體的設計，並且是申請人商標之基本要素，從而增加了商品的吸引力，提高商品的價值，因此法院認為系爭商標屬賦予商品重要價值之形狀 [30]。

---

[30] Urteil des EuGH vom 06.10.2011, T-508/08, Bang & Olufsen v. OHIM, 2011 II-06975. 另請參見夏禾，「從 Tripp Trapp 兒童成長椅思考商標權保護之界線」，頁 16-18。

圖 6：擴音器申請註冊商標圖

資料來源：Urteil des EuGH vom 06.10.2011, T-508/08.
http://curia.europa.eu/juris/document/document.jsf?text=&docid=110621

3. 我國相關規範及實務見解

關於功能性不得註冊之規定，我國之規範與歐盟規範有若干差異[31]。我國在商標法第 30 條第 1 項第 1 款規定：「僅為發揮商品／服務之功能所必要者」不得註冊。該款規定在 2011 年修正前訂有「商品或包裝之立體形狀」等文字，修法時將該等文字刪除，理由是：商標功能性問題不僅限於商品或其包裝容器之立體形狀，顏色及聲音亦有功能性問題。

關於功能性之判斷，因商標之不同而異，就此規定於「非傳統商標審查基準」。功能性包括實用功能性及美感功能性。前者係指商品之設計能使產品有效發揮其效用，或係確保產品功能所為之設計。包括達成商品使用目的或技術效果所必要的特徵，以及由較便宜或簡單的製造方式所產生的產品特徵[32]。在後者，則指該特徵雖不具實用功能性，不能

---

[31] 主要差異之處有：1. 關於判斷功能性之考量因素，歐盟直接規定在歐盟商標規則及指令中。我國則規定在「非傳統商標審查基準」中。2. 我國並無類似歐盟商標規則第 7 條第 1 項 e) 款第 3 目「賦予商品重要價值之形狀」之規定，該規定似較接近美感功能性，就此，我國雖在非傳統商標審查基準中雖表示功能性亦包括美感功能性，但並無類似之規定。

[32] 澳洲審查基準 Part 21 Non-traditional Signs 3.4 Shape and functionality; 美國審查手冊 1202.02(a)(v)(D) Ease or Economy of Manufacture in Functionality Determinations. 轉引

增加商品／服務的效能或降低其成本，但是明顯具有其他的競爭優勢，而該競爭優勢應保留給同業使用，而不宜由一人所獨占。例如柳橙口味的藥物，雖不會使藥物在治療疾病上達到更好的效果，但是可以遮蓋藥物的味道，皆屬美感功能性的情形 [33]。

判斷商標功能性之具體考量因素，因商標之不同，考量因素亦有不同。因在此僅討論立體商標，故僅就立體商標功能性之具體考量因素探討之，其考量因素有三：(1) 該形狀是否為達到該商品之使用或目的所必須。(2) 該形狀是否為達到某種技術效果所必須。(3) 該形狀的製作成本或方法是否比較簡單、便宜或較好 [34]。其中第三個考量因素與歐盟之規定不同。

相關判決如智慧財產法院 104 年行商訴字第 54 號判決，就「eos 球型立體圖樣」商標產品（圖 7），法院認為其立體球型狀，於護唇膏產品非屬唯一選擇，有直管、軟管、矮罐等形狀，又以球型形狀作為護唇膏外包裝並非達到用作塗抹唇膏之必要技術，其塗抹面積較寬，不若直管可控制塗抹面積；另此之球型形狀製作成本，依常情，與直管或矮罐比較，並非成本較低或方法比較簡單之方式。綜合上情，應認系爭 eos 球型狀護唇膏並不具功能性，可以註冊為商標。

圖 7：eos 球型立體圖樣商標圖
資料來源：智慧財產法院 104 年行商訴字第 54 號判決附件

自非傳統商標審查基準 2.3。

[33] 非傳統商標審查基準 2.3。

[34] 非傳統商標審查基準 3.2.4。

（二）相對不得註冊事項

1. 修法內容

在相對不得註冊事項，此次修法時於指令第 5 條第 3c 項、規則第 8 條第 4a 項增訂有關原產地名稱及地理標示有關的規定。同時於指令第 5 條及第 10 條、規則第 8 條第 5 項擴大著名商標（bekannte Marke，英文條文中稱「具聲譽之商標」，the trade mark has a reputation）之保護。由於後者對我國商標法影響較大，故僅就後者詳述之。

2015 年修法前之指令第 5 條第 2 項、規則第 8 條第 5 項規定：「於不類似之商品／服務上，使用與商標相同或近似之圖樣，而該商標為國內著名之商標，且他人若使用該商標，會不當且無正當理由地利用或減損其識別力或聲譽者」，不得註冊為商標。以上情形在侵害著名商標之情形亦有類似規定（規則第 9 條第 1 項 c) 款）。可見在修法前，混淆誤認之虞原則上適用於將相同或近似商標使用在同一或類似之商品／服務之情形；減損著名商標識別性或信譽，原則上適用於將相同或近似商標使用在不類似之商品／服務之情形。

2003 年，歐洲法院在 Durffee／Davidoff 案認為：指令第 4 條第 4 項 a) 款及第 5 條第 2 項規定應解釋為賦予成員國提供著名之註冊商標之保護及於「相同或近似於該註冊商標，使用於相同或類似商品／服務」後，2015 年修法時亦接受此見解，因此修正後規則第 8 條第 5 項將著名商標之保護範圍之減損識別性或信譽規定擴張至使用在類似之商品／服務上，該條項修正後規定：「商標與在先商標相同或近似，而該在先之歐盟商標於歐盟內著名，或在先之內國商標於該會員國內著名，若註冊之申請無正當理由，且准予申請將使申請人自先商標獲取不公平利益，或損害在先商標之識別性或信譽，不問所申請註冊之商品／服務類別是否與在先商標所註冊者相同、類似或不類似，經先商標權利人提出異議者，不應予註冊。」

在侵權部分，2015 年修正後指令第 10 條第 2 項 c) 款、規則第 9 條第 1 項 c) 款亦有類似修正：相同或近似歐盟註冊商標之標章，若該註冊商標在歐盟境內著名，且該使用係無正當理由利用歐盟商標

而獲取不公平利益，或損害歐盟商標之識別性或信譽，不論係使用在與註冊商標相同、類似或不類似之商品／服務，商標權人均得禁止之。

2. 歐洲法院見解

Davidoff 公司所有之 Davidoff 商標為在先註冊之著名商標，指定使用在男性化妝品、白蘭地酒、雪茄、領帶、眼鏡框架、相關配件及皮革製品。後註冊之商標為來自香港 Gofkid 公司，在 Davidoff 之後於德國註冊取得 Durffee 商標（圖 8），指定使用在貴金屬及其製品，如裝飾品、餐具、菸灰缸、手錶、珠寶、雪茄菸類之外盒及濾嘴等。Davidoff 公司主張 Durffee 公司商標與其他商標構成混淆，且 Durffee 公司故意不當攀附其商標之高品質的信譽，對其商標之信譽造成損害，爰起訴請求撤銷 Durffee 商標。

原告在第一審及上訴審皆敗訴，因此上訴到法律審之德國專利法院。該法院認為二造商標近似，但仍需要其他的事實証明是否有混淆之虞，且歐盟商標指令第 4 條第 4 項 a 款及第 5 條第 2 項規定是否適用於類似之商品／服務尚有疑義，於是請求歐洲法院為先行裁決。

歐洲法院認為：歐盟商標指令第 5 條第 2 項之解釋不得使著名商標用於同一或類似商品／服務之保護「低於」使用在不類似之商品／服務。亦即，將著名商標使用在同一或類似商品／服務之保護至少須與在不類似之商品／服務相同，否則將無法達到強化著名商標保護之目的。職是，歐盟指令中關於著名商標淡化之規定亦適用於與著名商標指定使用同一或類似之商品／服務上 [35]。類似見解亦見於 Adidas-Salomon AG and Another v. Fitnessworld Training Ltd.[36]。

---

[35] Urteil des EuGH vom 9.1.2003, C-292/00.

[36] Urteil des EuGH vom 23.10.2003, C-408/01.

圖 8：原被告商標圖

資料來源：Urteil des EuGH vom 9.1.2003, C-292/00.

3. 我國相關規範及實務見解

商標法第 30 條第 1 項第 11 款前段規定：「相同或近似於他人著名商標或標章，有致相關公眾混淆誤認之虞，或有減損著名商標或標章之識別性或信譽之虞者。……」不得註冊。同法第 70 條第 1、2 款規定：「未得商標權人同意，有下列情形之一，視為侵害商標權：一、明知為他人著名之註冊商標，而使用相同或近似之商標，有致減損該商標之識別性或信譽之虞者。二、明知為他人著名之註冊商標，而以該著名商標中之文字作為自己公司、商號、團體、網域或其他表彰營業主體之名稱，有致相關消費者混淆誤認之虞或減損該商標之識別性或信譽之虞者。」以上規定就減損著名商標識別性或信譽之虞部分，均未明確規定適用於類似或不類似之商品／服務。

實務認為混淆誤認之虞與減損識別性或信譽之於具有不同的構成要件與規範目的，為不同事由應分別判斷[37]。但二者之關係為何？

---

[37] 最高行政法院 104 年度判字第 454 號判決：「商標法第 30 條第 1 項第 11 款規定之內容相同，均為著名商標保護之相關規定，為論述方便，就此部分以下均僅引述舊法條款。上開條文前段著重在消費者權益之保護，避免混淆誤認；後段則著重在著名商標本身之保護，防止其識別來源之能力及其所表彰之信譽遭受損害。二者關於商標著名程度之要求不同，前段要求之達到相關事業或消費者普遍認知之程度；後段則要求達到國內大部分地區絕大多數之消費者所普遍認知之程度。該後段條文所定「商標淡化減損」之規定，旨在加強對著名程度較高商標之保護，以彌補前段「混淆誤認之虞」對此種著名程度較高商標保護之不足。換言之，後段之增訂係針對系爭商標與他人著名商標雖屬近似，然二者所指定使用之商品或服務非屬類似，市場區隔有別，並無混淆誤認之虞之情形而設；直言之，係為確保公平競爭，保護著名商標所辛苦建立之信譽及識別性，避免他人不當攀附使用於無競爭關係之商品或服務上，致減損其信譽或沖淡其識別性，而明文規範禁止。是以上開條文之前段及後段具有不同之構成要件及規範目的，為不同之評定事

實務見解不一。有認為以上淡化情形並不以將商標使用於同一或類似之商品／服務為要件，亦不以致生混淆誤認之虞為要件。只要以相同或近似於著名商標之文字，作為表彰自己營業主體或來源之標識，致在消費者心目中，該商標與其所表彰之商品／服務間之關聯性將遭到淡化，即構成減損著名註冊商標之識別性之虞[38]。亦有判決明確表示係將相同或近似商標使用於著名商標之商品／服務間不具競爭關係或不類似之商品或服務上[39]。但亦有判決認為：在與該著名商標所指定的商品或服務同一或類似之領域，使用相同或近似於該著名商標之商標，將會逐漸減弱或分散該著名商標曾經強烈指示單一來源的特徵及吸引力，使該著名商標在社會大眾的心中不會留下單一聯想或獨特性的印象，而有減損商標識別性之虞，依商標法第70條第1款規定，亦屬視為侵害商標權之行為[40]。甚至有認為將相同或近似商標使用在類似商品／服務之情形，認定為同時構成混淆誤認之虞及減損著名商標之識別性或信譽之判決[41]。

由，應分別判斷。」

[38] 臺灣高等法院 94 年度智上易字第 5 號民事判決、最高法院 102 年度台上字第 2408 號判決。

[39] 最高法院 102 年度台上字第 2408 號判決。又最高行政法院 102 年度判字第 310 號判決：「修正前商標法第 23 條第 1 項第 12 款（相當於現第 30 條第 1 項第 11 款）後段所謂有減損著名商標或標章之識別性之虞，係指使用相同或近似於他人著名之商標或標章於不同之商品或服務，導致著名商標使用於特定之商品或服務來源之聯想減弱或分散，而降低著名商標獨特性之可能而言。」

[40] 智慧財產法院 104 年度民商上字第 22 號、同院 105 年度民專上字第 9 號、105 年度民專上字第 16 號判決。

[41] 智慧財產法院 101 年度行商訴字第 145 號判決：「據以異議商標為識別性高之創造性商標，兩商標圖樣有高度近似之情事，且兩商標指定之商品性質相同或類似，在功能、用途、產製者、提供者、相關消費族群、行銷管道及販賣場所等因素，具有共同或關聯處，既如前述。申言之，相關消費者接觸系爭商標後，易聯想據以異議商標指定之商品，致據以異議商標指定之商品，可能指定使用在系爭商標之商品，使指示單一來源之據以異議商標，極有可能會變成指示系爭商標商品來源之商標，故系爭商標稀釋或弱化據以異議商標之識別性。準此，因系爭商標與據以異議商標使用於有競爭關係或類似之商品，使系爭商標經普遍使用於其指定商品結果，將減損據以異議商標之識別性。」另請參照同院 101 年度行商訴字第 131 號、同院 101 年度民商上字第 11 號、103 年度行商訴字第 114 號、103 年度行商訴字第 122 號及 104 年度行商訴字第 79 號。

三、商標權之效力

規則第 9 條係歐盟商標所賦予之權利的規定，本次修正時增訂第 9 條第 3 項第 d 及 f 款之規定，以及增訂第 9a 條之規定。茲分述之。

（一）規則第 9 條第 3 項第 d 及 f 款；指令第 10 條第 3 項第 d 及 f 款

1. 修法內容

根據規則第 9 條第 3 項規定，若第 2 項[42]之要件滿足，下列事項禁止之：……(d) 將標識作為商業或企業名稱之全部或一部使用。(f) 將標識在比較廣告中以違反 2006/114/EG 指令[43]之方式使用。

2.歐洲法院見解

(1) 將他人標識作為自己商業或企業名稱使用

歐洲法院在 Céline 案表示：第三人未經授權，使用與在先商標相同之標識，做為營業標識、商業名稱或企業名稱銷售相同商品，如係作為區別商品 / 服務之用者，構成商標使用。若其使用會影響或妨礙商標之功能（特別是商標之基本功能：保障商品 / 服務之來源）者[44]，商標權人得禁止之。又同指令第 6 條第 1 項之禁止權，只有當第三人使用其營業標識、商業名稱係符合產業或商業誠實之習慣時始有適用。

(2) 比較廣告

歐洲法院在 O2 v. Hutchison 3G 案[45]表示：第三人將與註冊商標近似之標識，使用在與註冊商標指定使用商品 / 服務同一或類似之商品 / 服務的比較廣告上，若該使用不致造成公眾混淆之虞

---

[42] 該條項係有關商標權人有權禁止第三人未經其同意在交易進行中使用商標之行為的規定。

[43] 該指令為不實及比較廣告之指令，accessed June 1, 2017, http://eur-lex.europa.eu/LexUriServ/LexUriServ.do?uri=OJ:L:2006:376:0021:0027:DE:PDF

[44] 所謂會影響或妨礙商標之功能，係指第三人未經商標權人同意之使用，會使消費者將其作為區別商品 / 服務來源之標識者。

[45] Urteil des EuGH vom 12. 6. 2008, C-533/06.

時，商標權人不得禁止之。不論該比較廣告是否符合比較廣告指令第3條a項第1款[46]之要件。換言之，只要不造成公眾混淆之虞，不論是否具競爭法上之要件，均屬合理使用。至於是否造成公眾混淆之虞，以是否影響商標之來源功能判斷之。

之後在 L'Oreal v. Bellure 案[47]，歐洲法院對於著名商標有更深入的保護：首先，法院在判斷比較廣告是否侵害商標權之功能時，不僅考慮來源功能，更考慮到其他功能，縱使第三人之使用未損及商標指示商品／服務來源之基本功能，但會影響商標之任一其他功能，特別是：確保商品／服務之品質、以及溝通、投資或廣告等功能時，商標權人即有權禁止之。其次，在著名商標，除考慮競爭法上比較廣告之要求外，亦應考慮比較廣告是否由著名商標獲取不正當利益。因此在比較廣告中使用他人著名商標以促銷自己商品者，即使未構成消費者混淆誤認或損及商品指示來源功能，只要有影響著名商標之其他功能，使廣告主藉由著名商標之商譽獲取不正利益或使消費者誤認所提供之商品係他人商標之仿品或複製品時，即屬商標權之侵害。

3.我國相關規範

(1) 將他人商標中之文字作為自己商業或企業名稱使用

我國商標法第 30 條第 1 項第 14 款規定：「有著名之法人、商號或其他團體之名稱，有致相關公眾混淆誤認之虞者」不得註冊，但經其同意申請註冊者，不在此限。在商標權侵害部分，第

---

[46] 根據該條款規定，比較廣告符合下列要件者，不構成商標權之侵害：1. 根據該指令第 2(2)、3、及第 7(1) 條規定，並未造成誤導；2. 對於達成相同需求或目的之商品或服務予以比較；3. 針對一個或多個重要的、有相關性、可驗證性及代表性之商品或服務之特性，例如價格，予以比較；4. 於廣告者及競爭者之間，或廣告者及競爭者之商標、商號、或其他可資區別之標誌、商品或服務間，未致混淆者；5. 並未損害或玷污競爭者之商標、商號、或其他可資區別之標誌、商品、服務或活動；6. 對於指示原產地來源之商品，與相同原產地之商品加以比較；7. 並未不當利用競爭者商標、商號或其他可資區別之標誌之信譽；8. 不得使人就所廣告之商品或服務，認其係該等受保護之商標或商號之商品或服務之仿品或複製品。

[47] Urteil des EuGH vom 18. 6. 2009, C-487/07.

70 條第 1 項第 2 款規定：「未得商標權人同意，有下列情形之一，
視為侵害商標權：⋯⋯二、明知為他人著名之註冊商標，而以該
著名商標中之文字作為自己公司、商號、團體、網域或其他表彰
營業主體之名稱，有致相關消費者混淆誤認之虞或減損該商標之
識別性或信譽之虞者。」該規定僅適用於著名之註冊商標。若未
經註冊之著名商標則適用公平交易法第 22 條第 1 項之規定[48]。至
於非著名之商標則無適用餘地，此與歐盟之規範並不相同。商標
法第 70 條第 1 項第 2 款及公平法之所以不適用於非著名之商標
或表徵的理由是避免權利人之權利保護範圍過大。

(2) 比較廣告

我國商標法亦保護商標不受混淆誤認之虞（第 35 條、第 68
條）。在著名商標，尚保護其識別性或信譽不受減損之虞（第
70 條），因此在比較廣告，若廣告主利用他人商標係指示該他
人商品／服務來源之功能，用以表示自己商品／服務之品質、性
質、特性、用途等，能清楚地區分雙方之商標，不致使相關消費
者混淆誤認之虞或減損著名商標識別性或信譽之虞者，即屬合理
使用，不構成商標權之侵害。此外，比較廣告可能違反公平交易
法第 21、24 或 25 條之規定[49]，由於與商標權之保護無直接關聯，
故於此不贅。

（二）規則第 9 條第 4 項；指令第 10 條第 4 項

商標權人得阻止第三人在交易過程中將商品（包括包裝）由第三國
帶入歐盟，即使該等商品非為歐盟內部自由流通而流入者亦同。該等商
品必須貼附與商標權人相同，或在實質方面不能與商標權人相區別之標

---

[48] 該條項規定：「事業就其營業所提供之商品或服務，不得有下列行為：一、以著
名之他人姓名、商號或公司名稱、商標、商品容器、包裝、外觀或其他顯示他人
商品之表徵，於同一或類似之商品，為相同或近似之使用，致與他人商品混淆，
或販賣、運送、輸出或輸入使用該項表徵之商品者。二、以著名之他人姓名、商
號或公司名稱、標章或其他表示他人營業、服務之表徵，於同一或類似之服務為
相同或近似之使用，致與他人營業或服務之設施或活動混淆者。」

[49] 詳參「公平交易委員會對於比較廣告案件之處理原則」。

識。換言之，僅通過歐盟或在歐盟境內運輸或儲藏之商品（包括暫時儲藏、轉運或倉儲）均構成侵權。以上規定將使在運送途中的邊境措施更容易，將來商標權人對於標示有商標之商品即使單純過境亦可扣押，除非侵權人可以證明其被允許在特定國內合法銷售該商品。

上述修正對於對非在歐盟流通之商品，亦即過境商品亦加以保護，將對易受仿冒之商品（如時尚、製藥）之商標權人提供更充分地保障。但我國並無類似規定。

（三）規則第 9a 條；指令第 11 條

1. 修法內容

為侵害商標權所採取之預備行為是禁止的，特別是在包裝、標牌、標籤、安全特徵或真實特徵或其他標示方法中標示相同或近似之標識，而有被用於侵害他人商標權之商品/服務上之虞者。商標權人亦可阻止他人提供、在市場放置、持有、進口貨出口任何上述涉嫌侵權之包裝材料。

2. 我國相關規範

商標法第 70 條第 3 款規定，未得商標權人同意，「明知有第六十八條侵害商標權之虞，而製造、持有、陳列、販賣、輸出或輸入尚未與商品/服務結合之標籤、吊牌、包裝容器或與服務有關之物品」，視為侵害商標權。本款是 2011 年商標法修正時新增的規定。目的在規範直接侵害商標權行為以外之商標侵害之準備、加工或輔助行為。亦即明知有第 68 條侵害商標權之虞，卻仍予以製造、持有、陳列、販賣、輸出或輸入尚未與商品或結合之標籤、吊牌、包裝容器或服務有關之物品之行為，視為侵害商標權之行為。

四、商標權效力之限制

（一）修法內容

規則第 12 條、指令第 14 條第 1 項係關於歐盟商標效力之限制規定。第 1 項規定：「歐盟商標不賦予權利人禁止第三人在交易活動中為下列

之使用：a）自己之姓名或地址，當第三人為自然人時。b）標識或標示，不具識別性或關於種類、品質、數量、用途、價值、地理來源、製造商品之時間或提供服務之時間或其他商品／服務特徵之說明。c）基於識別目的或供指示商標權人之商品／服務而使用歐盟商標。特別是商標使用係作為指示商品之用途所必要，尤其是作為指示零件或配件（Zubehör oder Ersatzteil）之用途所必要。」第2項規定第三人之使用，以符合正當（或誠實）之產業或商業習慣者為限。

此外，規則之前言第21點表示：第三人基於藝術表達目的，而使用商標，是適法的行為，只要其符合正當之產業或商業習慣。該點並強調，規則之適用應充分考慮到基本權利、基本自由，特別是意見表達之自由。以上原則將可提供判斷諧擬模仿商標是否合法的重要參考。

上述a）款唯有自然人可以適用，法人不能藉此進行抗辯。b）款為描述性合理使用。c）款則為指示性合理使用之規定。由於指示性合理使用在我國較少實務案例，因此以下僅就指示性合理使用加以探討之。

（二）歐洲法院見解

根據上開c）款之規定，使用他人商標指示自己商品必須具備下列兩項要求：(1)使用他人商標是指示自己商品之用途時所必要。(2)使用方法須符合正當之產業或商業習慣。至於如何判斷必要性與符合正當之產業或商業習慣，則有待實務進一步解釋。

關於必要性之判斷，歐盟法院曾在Gillette案[50]的判決中曾明確表示：當第三人使用非其所有之商標，作為指示第三人銷售之商品，若該使用在實務上係作為提供公眾對商品之用途的理解及完整的信息，使得以在不受扭曲的競爭機制下取得商品的唯一方法時，該使用他人商標以標示商品之用途是屬必要的。簡言之，使用他人商標是使公眾了解商品之唯一的方法。法院在審查使用商標是否是必要的，必須考慮公眾的類型以及該第三人所銷售之商品等因素認定之。

至於符合正當之產業或商業習慣，根據上開判決，正當的產業或商業習慣在本質上具有維護商標權人的正當利益之義務，因此不得有不正

---

[50] Urteil des EuGH vom 17. 3. 2005, C-228/03.

當之方法。有下列情形之一者，使用第三人商標並不符合正當之產業或商業習慣：(1) 以使人產生第三人與商標權人間有商業關聯性印象之方式。(2) 以不正當方法利用系爭商標之識別性或信譽（Unterscheidungskraft oder deren Wertschätzung），而影響商標之價值者。(3) 致系爭商標被貶抑或被損壞（wird herabgesetzt oder schlechtgemacht）者。(4) 第三人提供使用非其所有商標之商品是仿製品或複製品者。此外，第三人使用非其所有之商標以指示其行銷商品之用途者，並不必然表示第三人將其商品表現為具有與該商標之商品相同之品質或特性。第三人是否意圖表示其品質或特性與商標權人相同，應就個案不同之使用情形判斷之。

（三）我國相關規範及實務見解

「以符合商業交易習慣之誠實信用方法，表示自己之姓名、名稱，或其商品 / 服務之名稱、形狀、品質、性質、特性、用途、產地或其他有關商品 / 服務本身之說明，非作為商標使用者。」不受他人商標權效力所拘束，商標法第 36 條第 1 項第 1 款定有明文。該款為商標合理使用之規定，其內涵包括「描述性合理使用」及「指示性合理使用」兩種類型。前者係指第三人以他人商標描述自己商品 / 服務之名稱、形狀、品質、性質、特性或產地者；至於後者則指第三人以他人之商標指示該他人（即商標權人）或該他人之商品 / 服務者。詳言之，係以他人商標指示該他人之商品 / 服務之來源，以表示自己商品 / 服務之品質、性質、特性或用途等之謂。指示性合理使用常見於比較廣告、維修服務或用以表示自己零組件產品與商標權人商品相容之情況。描述性合理使用或指示性合理使用構成合理使用之理由是：行為人之使用他人商標並非在表彰自己商品 / 服務，或未能使消費者認識其為商標，相關消費者並無誤認商標商品 / 服務來源之虞，故不受他人商標權效力所拘束。

我國實務上認定為指示性合理使用之案例如：「被上訴人之系爭活動或系爭行為，有標示其商標『寶雅』、『POYA』等文字，可知系爭活動或系爭行為標示系爭商標之部分。為表示系爭活動辦理系爭活動贈品之抽獎，為有關系爭活動贈品本身來源之說明，純粹作為系爭活動贈品本身之說明，被上訴人並無意圖影射或攀附系爭商標之商譽，其僅作為說明系爭贈品之來源，且非作為商標之使用。」（智慧財產法院 105

年度民商上字第 12 號判決）。至於何謂符合商業交易習慣之誠實信用方法，在該判決中有明確的解釋：所謂符合商業交易習慣之誠實信用方法，係指以商業上通常方法使用之，在主觀上無作為商標之意圖，而將商標作描述性或指示性之使用，客觀上相關消費者未認知作為商標使用，其非藉由商標作為辨別商品或服務之來源。

參、檢討與建議

為利於檢討，首先將歐洲就商標實體部分的改革與我國相關規範或實務見解比較如表 1。

表 1：歐盟新修正規範與我國相關規範或實務見解之比較表

事項		歐盟規範	我國規範或實務見解
商標形式		•刪除圖文表示之申請要件 •增加顏色及聲音得作為商標	•無須圖文表示 •可以顏色及聲音作為商標
不得註冊事項	絕對不得註冊事項	具功能性者不得註冊，且明定認定標準	具功能性者不得註冊，惟認定標準與歐盟有些微不同
	相對不得註冊事項	減損著名商標識別性或信譽之規定亦適用於使用在同一或類似之商品／服務	實務有類似見解
商標權之效力		禁止將他人標識作為自己商業或企業名稱	有類似規定
		禁止將他人標識以違法方式作為比較廣告使用	無相關規範與實務見解
		禁止他人在交易過程中將商品由第三國帶入歐盟	無類似規定
		禁止侵害商標之預備行為	有類似規定
商標權效力之限制		表示自己姓名或地址，限自然人	不含地址，也不限於自然人
		描述性合理使用	有類似規定
		指示性合理使用	有類似規定，但鮮少相關案例

　　由上比較可知，歐盟修正後與我國目前的規範或實務，除有部分涉及政策考慮，未必適合我國之情形（例如禁止他人在交易過程中將商品由第三國帶入歐盟，加強過境商品之邊境措施）外，大致與我國規範或實務見解差異不大，但有下列幾項是值得再進一步探究者：

（一）美感功能性之認定

　　規則第7條第1項 e) 款第3目及指令第4條第1項 e) 款第3目規定：「僅由賦予商品重要價值之形狀或其他特徵」不得註冊。而適用該目之主要類型為具美感功能性者。惟有鑑於美感功能之概念一直很混亂，致在適用上尚有爭議。根據我國非傳統商標審查基準，功能性包括實用功能性及美感功能性。美感功能性，係指該特徵雖不具實用功能性，也不能增加商品或服務的效能或降低其成本，但是明顯具有其他的競爭優勢，而該競爭優勢應保留給同業使用，而不宜由一人所獨占者，例如柳橙口味的藥物，雖不會使藥物在治療疾病上達到更好的效果，但是可以遮蓋藥物的味道[51]。但我國實務上尚未見適用美感功能性之案例。就此，歐盟就該目之案例（擴音器案）及審查基準可提供我國實務之參考：根據2016年歐盟審查基準，第3目「價值」不應僅以商業上或經濟上之觀點來理解，亦應以「吸引力」之概念進行解釋，亦即特定商品主要係因其特殊的形狀而被購買的可能性。當商品之特徵在美感價值之外，尚有功能的價值（如安全性、舒適性及可靠性），也不可排除第3目之適用。事實上，「價值」之概念不能僅限於具有藝術或觀賞價值之商品。此外，「價值」也不應解釋為「聲譽」，因為該目不得註冊之理由完全係因為商品本身之形狀或其他特徵而賦予商品之價值，而非其聲譽。在評估商品之價值時，可以考慮有關商品之類別的性質、有形的形狀的藝術價值、與相關市場上普遍使用的其他形狀不同的標準、與類似商品比較顯著的價格考慮的差別因素，以及發展出突出商品審美特徵的促銷策略等[52]。

---

[51] 非傳統商標審查基準 2.3。

[52] Guidelines for Examination in the Office, Part B, Examination, Section 4, Absolute Grounds for Refusal, p. 86-87.

（二）著名商標淡化規定適用於將商標使用在同一或類似之商品／服務之情形

歐盟在 2015 年修法時將著名商標淡化規定擴張至使用在同一或類似商品／服務，該修正是基於 2003 年歐洲法院就 Durffee／Davidoff 案之見解，理由是：將著名商標使用在同一或類似商品／服務之保護至少須與在不類似之商品／服務相同，否則將無法達到強化著名商標保護之目的。如此解釋固有其道理，但也使混淆誤認之虞與減損著名商標之識別性或信譽之虞間之界線更為模糊。因為二者均同時適用在將相同或近似之商標使用在同一、類似及不類似之商品／服務之情形，二者間究如何區分，會比修法前更為困難。

就此，我國實務見解紛紜。有認為係將相同或近似商標使用於著名商標之商品／服務間不具競爭關係或不類似之商品或服務上。亦有認為：在與該著名商標所指定的商品或服務同一或類似之領域，使用相同或近似於該著名商標之商標，將會逐漸減弱或分散該著名商標曾經強烈指示單一來源的特徵及吸引力，使該著名商標在社會大眾的心中不會留下單一聯想或獨特性的印象，而有減損商標識別性之虞，依商標法第 70 條第 1 款規定，亦屬視為侵害商標權之行為。甚至有認為將相同或近似商標使用在類似商品／服務之情形，認定為同時構成混淆誤認之虞及減損著名商標之識別性或信譽之判決，已如前述。

此外，近年來實務在混淆誤認之虞適用的範圍似乎有越來越寬的趨勢，即使是使用在不類似之商品／服務時，亦有混淆誤認之虞的適用，例如最高行政法院 99 年度判字第 1310 號判決認為：「關於著名商標之混淆誤認之虞之適用，並不以相同或類似於著名商標所表彰之商品／服務為限，惟就相衝突商標所表彰之各種商品／服務是否構成混淆誤認之虞之判斷，與商標之著名程度及識別性關係密切且相互消長，商標越具有識別性且越著名，其所能跨類保護之商品範圍就越大，即越易判斷為構成混淆誤認之虞；反之，若商標係習見之商標或著名性較低，則其跨類保護之範圍就較小。」又智慧財產法院 98 年度行商訴字第 243 號判決認為：「據以異議商標無論於全世界或是本地均為著名商標，故縱認二商標於註冊指定使用之商品服務並不類似，然因系爭商標與據以異議

商標之近似程度，仍有使相關消費者混淆誤認二商標之商品服務為同一來源之系列商品服務，或誤認二商標之使用人間存在關係企業、授權關係、加盟關係或其他類似關係情形，而有商標法第 23 條第 1 項第 12 款規定之情形。」

　　由上可知，近來實務見解對於混淆誤認之虞與淡化間的區別已經越來越模糊，然二者之規範目的並不相同：「混淆誤認之虞與商標淡化規定，係不同構成要件及規範目的，混淆誤認之虞其規範之目的，在避免相關消費者對於衝突商標與註冊在先之商標，在商品來源、贊助或關聯上混淆，而基於錯誤之認識作出交易之決定。申言之，混淆誤認之虞之規定，主要在避免商品來源之混淆誤認以保護消費者。而商標淡化規範之目的，主要則在於避免著名商標之識別性或信譽，遭他人不當減損，造成相關消費者印象模糊，進而損害著名商標，縱使相關消費者對於衝突商標與在先之著名商標間，未形成混淆誤認之虞，商標淡化仍予規範禁止，故保護商標淡化在於避免商標識別性或信譽之減損淡化，而非在於消費者權益之保護。簡言之，商標淡化係為強化著名商標保護，其應與混淆誤認之虞相區別，故不能謂商標淡化之概念包含於混淆誤認之虞概念內。」（最高行政法院 99 年度判字第 1310 號判決）。

　　基於以上理由，本文認為：混淆誤認之虞以將相同或近似商標使用在同一或類似商品 / 服務為原則；減損著名商標識別性或信譽之虞，不以將商標使用於同一或類似之商品 / 服務，或發生混淆誤認之結果為要件。但如何有致消費者混淆誤認之虞，如何有致減損之虞應分別敘明理由，不宜以有混淆之虞作為淡化之理由，反之亦然。因為二者之適用要件不一。至於將近似於著名商標之商標使用在類似商品 / 服務，宜優先判斷是否有無混淆誤認之虞，但如果兩造使用相同或高度近似之商標及同一或高度類似之商品 / 服務，而兩造之價格有顯著差異時，由於二者有明顯的市場區隔，消費者得以辨識，並無混淆誤認之虞，則得考慮適用減損信譽之虞。例如以極近似於著名商標香奈兒之商標，使用極粗糙的材質製造與香奈兒樣式相同的皮包或購物紙袋，並不致使消費者造成混淆誤認之虞，即使二者使用在同一或類似商品，亦可能減損減損著名商標之信譽之虞。申言之，歐盟雖擴大著名商標淡化規定至使用在同一或類似商品 / 服務，亦非表示淡化與混淆誤認之虞間必然有重疊之現象。

（三）指示性合理使用

　　我國商標法第 36 條在 2011 年修正時增訂指示性合理使用之規定，亦即在原條文中增訂增訂「性質、特性」及將「功用」修正為「用途」。但指示性合理使用與描述性合理使用規定在一起，實在不易區分，也不易了解二者之區別。歐盟之規定將之分別規定於不同的款中，比較清楚。同時在認定是否構成描述性合理使用時參酌之因素與在指示性合理使用時亦不相同，歐盟的規範及實務見解均有許多值得參酌之處，建議將來商標法修法時宜將描述性合理使用與指示性合理使用分開規範，使規範更為周延。同時法院在判斷是否構成指示性合理使用時亦得參考歐洲法院之見解，該法院對於認定是否有指示性合理使用之參酌因素有極精闢之見解得供參考。

歐元的未來

洪德欽

中央研究院歐美研究所研究員

國立臺灣大學政治系兼任教授

國立政治大學法學院/國貿所兼任教授

前言

歐元乃歐洲聯盟於 1999 年 1 月 1 日由歐洲中央銀行（European Central Bank, ECB）所發行的一種貨幣（money）。歐盟乃一超國家組織（supranational organization），歐元因此乃一超主權貨幣，並成為歐盟以及歐元區 19 會員國的「法定貨幣」（legal tender）。歐盟認為歐洲單一市場需要歐洲單一貨幣（single currency），以提高市場功能及經濟效率，進一步落實歐盟內部市場貨品、人員、服務及資金的四大自由流通。

歐元是歐盟建立歐洲「經濟及貨幣同盟」（Economic and Monetary Union, EMU）的其中一項核心要素。歐元的發行，因此代表歐盟已正式進入貨幣同盟，乃歐洲整合的最新發展階段，具有重要意涵。歐元發行後第一個十年，有效促進了歐洲物價穩定及經濟成長，創造了歐元區的「黃金十年」。然而，2008 年 9 月全球金融危機後，引發一些國家債務危機，對歐元帶來挑戰，歐債危機乃歐元發行以來遭遇的一項重大挑戰，將深遠影響歐元區內部團結及歐洲整合的發展。本文將從法律觀點及政策分析研究方法，透過歐元發展背景及實踐，論證歐元的功能及效益。歐元未來面臨哪些問題，又如何有效因應歐債危機及英國脫歐的挑戰？歐元是一項國際關鍵通貨，對國際貨幣體系有重大影響。歐元未來何去何從，值得重視。

壹、歐元的發展背景

一、歐洲貨幣同盟

單一貨幣與 EMU 之發展息息相關，也是 EMU 之關鍵所在，並取得實質重大進展。EMU 之發展依年代不同，可分為三大階段，茲分述如下：[1]

（一）一九七〇年代：《魏納報告》（The Werner Report）

EMU 之構想是依據魏納（Pierre Werner）於 1970 年所提報告，即俗稱《魏納報告》，以建立「經濟暨貨幣聯盟」。《魏納報告》定義經濟暨貨幣聯盟是由資金的自由流動，不可撤回、不可變更兌換的會員國通貨，永久的固定匯率或者是由單一貨幣來取代各會員國間的通貨……等各要件所構成。

《魏納報告》目標是規劃在十年的期間內以三階段的方式建立經濟暨貨幣聯盟。《魏納報告》中陳述 EMU 內的三種情況，隨後也在《戴洛報告》（1989）再次被提到，其是：(1) 全面及不可取消兌換的通貨；(2) 資本交易的完全開放和銀行及金融市場的充分整合；(3) 匯率平價波動範圍的消除及不可撤回、不可變更的閉鎖式匯率平價。《魏納報告》之總體目標是建立共同體的中央銀行體系及發行單一貨幣。

（二）一九八〇年代：《戴洛報告》（The Delors Report）

1988 年 6 月 27、28 日，漢諾威歐洲高峰會（European Council）決定委託由執委會主席戴洛（Delors）為首的「戴洛委員會」研擬建立「經濟暨貨幣聯盟」之具體步驟，而由各國央行總裁、執委會副主席及三位

---

[1] 歐盟官方文件詳見 European Commission, Committee for the study of Economic and Monetary Union, *Report on Economic and Monetary Union in the European Community/ Collection of Papers Submitted to the Committee for the Study of Economic and Monetary Union* (Luxembourg: Office for Official Publications of the EC, 1989); Daniel Gros and Niels Thygesen, *European Monetary Integration* (London: Longman, 1992); Tommaso Padoa-Schioppa, *The Road to Monetary Union in European: The Emperor, the Kings, and the Genies* (Oxford: Clarendon Press, 1994).

專家所組成「歐體貨幣問題專門委員會」。該委員會於 1989 年 4 月提出所謂的《戴洛報告》，指出完成 EMU 之基本原則為：(1)EMU 為歐洲經濟統合程序之最後成果；(2) 歐體各國移轉貨幣主權給歐體；(3) 在特定共同政策上有必要將部分權限轉交歐體；(4) 經濟同盟及貨幣同盟可以同時並行實現之。

（三）一九九〇年代：歐洲聯盟條約

歐體各國首長 1991 年 12 月 9 日至 11 日在荷蘭馬斯垂克（Maastricht）舉行歐洲高峰會，討論歐洲政治與經濟統合議題。會中各國對組成經濟暨貨幣聯盟達成協議，於 1992 年 2 月 7 日正式簽署歐洲聯盟條約，並於 1993 年 11 月 1 日生效，奠定了歐體最遲在 1999 年 1 月 1 日起施行單一貨幣之法律基礎。

依據歐體條約第 104、116、121 條、「趨同標準規約」（The Convergence Criteria Protocol）以及「超額赤字程序規約」（The Protocol on Excessive Deficit Procedure）等規定，[2] EMU 協定內容要點分為三階段進行：

第一階段：已自 1990 年 7 月 1 日起開始實施，係準備階段。歐體各國必須逐漸建立經濟合作關係，且各國貨幣均應加入匯率機制（Exchange Rate Mechanism，簡稱 ERM），惟希臘與葡萄牙因經濟發展未達標準，當時尚未加入 ERM。

第二階段：自 1994 年 1 月 1 日起實施，主要工作為設立歐洲中央銀行（European Central Bank，簡稱 ECB）之雛型機構歐洲貨幣機構（European Monetary Institution，簡稱 EMI）。在此同時各國政府必須致力拉近彼此的經濟水準。（歐體條約第116 條）

迄 1996 年間，歐盟首長必須評估各國之經濟表現，確認多數國家（7 國以上）是否已達到歐盟設立之嚴格標準，俾主管當局開展第三階段工作。上述標準為：(1) 各國之通貨膨脹率不得超過通貨膨脹最低三個國家平均水準之 1.5%。(2)

---

[2] Philip Raworth (ed.), European Union Law Guide (New York: Oceana, 1998), Chapter XI.

各國之利率水準不得超過利率最低水準之 2%。(3) 各國政府預算赤字與負債總額分別不得超過其 GDP 之 3% 與 60%。(4) 參加 ERM 實施窄幅（上下 2.25%）浮動匯率制度至少已兩年之會員國。

第三階段：自 1997 年 1 月 1 日起實施，主要任務係推動固定匯率制，籌設歐洲中央銀行以及進而採行單一貨幣等。此階段之實施需經各國政府全體通過才能生效。惟屆時若未能達成一致決議，則各國將於 1998 年底以多數決方式，決定於 1999 年 1 月 1 日起展開第三階段，發行單一貨幣取代會員國貨幣。（歐體條約第 121 條）

二、歐洲貨幣單位

歐元之前身是「歐洲貨幣單位」（European Currency Union, Ecu）。Ecu 於 1995 年 12 月馬德里歐盟高峰會更改名稱為歐元（Euro）。1978 年 12 月 5 日歐體在布魯塞爾歐洲高峰會決議，[3] 於 1979 年 1 月 1 日建立「歐洲貨幣體系」，將歐洲記帳單位重新命名為 Ecu。EMS 於 1979 年 3 月 13 日正式生效運作。[4] 依據 3180/78 規則[5] 第 1 條規定，Ecu 乃一籃歐體會員國貨幣一定數量之和，其價值及組成與「歐洲記帳單位」（European Unit of Account, EUA）完全相同，其定義為 1 單位 Ecu= 0.828 西德馬克＋ 0.0885 英鎊＋ 1.15 法郎＋ 109 里拉＋ 0.286 荷幣＋ 3.66 比利時法郎＋ 0.14 盧幣＋ 0.217 丹幣＋ 0.00759 愛爾蘭鎊。各會員國貨幣在 Ecu 之權值，是依據其貨幣之重要性及穩定性來決定；例如，馬克權值比例高達 30%，希臘貨幣則少於 1%。各國權值因此具體反映其本身經濟規模及實力，以及在歐洲經濟之影響力。

依據「歐洲貨幣體系協定」第 17 條規定，Ecu 乃由歐體會員國繳

---

[3] The European Council, "Resolution of 5 December 1978 on the establishment of the European Monetary System (EMS) and related matters," in Bull. EC 12-1978, point 1.1.11.

[4] Bull. EC 3-1979, point 2.1.1. EMS 之法律依據見 Regulation 3181/78 of 18 December 1978 relating to the European Monetary System, OJ 1978, L 379/2。

[5] Regulation 3180/78 of 18 December 1978 changing the value of the unit of account used by the European Monetary Cooperation Fund, OJ 1978, L 379/1. 本規則乃 Ecu 之法律依據。

存黃金及美元所創造。參加匯率機制之中央銀行,應繳存其最後營業日所握有之黃金及美元準備的 20% 予歐洲貨幣合作基金會(European Monetary Cooperation Fund, EMCF),EMCF 則貸記等值之 Ecu。未參加匯率機制之歐體會員國中央銀行,得依同一方式繳存其準備資產。參加國須於協定實施後十個營業日內繳存,至於非參加國則可自行選擇時間繳存外匯準備。繳存之黃金及美元須與 Ecu 以無息(flat rate)方式,每三個月循環換匯一次。為了換匯操作之目的,繳存 EMCF 之外匯準備,須依下列方式決定其價值:

1. 關於黃金部分,決定於前六個月倫敦黃金每日上、下午兩個設定價值(fixings)之平均數,但不得超過此期間倒數第三個營業日上、下午兩個設定價值之平均數。
2. 關於美元部分,決定於交割日前兩個營業日之市場匯率。

在 Ecu 之意涵及功能方面,Ecu 從 1981 年元旦起,成為歐體內部非國家通貨中,唯一具有官方求償及定價之貨幣單位。歐體預算乃由執委會、理事會及歐洲議會所決定,自 1981 年 1 月 1 日起皆以 Ecu 做為編列計算單位,包括歲入及歲出。[6] 第二,歐體依據共同關稅,針對來自非會員國的貨品所課徵之反傾銷稅、關稅及其他稅捐等項目,也分別自 1978 及 1979 年起皆以 Ecu 做為計算單位。[7] 第三,Ecu 從 1979 年 3 月 29 日也被歐體共同農業政策使用,用以表示共同農業價格;1985 年 6 月 11 日,歐體進一步規定 Ecu 乃共同農業政策之法定計價單位。[8]

第四,歐洲投資銀行從 1975 年 3 月 18 日起即以 EUA 做為記帳單位,於 1981 年元月 1 日起則改採 Ecu。[9] 歐洲投資銀行乃歐體長期融資

---

[6] Financial Regulation of the Council 80/1176 (EEC, Euratom, ECSC) of 16 December 1980 amending the Financial Regulation of 21 December 1977 as regards the use of the Ecu in the general budget of the European Communities, OJ 1980, L 354/23.

[7] EC Commission, *The Ecu, Serie European Documentation*, 6/1984, p. 21; Article 2 of Regulation 2779/78, OJ 1978, L 333/5.

[8] Regulation 1676/85 of 11 June 1985 on the value of the unit of account and the conversion rates to be applied for the purposes of the common agricultural policy, OJ 1985, L 164/1.

[9] Decision of the Board of Governors of the European Investment Bank of 13 May 1981 amending the Statute of European Investment Bank with respect to adoption of the Ecu as

機構，也是歐體第一個從事借貸 Ecu 之機構，對於 Ecu 在非官方市場發展有很大貢獻。[10] 第五，Ecu 也被歐體統計局（the Statistical Office）做為計價單位；Ecu 同時也被歐體使用於違反競爭政策之罰金計價單位；或歐體簽署之公共契約、貸款之計價單位。惟這些罰金或貸款雖然以 Ecu 計算，但實務上仍得以折價為本國貨幣處理之。[11] 最後，在對外關係方面，EUA 早於 1975 年 4 月 21 日，即已被使用做為洛梅公約（the Lomé Convention）所設之歐洲發展基金，對非洲、加勒比海及太平洋國家（ACP States）之金融援助單位，從 1980 年 12 月 8 日起則改採 Ecu 做為計價單位。[12]

三、歐元的誕生

歐體執委會於 1995 年 5 月 31 日發布一項有關介紹單一貨幣實務運作之綠皮書；其中並就歐元法律架構討論了下列議題：單一貨幣及會員國貨幣地位之定義、法定貨幣之定義、契約之延續性、歐元紙鈔之規定及流通規則（rounding rules）等。[13] 1997 年 6 月 16 日至 17 日，阿姆斯特丹歐洲高峰會批准了三項重要文件：(1) 歐元發行之法律架構；(2) EMU 第三階段之新匯率機制（the new exchange rate mechanism）；以及 (3) 穩定及成長協定。這三項基本文件對歐元於 1999 年 1 月 1 日正式生效，並於 2002 年 6 月 30 日前完成轉換參與國貨幣為歐元（the change over to the euro）工作，提供了技術準備及法律架構。[14] 歐元法律規定之立法精

the Bank's unit of account, OJ 1981, L 311/1.

[10] A. Louw, "The role of the Ecu in the EMS and its other official functions," in *Composite Currencies* (London: Euromoney, 1984), p. 47.

[11] Question No. 2051/85 of Mr Gijs de Vries to the Commission, OJ 1986, C 130/36.

[12] Council Decision 75/250 on the definition and conversion of the European unit of account applied in the ACP-EEC Convention of Lomé, OJ 1975; Decision 80/1184 of 18 December 1980 on the replacement of the European Unit of Account by the Ecu to express the amounts of financial assistance under the Second APC-EEC Convention and the previous Conventions, OJ 1980, L 349/34.

[13] COM (95) 333 final, "One Currency for Europe-Green Paper on the Practical Arrangements for the introduction of the single currency," 31 May 1995.

[14] Bull. 6-1997, points 1.5, 1.27, 1.29; GEN REP EU 1997, point 91.

神及基本原則皆是基於上述馬德里歐洲高峰會之「參考範本」及阿姆斯特丹歐洲高峰會之三項基本文件而訂定。

1103/97 規則第 2 條規定，歐體條約第 118 條及 3320/94 規則及其他任何法律規定（legal instruments）所規定之 Ecu 皆將由歐元所取代。依據歐體條約第 121 條第 4 項規定，1103/97 規則第 2 條並應於 1999 年 1 月 1 日生效。歐元將成為參與國共同使用之單一貨幣，在過渡期各國貨幣將作為歐元的輔助貨幣而暫時繼續存在。從 1999 年 1 月 1 日起，歐盟所有法定記帳單位及經濟交易皆須以歐元為貨幣單位。1103/97 規則第 2 條並規定，Ecu 將以 1:1 之比率兌換成歐元。1 歐元並將再細分為 100 分（cent）單位。

1997 年 7 月 7 日歐洲高峰會決議發行歐元法律架構附件之「歐元發行」規則草案，已於 1998 年 5 月 3 日正式被歐體理事會通過，形成 974/98 規則，並於 1999 年 1 月 1 日生效。974/98 規則，即俗稱「歐元發行」規則（OJ 1998, L 139/1），第 1 條規定，歐元過渡期是指 1999 年 1 月 1 日至 2001 年 12 月 31 日止。第 2 條規定，參與國從 1999 年 1 月 1 日起，其貨幣將是歐元。第 3 條規定，歐元將依兌換比率取代參與國貨幣。第 4 條規定，歐元應成為 ECB 及參與國中央銀行之記帳單位，亦即法定貨幣。

歐體執委會於 1998 年 3 月 25 日，基於歐體條約第 121 條，向理事會提出了首批參與「歐元區」（Euro Zone）之 11 會員國名單，包括比利時、德國、西班牙、法國、愛爾蘭、義大利、盧森堡、荷蘭、奧地利、葡萄牙及芬蘭。英國及丹麥雖然符合趨同條件，但選擇性暫不加入（opt-out）。[15] 1998 年 5 月 3 日，布魯塞爾歐洲高峰會正式確認執委會推薦首批參加歐元區之 11 會員國名單，為歐盟預定於 2002 年 1 月正式進入 EMU 第三階段 C 奠定基礎。歐體財長理事會於 5 月 2 日也設定了 11 歐元參與國的雙邊匯率，這是依據當時匯率機制下的雙邊匯率，決定歐元的兌換比率，再以決定參與國間之雙邊匯率。1998 年 12 月 31

---

[15] European Commission, *EURO 1999: Report on Progress Towards Convergence and the Recommendation with a View to the Transition to the Third Stage of Economic and Monetary Union, Part 1: Recommendation*, 25 March 1998 (Luxembourg: Office for Official Publications of the European Communities, 1998), pp. 18, 19.

日，ECB 所訂定歐元區 11 會員國不可撤銷匯率；以及事後加入歐元區會員之歐元匯率分別是：[16]

1 歐元 = 40.3399	比利時法郎（Belgian francs）
1.95583	德國馬克（German marks）
166.386	西班牙比塞塔（Spanish pesetas）
6.55957	法國法郎（French francs）
0.787564	愛爾蘭鎊（Irish pounds）
1936.27	義大利里拉（Italian lire）
40.3399	盧森堡之比利時法郎（Luxembourg francs）
2.20371	荷蘭基爾特（Dutch guilders）
13.7603	奧地利先令（Austrian schillings）
200.482	葡萄牙埃斯庫多（Portuguese escudos）
5.94573	芬蘭馬克（Finnish marks）
15.6466	愛沙尼亞克朗（Estonia kroon）
340.750	希臘德拉克馬（Greek drachma）
0.585274	賽普勒斯鎊（Cyprus pound）
0.702804	拉脫維亞拉特（Latvian lat）
0.429300	馬爾他里拉（Maltese lira）
239.640	斯洛維尼亞托拉爾（Slovenian tolar）
30.1260	斯洛伐克克朗（Slovak Koruna）
3.45280	立陶宛立特（Lithuanian litas）

資料來源：ECB (2017)

　　從法律觀點，貨幣聯盟之意義乃數個獨立國家採行一項共同貨幣

---

[16] Opinion of the European Central Bank at the request of the Council of the European Union under Article 109I(4) of the Treaty establishing the European Community on a proposal for a Council Regulation (EC) on the conversion rates between the euro and the currencies of the Member States adopting the euro, OJ 1998, C 412/1; ECB, Cash changeovers, accessed January 13, 2017, https://www.ecb.europa.eu/euro/changeover/html/index.en.html; European Commission, Converting to the euro, accessed January 13, 2017, http://ec.europa.eu/economy_finance/euro/adoption/conversion/index_en.htm.

體系，一般並以由一個共同的中央銀行發行單一貨幣為其主要特徵。
所以，貨幣聯盟已超越基於國際協定從事政府間貨幣合作模式，而必須
由參與國各自退讓部分貨幣主權給一具有「憲法性」基礎之貨幣聯盟組
織。[17] 在《戴洛報告》中，貨幣聯盟之必要條件包括固定匯率及單一貨幣；
這兩條件並以單一貨幣政策為其主要特徵。單一貨幣就經濟成本效益而
言，乃是最佳安排。歐盟基於歐洲聯盟條約之基礎，成立 ECB，發行歐
元，並將於 2002 年取代會員國貨幣，由 ECB 統一行使部分貨幣主權，
凡此種種，在在顯示歐盟已正式建立了經濟暨貨幣聯盟。

貳、歐元的功能

一、貨幣功能

　　歐元於 1999 年 1 月 1 日正式發行後，除接受 Ecu 種種功能包括：
計價、單位、給付、儲存、保值等功能之外，將進一步形成歐盟及歐
元區會員國之法定貨幣，發揮完整之貨幣功能，包括計價單位、給
付工具及保值工具等功能。計價單位又包括商品之價格單位（pricing
currency），有價債券之價格單位（invoicing currency）以及不同貨幣匯
兌之價格單位（reference currency）等功能。歐元也將成為國際貿易，
尤其對歐貿易之報價單位或給付工具。另外，歐元除了成為 ECB 及歐
元區會員國之準備資產外，也將成為其他國家之外匯資產準備及私人單
位之理財或投資工具，提高其保值功能。歐元甚至預期足以發展為與美
元相互抗衡之國際關鍵貨幣，發揮比會員國貨幣更加巨大之功能及影響
力。

二、經濟效益

　　歐元之經濟功能及對歐盟內部市場之影響包括：[18] 歐體執委會委託

---

[17] F. A. Mann, *The Legal Aspect of Money, 5th ed.* (Oxford: Clarendon Press, 1992), pp. 505-509; J. Gold, *Encyclopedia of Public International Law* 8, p. 405.

[18] Michael Emerson, *et al.*, One Market, *One Money: An Evaluation of the Potential Benefits and Costs of Forming an Economic and Monetary Union* (Oxford: Oxford University Press,

由 Michael Emerson 教授所領導主持之專案小組，針對經濟暨貨幣聯盟之潛在利弊得失，從經濟觀點深入研究。在其總結報告，歸納指出歐洲單一市場需要單一貨幣；以歐元為中心之 EMU 具有下列幾項潛在影響：

（一）價格透明性及提高經濟效率：

單一貨幣除了增加貨品在不同國家之價格透明性外，也節省大筆匯兌成本之開銷。匯兌風險一般被企業界視為一項經營成本，並且增加企業經營之不確定性。降低或排除會員國間匯兌不確定風險及交易成本，單一貨幣方便在內部市場之使用，提高經濟效率。EMU 如能在短期內建立企業界及一般大眾信心將促進投資及成長。

（二）價格穩定：

價格穩定乃 ECB 之一項主要目標，唯問題是 ECB 必須以最低成本來達到並維持其物價穩定之目標。鑑於德國等會員國之成功經驗，歐體是有機會建立一項維持低通貨膨脹之穩定性貨幣體系。

（三）政府財政：

EMU 藉由建立一套新架構，包括 ECB 之自主權、規範效力及共同合作，限制會員國政府預算政策，以達到降低利率、降低通貨膨脹等效果，而對所有會員國皆有利益。

（四）經濟政策之調整：

EMU 對會員國之影響，是參與國將喪失部分貨幣及匯率政策之主權，該貨幣及金融主權往往是各國追求短期經濟政策之重要工具。

（五）國際金融體系：

歐洲單一貨幣將形成一項國際主要貨幣，對參與國銀行而言，短期內將減少會員國間貨幣匯兌業務而蒙受損失；德、法等會員國也因貨幣被取代，而喪失國際主要通貨發行權所帶來之一些經濟利益。然而，歐

1992), pp. 9-13.

元發行代表 EMU 正式建立,並使歐體建立單一形象,提高其在國際金融體系之影響力及談判地位,尤其得以建立一項美、日、歐平衡之多邊體系。

三、外部影響

Michael Emerson 教授在執委會之報告,總結歐元之外部影響,包括下列幾項:[19]

1. 歐元將形成一種國際主要貨幣,以及美元之主要競爭者。然而,由於傳統上及技術上,國際經濟體系已偏好單一標準體系,而使美元仍取得立足點優勢。所以,歐元挑戰美元之變革將不至於立即而戲劇化的發生。

2. 歐元如果順利發展成為一種「關鍵貨幣」(vehicle currency),將帶給歐體一些經濟利益,包括與非歐體會員國間之貿易,將減少匯兌交易成本之損失達歐體 GDP 之 0.05%;另外,使用歐元報價訂單,預期將增加貿易達 10%,此部分也將增加歐體銀行之業務量。

3. 在官方部門,歐元發行將使歐體會員減輕外匯準備需求達 2000 億美元。另外,歐盟主要貿易夥伴,尤其是中、東歐國家,其外匯準備如局部改為歐元,甚至將其貨幣釘住歐元,也將減輕其外匯準備壓力。歐體也得因外國官方持有歐元為其外匯準備,而取得額外利益(約 350 億美元或歐體 GDP 0.045%)。

4. 歐元如果在國際貿易成為國際關鍵貨幣,則其在國際金融市場之需求量將有所增加,如果歐元匯率持續維持穩定,除了國際貿易方面之使用外,歐元也將吸引投資人之興趣,而增加歐元之使用。[20]

5. 歐元及 EMU 將使歐體在世界經濟體系,針對貨幣政策採取共同政策,統一對外發言口徑,而提高歐體形象及在國際政策合作之份量,例如在 G7、G20 及國際貨幣基金組織(International Monetary Fund,

---

[19] Ibid., p. 178;洪德欽,「歐元之法律分析」,《歐美研究》27 卷,2 期(1999 年 6 月):頁 247-254。

[20] ECB, The International Role of the Euro (Frankfurt: ECB, June 2016), pp. 4-10;洪德欽,「歐元之國際經濟地位」,《政治科學論叢》,29 期(2006 年 9 月):頁 14-19。

IMF）。國際貨幣合作在歐體採取一致性共同政策下，在關鍵議題較以往更易取得共識及進展。

6. 歐體已逐漸在某些領域形成政策主流及支柱，由於外溢效果，使國際階層之合作愈顯得必要。歐體取代主要會員國後，統一行使對外貨幣政策，亦使歐體及全體會員從國際合作中，共蒙其利。

7. 歐元發行及 EMU 之建立，將進一步建立一個更加穩定之多元（極）國際貨幣體系，而對整體國際經濟、貿易及金融有所貢獻。

參、歐元的挑戰及因應

一、雙速體系

歐元區雖然比預期放寬標準，容納更多參與國，唯目前仍有四個歐盟國家選擇性不參加或尚未達到標準而不能參加歐元區，尤其包括重量級會員國英國仍採觀望立場，而使 EMU 之發展可能形成雙軌體系或雙速體系。英國等四國未參加 EMU，影響到歐盟共同貨幣政策之完整性與一致性，以及在對外關係單一形象之建立。例如，EMU 體系包括 ECB 及歐洲中央銀行體系（European System of Central Bank, ESCB）；ECB 決策機構又包括管理委員會、執行董事會及總理事會；其中有些只限歐元區參與國參加，有些又包括歐盟所有 28 會員國，形成「雙速體系」，不但不符合行政精簡及效率，如果政策衝突，更增添決策之複雜性與不確定性。[21]

未參與國貨幣及金融自主權仍不受歐盟管制，如果利用貨幣貶值或其他貨幣、金融政策工具，來促進其產品在內部市場之競爭力，以取得不當貿易利益，對歐元區參與國而言，並不公平，也將影響到內部市場之完整性。另外，未參與歐元區之 9 國貨幣會比歐元波動性（volatile）大，增加該 9 國貨幣被國際投機客炒作空間及機會。該 9 國將來也較難

---

[21] Christopher Taylor, EMU 2000? Prospects for European Monetary Union (London: The Royal Institute of International Affairs, 1995), pp. 137-138; 艾麗 · 生華森，《歐元世紀》，汪仲譯（台北：時報文化，1998 年），頁 196-221。

直接參與 ECB 決策與運作，相對地，削減了該 9 國在歐盟政策影響力。
長期而言，該 9 國在歐盟之各種補貼、預算案等都將受到更大限制，間
接地影響到該等國家投資環境，對其經濟發展較為不利。「雙速體系」
突顯歐盟國家間經濟不平衡發展狀態，也會提高歐元的波動性。[22]

二、希臘債務危機[23]

2010 年以來的歐債危機乃歐盟自 1999 年建立 EMU 以來所遭遇的
第一次重大危機。歐債危機又以希臘債務危機最為嚴重，影響最為重大
深遠。希臘債務危機的發生背景是希臘於 1981 年加入歐盟，2001 年 1
月 1 日加入歐元區。全球金融危機發生後，歐盟於 2009 年 4 月通知法國、
西班牙、愛爾蘭及希臘削減預算赤字。希臘於 2009 年的政府預算赤字
占其 GDP 的 15.8%，遠高於加入歐元區經濟趨同標準規定的 3% 標準。
2009 年 12 月希臘政府承認其主權債務負債總額已高達 3,000 億歐元。

依據歐盟統計局事後官方的資料，希臘 2009 年主權債務負債總額
占其 GDP 129.3%，大大超過歐盟經濟趨同標準規定的 60%。希臘於
2010 年初急於尋求鉅額融資以支付大量到期政府公債，避免出現主權
債務違約（default）而使國家公債信用評級被調降的後果，導致許多投
資人對希臘、愛爾蘭、西班牙、葡萄牙、義大利等歐盟國家主權信貸違
約風險產生憂慮，引發歐債危機。2009 年 12 月標準普爾（Standard &
Poor）、穆迪（Moody's）及惠譽（Fitch Group）等國際信評公司紛紛調
降希臘政府債務信用評級，希臘融資成本不斷提高，2010 年 2 月 11 日
歐盟通知希臘必須從事進一步預算削減計畫，引爆希臘大規模的示威遊
行及街頭暴動，經過媒體大肆報導，引起世人普遍注意，加深投資人對
希臘債務危機嚴重性的認識。[24]

歐債危機由希臘爆發，希臘主權債務危機的發生，其原因由來已久，

---

[22] "Economists for EMU," *The Economist*, 351, no. 8115 (April 1999): pp. 63-65; "Blair Calls
for Debate on UK Membership," *Financial Times*, 5 (January 1999): p. 2.

[23] 本節參考洪德欽，「歐債危機與歐盟財政規範的改革」，《中華國際法與超國界
法評論》，8 卷，2 期（2012 年 12 月）：頁 155-195。

[24] 李顯峰，「歐債危機與主權信用評等」在《歐債陰影下歐洲聯盟新財經政策》，
李貴英、李顯峰主編（台北：臺大出版中心，2013 年），頁 50-54。

所謂「冰凍三尺，非一日之寒」，乃希臘政治、經濟及社會結構性問題。希臘債信欠佳源自傳統上希臘政府帳目不確實，例如歐盟於 2010 年 1 月一份報告，強烈譴責希臘的會計「嚴重違法」（severe irregularities），虛報其 2009 年政府預算赤字僅是 3.7% GDP，而事實經歐盟修正為 12.7% GDP；歐盟於 2010 年 4 月進一步向上修正為 13.6% GDP。

2011 年 6 月 1 日穆迪再次將希臘信評由 B1 降 3 級成為 Caal 之後，投資人依據市場經驗法則認為「被評為 Caal 信評之債券，約有 50% 會違約」，致使希臘發行公債的成本大幅飆高。希臘 10 年期公債殖利率於 2011 年 9 月 9 日高達 20.1%，1 年期公債殖利率於 2011 年 9 月 12 日高達 117%。銀行界認為 10 年期殖利率 8% 以上，就有可能債務重整或違約，而 1 年期殖利率超過 100%，技術上分析已經等同破產了。

歐債危機暴露了 EMU 一些結構性問題，尤其是：(1) 穩定及成長公約執行成效不彰；(2) 歐洲中央銀行不得扮演最後救援者；(3) 歐盟欠缺一個金融危機的緊急救援機制等；(4) 歐盟目前仍欠缺一個共同財政政策，不得在會員國間從事財富的重新分配；以及 (5) 歐元區 19 會員國採取「單一匯率政策」，缺乏彈性；歐元匯率對經濟表現好的國家，例如德國及荷蘭是低估；對希臘等經濟表現差會員國，歐元又過於高估，同時不得透過貶值，以促進出口，提高出口產品競爭力。

希臘債務危機經由歐盟、ECB 及 IMF 三巨頭（troika）三次紓困 3,260 億歐元，使希臘免於破產，但是於 2015 年 10 月債務仍高達 3,170 億歐元，負債總額是 178%GDP，遠高於歐盟 60%GDP 的標準。三巨頭於 2010 年 5 月 3 日第一次紓困 1,100 億歐元，2012 年 3 月 14 日第二次紓困 1,300 億歐元，2015 年 8 月 14 日第三次紓困 860 億歐元。希臘第三次紓困的主要內容包括：(1) 紓困金額達 860 億歐元，為期 3 年，由歐洲穩定機制（European Stability Mechanism, ESM）、ECB 及 IMF 分攤；(2) 年金進一步調降、提高增值稅（VAT）等稅率、進一步開放勞動市場、電力公司等國有資產民營化；(3) 出售大約 500 億歐元希臘公有資產，成立一個由希臘政府管理但由歐盟監督的「信託基金」，以償還 ESM 債款；另部分用於希臘銀行重整（recapitalisation），以及其他投資。[25]

---

[25] European Council, *Press remarks by J. Dijsselbloem*, July 13, 2015; Robert Plummer, Greece

希臘債務危機將影響希臘、歐元區及歐盟經濟及 GDP 成長。希臘經由二次紓困經濟仍未好轉，嚴重影響投資人及市場信心，並使希臘外部經濟環境惡化，間接衝擊其他歐債國家公債發行的困難度並提高發行成本。歐元區許多國家債務指標惡化，外加可能出現更多不確定或隱藏性負債，對於該等國家的債信構成壓力。歐盟在未來幾年將忙於解決歐債危機以及從事內部金融集財政機制改革，使希臘債務及歐債危機形成一項重大經濟問題，也成為一項政治問題，對歐盟經濟成長與對外關係等皆將帶來影響。[26]

第 3 次紓困至 2018 年 12 月止，僅以 3 年多時間延長希臘退出歐元區的空間。希臘債務危機仍有重大挑戰，尤其希臘是否退出歐元區？希臘退出歐元區是否引發骨牌效應，導致歐元區的崩盤？歐元何去何從？歐盟整合是否受到影響？希臘債務危機因此仍是一顆不定時炸彈，仍將深深困擾歐元與歐盟未來。

希臘債務危機對於歐元及歐元區的影響，包括：(1) 歐元大幅波動，歐元趨向貶值，例如希臘債務危機期間，歐元兌美元匯率於 2015 年 4 月 13 口貶值至 1.0552 低點，2015 年 8 月 14 日第三次紓困通過後，歐元對美元匯率於 2015 年 8 月 25 日回升至 1.1506；(2) 歐元區金融不穩定；(3) 國際金融不穩定；(4) 影響希臘政經 / 社會穩定；(5) 影響歐盟會員國團結；以及 (6) 影響歐盟整合發展。羅馬帝國建立後，廣建道路，而有條條道路通羅馬的名言。希臘債務危機發生後，歐盟及希臘雖然採取各種紓困方案及撙節措施，會不會條條道路仍然通往懸崖？亦即希臘債務危機是否仍然無解。

三、歐元何去何從

（一）人民幣加入 IMF 特別提款權

除了希臘與歐債危機之外，歐元的新挑戰包括中國人民幣加入 IMF

---

debt crisis: What's the deal?, *BBC News,* July 13, 2015, accessed January 10, 2017, http://www.bbc.com/ne ws/business-33505555.

[26] Joseph E. Stiglitz, Can the Euro be Saved?, *Project Syndicate*, May 5, 2010, pp.1-2, accessed January 10, 2017, http://www.project-syndicate.org/commentary/can-the-euro-be-saved-

特別提款權（special drawing right, SDR）、川普政府公平貿易以及英國脫歐問題等外在國際關係變遷之影響。這些重大事件會使得全球貨幣、金融與貿易環境變得複雜，加深歐元的波動性及不確定性。在人民幣加入 SDR 方面，SDR 由 IMF 於 1969 年創造，以支持布雷頓森林固定匯率體系。SDR 不是貨幣，也不是對 IMF 的債權，而是對 IMF 成員國的可自由使用之貨幣潛在求償權。2009 年總額為 1,826 億 SDR 在全球金融危機之後，向成員國提供流動性以及補充各會員國的官方儲備發揮了關鍵作用。截至 2016 年 3 月，IMF 向成員國分配 2,041 億 SDR，約相當於 2,850 億美元。SDR 的價值最初確定為相當於 0.888671 克純金，當時相當於 1 美元。IMF 執董會每五年或在 IMF 認為情況變化有必要提前進行檢查時，對貨幣籃子構成進行檢查，以確保它反應各種貨幣在世界貿易和金融體系中的相對重要性。IMF 於 2015 年 11 月 30 日之檢查，決議SDR籃子貨幣除了美元、歐元、日圓及英鎊外，將另包括人民幣。[27]

　　SDR 將包括：美元、歐元、英鎊、日圓及人民幣五種國際關鍵貨幣；五種貨幣權重比例將發生變化，IMF 於 2015 年 12 月決定自 2016 年 10 月 1 日起五種 IMF 關鍵通貨的權重比率，是美元 41.73%、歐元 30.93%、人民幣 10.92%、日圓 8.33%、英鎊 8.09%。SDR 貨幣權重主要決定因素是：(1) 該國在全球貿易總額比例；以及 (2) 該國貨幣在全球外匯存底比例；亦即反映該國在全球經濟的規模及重要性。[28] 加入 SDR 是人民幣國際化的重要一步，有助於人民幣在國際市場之流通，成為一種國際關鍵貨幣。歐元權重由 37.4% 下調為 30.93%，影響最大；人民幣因此將構成對歐元的一項新挑戰。尤其，英國 GDP 約占歐盟 GDP 15%，英國脫歐後，將對歐元幣值以及在 IMF 貨幣權重比例產生另一新的壓力。

　　2017 年 1 月瑞士達沃斯「世界經濟論壇」年會，將川普政府貿易政策、英國脫歐談判、民粹主義及氣候變遷等因素，列為 2017 年世界經濟的主要風險。世界銀行於 2017 年 1 月也將 2017 年世界經濟成長率從

---

[27] IMF, "IMF Executive Board Completes the 2015 Review of SDR Valuation," *Press Release* 15/543, December 1, 2015.

[28] Ibid.

2016 年 6 月預測的 2.8% 下修為 2.7%，主要一項風險乃川普政府高度不確定性貿易政策，令各界憂心，擔心美國政策將助長貿易保護主義，不利全球經濟發展及貿易合作。

　　川普競選期間表示將檢討 TTP 及 NAFTA 等巨型區域性 FTA 之成效，並採取「美國優先」貿易政策，以吸引美國海外公司回流投資美國，創造美國就業機會及促進美國經濟更壯大。川普當選後於 2017 年 1 月 23 日簽署第一項行政命令即是退出 TPP，震驚全球。

　　美國商務部長羅斯（Wilbur Ross）表示美國將以「一對一貿易」為優先目標；對於被美國認定為匯率操縱國家或對美國享有鉅額貿易順差的不公平貿易國家，川普政府甚至揚言採取貿易報復措施，包括提高關稅、採取懲罰性高關稅、限制進口及限制投資等。川普政府公平貿易政策對歐美貿易關係因此增添一些緊張關係及不確定因素，對歐元也會產生一定影響。

　　川普執政後，TTIP 在短期內可能很難繼續談判。歐盟貿易總署執行委員馬倫斯壯（Cecilia Malmström）表示，TTIP 談判恐將凍結，因此 TTIP 已非歐盟 2017 年貿易談判之首要目標。TTIP 之談判在短期內相當不樂觀，其前景將取決於歐美雙方對 TTIP 重要性之認知、雙方談判立場相關議題，尤其敏感性議題之共識等發展。

　　美國貿易代表署（US Trade Representative, USTR）於 2017 年 3 月 1 日公布「2017 年貿易政策議程」[29]，具體說明了「美國優先」貿易政策之目標及四大優先事項：

1. 捍衛美國貿易主權，不受 WTO 限制，以保護美國利益。美國將訂定兼顧製造業、農業、服務業所有部門利益平衡的貿易政策，增加出口，以促進美國經濟成長、創造就業機會；確保美國企業及勞工在全球市場能享有公平貿易及公平競爭機會。

2. 嚴格執行美國貿易法律，避免美國市場遭到傾銷或補貼進口產品的不公平貿易，而傷害美國相關產業及勞工。另外，WTO 爭端解決機

---

[29] USTR, *2017 Trade Policy Agenda and 2016 Annual Report of the President of the United States on the Trade Agreements Program* (Washington: Office of the United States Trade Representative, March 2017).

構如果對美國做出不利裁決，美國不盡然會自動調整相關法規，以維護美國貿易主權。

3. 品之出口，並保障美國智慧財產權不受到侵害；同時確保美國海外投資在國外市場得到公平待遇。美國總統有權依據 1974 年貿易第 201 及 301 條，採取進口限制或報復措施，以對抗外國不公平貿易。

4. 聚焦主要貿易夥伴之雙邊談判，以達成更好更公平的貿易協定；避免 WTO 削弱美國在各項貿易協定可獲得之利益。

美國乃是全球最大經濟體，歐盟對美國貿易向來享有鉅額順差。美國貿易保護主義如果導致歐盟對美出口貿易之削減，甚至引發歐美貿易爭端，皆將不利歐元之穩定。此等國際經貿大環境之變化亦會影響歐洲經濟發展以及歐元匯率波動。

（二）英國脫歐

英國於 2016 年 6 月 23 日舉行脫歐公投，脫歐陣營以 51.9% 得票率勝出，震驚全球。英國脫歐（Brexit）短期已引發英鎊重跌，並波及歐元走貶，衍生更多問題及不確定性。英國脫歐之其他影響包括：(1) 英鎊重跌，6 月 24 日英鎊兌美元，重貶 8.1%，來到 1985 年 1 英鎊兌 1.32 美元之新低點，在公投後 3 個月內預期貶值高達 10% 至 15%。歐元遭受波及，也連動貶值；(2) 股市暴跌，6 月 24 日道瓊指數下跌 3.4%、日經 7.92%，德國法蘭克福 Dax 7.6%，法國 CAC40 9.5%；(3) 外資脫逃英國，轉至歐陸國家，外來投資減少；(4) 跨國公司將總部或主要營業移轉至歐陸，對倫敦金融中心地位有負面影響，包括就業、稅收等皆有不利影響。(5) 英國脫歐後將不再享有歐盟市場自由貿易好處，貿易金額將縮減，使稅收每年減少 360 億英鎊，相當於所得稅的基本稅率需要上調 8%，才足以彌補稅收短缺。[30]

歐元兌美元匯率在 2016 年 2 月 21 日歐盟高峰會後微幅下跌；19 日時為 1.1096，22 日時為 1.1026。在脫歐後，歐元兌美元匯率下跌，6

---

[30] 洪德欽，「英國脫歐之原因與影響」，《月旦法學雜誌》，257 期，特別企劃（2016 年 10 月）：頁 5-9；Roger Blitz, "The euro struggles to escape Brexit shadow," *Financial Times*, 27 June 2016.

月 23 日公投之日為 1.1389，一日之後則跌至 1.1066。2016 年 12 月 30
日，歐元兌美元匯率收在 1.0541；對英鎊則收在 0.85618。2016 年歐元
兌美元最高點出現於 5 月 3 日（1 比 1.1569），最低點則在 12 月 20 日（1
比 1.0364），平均為 1.1069。[31] 整體而言，英國脫歐乃是歐元下跌之一
項因素。英國已於 2017 年 3 月 29 日正式啟動里斯本條約第 50 條脫歐
程序。英國脫歐及英歐未來關係談判，皆充滿高度不確定性，對歐元也
有不利影響。[32]

図 1：歐元兌美元（2016.01.01-2017.04.25）

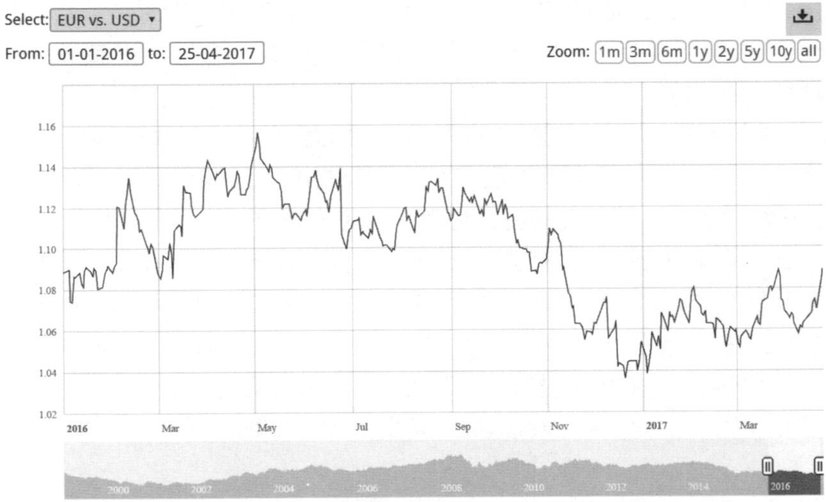

資料來源：ECB (2017) https://www.ecb.europa.eu/stats/policy_and_exchange_rates/euro_reference_exchange_rates/html/eurofxref-graph-usd.en.html#

　　歐盟是英國最為重要的貿易夥伴。在 2015 年，英國的貨物與服務
出口有 44% 銷往歐盟（約 2,220 億英鎊），其進口則有 53%（約 2,910
億英鎊）來自歐盟。於其中，德國、法國、荷蘭、愛爾蘭、西班牙是英

[31] ECB, "US dollar (USD)," accessed January 13, 2017, http://www.ecb.europa.eu/stats/exchange/eurofxref/html/eurofxref-graph-usd.en.html.

[32] Henrik Enderlein, Enrico Letta *et al. Repair and Prepare: Growth and the Euro after Brexit* (Berlin: Jacques Delors Institute, 2016), pp. 8-9.

國在歐盟的前五大貿易夥伴，占了英國對歐盟約 2/3 的貿易比例。此外，英國對 5 個國家貿易出超，21 個國家貿易逆差：德國是英國逆差最多的國家（約 250 億英鎊），愛爾蘭則是英國出超多的國家（約 80 億英鎊）。[33] 根據 OECD 的報告，英國對歐盟的出口占其 GDP 12%，且占其所有出口量的 45%；英國對歐盟的進口則占其所有進口約 50%。[34]

在英歐經貿關係緊密的情況下，英國脫歐將會對雙方帶來相當大的衝擊。對英國而言，之後可能貿易壁壘增高，加上投資減少與就業下滑，英國財政部預估英國的短期 GDP 可能會減少 3.6-6.0%，其他國際機構之預估下滑幅度則是約 1.0%-6.0%。而根據 OECD 的預測，英國脫歐將使 2018 年的歐元區 GDP 成長率下降約 1%；歐洲央行則認為，若脫歐一年後英國的 GDP 下滑 1.8%，則透過貿易管道的溢出效應將使歐元區經濟下降 0.14%。[35]

英國脫歐使英鎊貶值，會使歐洲公司在匯兌（由英鎊轉回歐元）時減少利潤；另外也不利於歐盟國家對英國的出口，會對歐洲小國的貿易帶來較大衝擊，例如英國脫歐會對愛爾蘭帶來最大的傷害，使其 GDP 在 2017 年結束前累積跌幅達 1.1%，馬爾他（1.0%）、荷蘭（0.9%）、盧森堡（0.7%）、比利時（0.7%）緊接在後，德法的情況稍微好些，跌幅分別是 0.5% 和 0.4%。[36] 英國脫歐如果加深英歐未來貿易壁壘或進一步使英鎊貶值，將會影響原先歐盟國家對英國的貨物出超，尤其對以製造業為出口主力的中、東歐國家將產生相當大的傷害。[37]

---

[33] Dominic Webb, "Brexit: Trade Aspects," UK House of Commons, Briefing Paper Number 7694, September 8, 2016, pp. 8, 10-11.

[34] OECD, "The Economic Consequences of Brexit: A Taxing Decision," OECD Economic Policy Paper, no.16 (April 2016): pp. 14-15.

[35] 臺灣中央銀行，「英國脫離歐盟之可能影響」，頁 9、13，2016 年 6 月 24 日，檢索於 2016 年 7 月 27 日，http://www.cbc.gov.tw/lp.asp?CtNode=302&CtUnit=376&BaseDSD=33&mp=1&nowPage=3&pagesize=15。

[36] Mehreen Khan, "Mapped: How the eurozone will suffer after a Brexit," *The Telegraph*, 2016.03.25; European Commission, "The Economic Outlook after the UK Referendum: A First Assessment for the Euro Area and the EU," European Economy, Institutional Paper 032, July 2016, p. 11.

[37] Willem Buiter, Ebrahim Rahbari, Christian Schulz, "The Implications of Brexit for the Rest of the EU," *Vox CEPR's Policy Portal*, 2016.03.02. accessed July 27, 2016, http://voxeu.

英國脫歐對歐元區發展的影響方面，不確定性和缺乏市場信心也會影響消費。在未來前景不明的情況下，個人與家戶可能傾向儲蓄，延遲消費，因而使消費成長減緩，長期下來有可能造成通貨緊縮。在間接面上，不確定性對經濟成長的負面影響也會反過來影響消費。英國公投後IMF 對預測進行調整，認為歐元區的 GDP 在 2016 年會成長 1.6%，但 2017 年只成長 1.4%，皆低於 2016 年 6 月事先認為這兩年會成長 1.7% 的預測；[38] 歐盟的經濟預估也得到差不多的數據，認為歐元區的 GDP 在 2016 年只會成長 1.5-1.6%，到了 2017 年時會進一步趨緩，只成長 1.3-1.5%，皆低於原先歐元區成長 1.7%，整體歐盟成長 1.8% 的預估。[39] 牛津經濟研究院（Oxford Economics）則是預測英國在 2017-2018 年的經濟成長會從 2016 年的 1.8% 下滑至 1.4%；歐元區會下滑 0.2 個百分比，從 2016 年的 1.7% 下滑至 1.5%。[40] 由於可支配收入（disposable incomes）的成長降低，因此可能連帶使消費成長下降；而當國內消費需求疲軟，也可能影響企業的聘僱決策，對勞動市場的復甦造成壓力。[41]

美國聯邦準備理事會前主席葛林斯潘（Alan Greenspan）指出英國脫歐乃 2008 年 9 月全球金融危機之後，飛出的另一隻超級「黑天鵝」，產生的「尾部風險」（tail risk）效應，涵蓋國際政經及社會層面，其影響預期將比希臘債務及歐債危機更為嚴重，值得警惕。脫歐公投之後，英國不但沒有解決問題，反而衍生更多問題。[42] 尤其，英國與歐盟將如何啟動談判，重新界定雙邊關係？跨國公司及國際銀行在倫敦的歐洲總

org/article/implications-brexit-rest-eu.

[38] Katie Allen, "IMF Cuts Growth Predictions for Eurozone over Post-Brexit Confusion," *The Guardian*, 2016.07.08.

[39] European Commission, "The Economic Outlook after the UK Referendum: A First Assessment for the Euro Area and the EU," European Economy, Institutional Paper 032, July 2016, p. 9.

[40] Adam Slater, "Brexit and World Growth- What are the Risks?" *Oxford Economics* 40, no. 3 (2016): pp. 13-14.

[41] European Commission, "The Economic Outlook after the UK Referendum: A First Assessment for the Euro Area and the EU," European Economy, Institutional Paper 032, July 2016, pp. 10-12.

[42] ECB, "The Impact of Uncertainty on Activity in the Euro Area," *Economic Bulletin*, Issue 8 (December 2016): pp. 2-3, 55-56.

部,將如何重新調整其旗艦地點及經營業務?蘇格蘭將如何要求獨立公投或申請個別加入歐盟?英國與 WTO 及其他國家的貿易關係將如何重新界定?英國脫歐是否改變法國及德國在歐盟的權力平衡?上述問題皆會提高英國與歐盟的不確定性,對歐元產生負面影響及貶值壓力。[43]

歐盟針對歐債、難民、恐怖攻擊、青年失業、大都會高房價、貧富不均、民粹主義以及地方分離運動等泛歐問題,如何進行深度改革?凡此種種,在在顯示英國脫歐對歐洲及全球政經體系、經貿關係及金融市場皆將帶來重大深遠的影響,也會對歐元帶來不確定性及波動性影響。歐盟因此必須從事深度改革,強化解決泛歐問題之能力,以維持歐元之穩定。

(三)歐盟因應及改革方向

歐盟認為歐元幣值強弱,有賴四大支柱:(1) 歐洲中央銀行之獨立性及價格穩定目標之維護;(2) 各會員國經濟政策之緊密合作;(3) 歐元區會員確實遵守經濟趨同條件;以及 (4) 穩定及成長公約之履行。[44] 歐元區經濟停滯成長對歐元幣值及匯率也皆有不利之影響。

針對歐債危機,歐盟亦應從事財政改革,以穩定歐元匯價,這可從三方面加以分析,包括:(1) 加強歐元區會員國財政紀律;(2) 歐元區會員國退場機制;以及 (3) 歐盟財政進一步整合。

在加強歐元區財政紀律方面,歐盟自 2011 年引介「歐洲學期」(European Semester)機制,每隔半年評估會員國之預算與結構政策,以了解是否有任何不符合歐盟規定或其他失衡情況,強化歐盟對各國財政的監督與協調機制。在歐洲學期,歐盟高峰會每年三月會界定歐盟面臨的主要經濟挑戰,並針對政策提出策略性建議。會員國須將高峰會的建議納入考量,於各國的穩定與趨同計畫提出中期預算策略(medium-term budgetary strategy)。會員國同時須制定國家改革計畫,訂定具體相關行動,包括就業與社會包容(social inclusion)方面的相關政策。會員

---

[43] 洪德欽,「英國脫歐之原因與影響」,《月旦法學雜誌》,257 期,特別企劃 (2016 年 10 月):頁 8-9;Matthias Matthijs and Mark Blyth (eds.), *The Future of the Euro* (Oxford: Oxford University Press, 2015), pp. 268-269.

[44] European Commission, Economic and Monetary Union, EUR-OP News 1/98, p. 2.

國必須於四月提交這些計畫予歐盟；每年 7 月，歐盟財經部長理事會及歐盟高峰會依據該等計畫，得於會員國下一年度預算定案前對其提供政策建議。[45]

歐洲學期的意涵是將穩定與成長協定，以及經濟指導原則（Broad Economic Guidelines）架構下的監督程序整合成單一體系，方法包括由會員國同時遞交穩定與趨同計畫，以及國家改革計畫，並由歐盟高峰會提供建議，以強化歐盟對會員國的財政監督。歐洲學期已於 2011 年 6 月完成第一次實施的相關程序。歐洲學期因此屬於一項針對會員國財政監督的事先預防機制，以預防與及時糾正會員國總體經濟或財政預算的嚴重失衡。[46]

在新財政協定的財政紀律（fiscal rule）方面，其要件包括：[47]

1. 政府預算應保持平衡或盈餘；通常如果年度結構性赤字並未超過名目 GDP 的 0.5%，則應被視為遵循此原則。
2. 會員國法律制度也將於憲法層級或相當於憲法的層級採取此等規定。該規定將包括一自動糾正機制（automatic correction mechanism），此機制於出現偏離時就會啟動。其將由各會員國依據執委會提出的原則加以訂定。承認歐洲法院之管轄權，以查核此等規定在會員國層級之轉換。
3. 會員國應依據執委會提出之日程表，趨同於其特定參考水準（converge towards their specific reference level）。
4. 進入超額赤字程序的會員國，應向執委會及理事會遞交一詳細載明必要的結構改革之經濟夥伴計畫（economic partnership programme），以確保對超額赤字有效並持久之糾正，該計畫需經批准。該計畫之實施以及與該計畫之實施相符應的年度預算計畫，將

---

[45] Council of the European Union, 2012 European Semester: macroeconomic and fiscal guidance − Council Conclusions, 3148 Economic and Financial Affairs Council meeting, Brussels, February 21, 2012, pp. 1-2.

[46] ECB, "The Euro Area Fiscal Stance," *Economic Bulletin*, Issue 4(June 2016): pp. 68-87.

[47] European Council, "Statement by the Euro Area Heads of State or Government," Brussels, December 9, 2011, p. 3; ECB, "A Fiscal Compact for a Stronger Economic and Monetary Union," *Monthly Bulletin* (May 2012), pp. 79-94.

由執委會及理事會監督。

5. 將建置會員國國債發行計畫之事前報告機制。

　　歐盟高峰會針對強化歐洲經濟與貨幣同盟架構的協議，抱負非常遠大，但仍有待將政治承諾轉換為新的法律架構，包括緊急救援程序與組織架構、超額預算程序的決策模式，以及財政穩定同盟的組織建制等皆涉及歐盟立法，甚至條約修改，仍需繁瑣程序，不過歐盟高峰會已為歐盟債務危機架構性解決方案，提供一個正確方向。另外，歐盟新的財政治理仍有賴於財政紀律及內部市場的深度整合，以及實質的經濟成長、競爭力的提升與歐洲社會的凝聚與融合。[48]

　　歐盟似可認真考慮並引進歐元區退場機制，做為解決歐債危機的一種選項，以及做為強化歐盟財政紀律的一項最後手段。退場機制得以避免問題國家透過歐元區，享受搭便車之利，甚至獲取違反歐盟財政規範，不但不受罰反而得到鉅額紓困的不當利益，往往會導致犧牲了歐盟公民與援助國納稅人的財富；同時對遵守歐盟財政規範的國家，也形同「逆歧視」，反而成為遵守法律的受害者，也不符合公平正義原則。[49]嚴重違反財政規定的問題國家如果沒有受到嚴厲制裁，將嚴重破壞歐元區國家間的信賴關係，以及歐盟公民對歐盟的支持，不利於歐洲整合及歐盟未來，所以退場機制乃是解決歐債危機的重要手段。[50]

　　針對問題國家甚至政策失敗國家的退場，反而是避免歐元區內部紛爭，影響多數國家團結鞏固，以增加歐元區與歐盟競爭力的一項重要機制。里斯本條約架構下，已有歐盟會員國的退場機制條款安排。歐盟條約第 50 條第 1 項規定，任何會員得依其憲政規定，退出歐盟，英國脫

---

[48] European Commission, *Completing Europe's Economic and Monetary Union* (2015), pp. 18, 20-23; European Council, European Council Meeting, Conclusions, EUCO 26/16, Brussels, June 28, 2016, p. 7.

[49] 蔣俊賢，「歐洲主權債務危機的反思及其對東亞貨幣合作的啟示」，《西南金融》，總第 351 期 (2010 年 10 月)：頁 13；Luuk van Middelaar, "The Return of Politics: The European Union after the Crises in the Eurozone and UKraine," *Journal of Common Market Studies*, 54, no. 3 (May 2016): pp. 498-499.

[50] Stefan Eichler, "What Can Currency Crisis Models Tell Us about the Risk of Withdrawal from the EMU? Evidence from ADR Data," *Journal of Common Market Studies*, 49, no. 4 (2011): pp. 735-736.

歐即是一項例證。依據「舉重明輕」原則,希臘當然可以自行或被迫退出歐元區,但仍保留歐盟會籍。法理上,歐元區會員國退場機制,透過歐盟高峰會決議修改歐盟條約或穩定與成長協定,乃是一項可行方案。[51]

在歐盟財政進一步整合方面,長期而言,歐盟仍應該考量進一步朝向財政同盟、經濟同盟甚至政治同盟發展,以解決 ECB 僅擁有單一貨幣政策而欠缺歐盟層級單一財政政策的結構性問題,以致無法針對歐元區會員國財政問題加以有效規範、約束及調適。[52] 事實上,1992 年歐盟條約規定,歐盟將同時推動「經濟與貨幣同盟」,只是僅就貨幣同盟具體規定了其時程、內容與條件。所以,經濟同盟從 1992 年起已具體規定於歐盟條約,成為歐盟的目標。經濟同盟涵蓋所有經濟活動,除了貿易、競爭、貨幣之外,當然包括財政、同時包括租稅、就業、社會福利等領域。經濟同盟,或者至少財政同盟,才會創造一個成熟的貨幣同盟,提供歐元及歐元區會員國一個「安全天堂」(Safe Heaven),歐盟才經得起金融危機的考驗,以及有效解決債務危機。[53]

財政同盟將創造一個超國家、歐盟層級的歐洲財政機構,統一會員國的財政政策,因此涉及歐盟條約的修改,明訂相關時程、目標、內容、範圍、功能、歐盟財政機構職權、會員國加入標準及條件、權利與義務關係等。[54] 財政同盟的挑戰是會員國必須退讓國家財政主權給歐盟財政機構統一行使,對於大部分歐盟國家皆不是一件容易之事。尤其,德國與法國等稅收與歲入較多、較富有的西歐、北歐國家預期也不會輕易將

---

[51] Dermot Hodson, "Eurozone Governance: Deflation, Grexit 2.0 and the Second Coming of Jean-Claude Juncker," *Journal of Common Market Studies*, 53, Annual Review (2015): pp. 146-147; Jean-Claude Piris, The Lisbon Treaty. *A Legal and Political Analysis* (Cambridge: Cambridge University Press, 2010), pp. 110-111.

[52] Tommaso Padoa-Schioppa, *The Euro and Its Central Bank* (Cambridge, MA: The MIT Press, 2004), p. 181; Nazare Da Costa Cabral, "Which Budgetary Union for the E(M)U?" *Journal of Common Market Studies*, 54, no. 6 (November 2016): pp. 1282-1288.

[53] Editorial Comments, "Some Thoughts Concerning the Draft Treaty on a Reinforced Economic Union," *Common Market Law Review*, 49, Issue 1 (2012): p. 1;Philip Arestis and Malcolm Sawyer, "The Design Faults of the Economic and Monetary Union," *Journal of Contemporary European Studies*, 19, no. 1 (March 2011): p. 30.

[54] Daniel Gros and Thomas Mayer, "Toward a Euro(pean) Monetary Fund. Economic Policy Centre for European Policy Studies," *Policy Briefs*, no. 202. Brussels (May 2010): pp. 2-4.

財政主權拱手讓渡給歐盟財政機構，就此而言，足以局部說明歐盟條約於 1992 年簽署時，當時歐盟十二會員國沒有針對經濟同盟或財政同盟，具體規定的原因，歐盟整合進程因此仍然深受國家利益之影響。[55] 難怪 ECB 前首席經濟學家，同時是歐元發行主要規劃者，德國籍伊辛（Otmar Issing）於 2006 年在其任內信心滿滿地說，一個沒有完全成熟的貨幣同盟，也能運行或存續，歐元區即是一項例證。然而，希臘債務問題出現後，伊辛於 2010 年卻悲觀地說，在尚未建立政治同盟前就創立貨幣同盟，是本末倒置。[56]

伊辛觀點反映他也反對德國對希臘紓困，以免損失德國利益，所以不無德國民族主義之立場。事實上，伊辛觀點在理論與實踐皆是矛盾的，以歐盟為例，其整合是由關稅同盟、共同市場、貨幣同盟逐漸深化，長期目標才是政治同盟。歐盟針對財政同盟如果無法進行，遑論經濟同盟或政治同盟。歐盟財政同盟的推動因此仍有賴於歐盟會員國政府首長們的政治決心，以及歐盟公民普遍性的共識與支持，或許才是水到渠成的創立時機。歐盟未來因此仍將面臨類似希臘債務危機的不確定性，以及解決債務危機的局限等困擾；歐盟整合以及歐元未來仍將是一條不寧靜的發展過程。

肆、結論

歐元發行乃戰後國際貨幣體系之一件大事，對歐盟內部及對外關係皆將帶來重大深遠影響。歐元發行代表歐洲政經整合已發展到貨幣同盟新階段，並觸及較為敏感之國家貨幣主權領域，也象徵歐洲社會及人民之高度融合，共同建立一個足以進一步促進貨品、人員、勞務及資本自由流通之媒介工具以及新的歐洲認同及象徵符號。歐盟因此將不僅是抽

---

[55] 洪德欽，「歐盟憲法之法理分析」，《在歐盟憲法》，洪德欽主編（台北：中央研究院歐美研究所，2007 年 8 月），頁 69；Gary Marks, "JCMC Annual Lecture 2011: Europe and Its Empires: From Rome to the European Union," *Journal of Common Markets Studies*, 50, no. 1 (2012): pp. 16-17.

[56] 趙伯英，「歐洲債務危機與歐元的命運」，《當代世界》（2010 年 9 月）：頁 34；Otmar Issing, "Greek Bailout Would Hurt Eurozone–Germany's Issing," accessed July 19, 2012, http://uk.reuters.com/article/idUKTRE60S1JQ20100129.

象存在實體，而將深化、普遍至歐洲一般家庭及個人消費單位。歐元因此將有助於歐盟促進內部各國政治合作、經濟繁榮、社會穩定之目標，以及建立一歐洲人民更加融合、團結之新秩序。歐元除了預期有益於歐洲貨幣穩定之外，也有助於歐洲經濟成長；如果與就業、租稅、金融等政策，相互聯結，將有利於提高歐洲人民之社會福祉，增進歐洲之和平、安全與繁榮。歐元發行代表歐盟對歐洲經濟已建立信心之表徵；同時象徵歐元區 19 會員國決定將本國貨幣發行主權移轉到歐盟之強烈決心，以追求更高之共同利益。

歐元具有法幣地位，使歐元發揮具有計價單位、給付工具與保值等功能。歐元發行並將有下述影響：(1) 歐盟會員國將降低外匯準備部位，尤其是各會員國相互持有之歐洲通貨；(2) 減少內部貿易匯兌損失，降低交易成本；(3) 價格透明化、減少了資訊成本、提高競爭，而使生產及價格更趨合理化；(4) 歐盟將採取共同貨幣政策，改善歐元區會員國通貨膨脹；歐盟並進一步調和租稅及經濟政策，將使歐元穩定、強勢，形成國際關鍵通貨；(5) 歐洲中央銀行將享有鑄幣權，歐元區會員國可以降低外匯準備部位，對歐洲經濟發展有所助益；以及 (6) 歐盟在對外貨幣關係，採取一致口徑，共同政策，提高談判地位，並形成國際貨幣決策另一主流中心，對美元及國際貨幣體系產生影響。歐元在國際外匯準備地位、國際清算地位、國際貿易結匯、及國際資本與金融市場交易部位等層面，隨著歐元國際化而逐步提高，形成足以挑戰美元傳統一枝獨秀之地位。

在歐元結構性問題方面，歐元採取單一匯率政策，統一適用於 19 歐元會員國，缺乏彈性。歐元對德國等經濟表現好的國家相對太弱；對於希臘等歐債國家而言，幣值又太強，希臘沒辦法透過貶值，增加出口。另外，ECB 依規定無法扮演最後救援角色，提供歐洲銀行紓困。歐盟尚未建立「財政同盟」，在不同會員國間從事主權紓困及財政重分配。上述種種，皆是歐洲貨幣同盟結構性問題。歐元除了貨幣同盟，歐盟仍需規劃進一步建立財政同盟，從事歐元區會員國間財政重分配，解決歐債危機問題。

在歐元的挑戰方面，歐債及希臘債務危機乃歐元目前面臨的最大挑戰，深刻影響歐元的匯率價位及歐洲整合的未來。人民幣於 2015 年

12 月正式加入 SDR，歐元權重自 2016 年 10 月 1 日起從 37.4% 下調為 30.93%，形成歐元之新挑戰。歐元幣值主要依賴歐盟經濟本身表現，以及歐盟對抗外部經濟衝擊及金融波動的能力及危機因應。

綜上所述，歐元的未來仍將是一條充滿不確定、不寧靜的發展過程，其成敗「繫乎一心」，在於歐元區 19 會員國是否具有認真執行歐盟財政紀律、從事財政改革以及進一步建置財政同盟的共識與決心。

歐美民用航空器補貼之爭

李貴英
東吳大學法律系教授

前言

長久以來，國際民用航空器市場係由美國波音公司（Boeing Company）與歐洲聯盟的空中巴士（Airbus S.A.S）所壟斷。由於飛機產業在國民經濟、政治、科技、國防等方面特殊的戰略地位，以及其長週期、高風險、高收益的產業特性，美歐政府皆對其各自的航空器產業的發展給予各種形式的支持，也因為這些支持措施引發了一系列的爭議。[1] 1979 年關稅暨貿易總協定（General Agreement on Tariffs and Trade，以下稱 GATT）東京回合談判產生了規範飛機製造業補貼最早的兩個協定，亦即補貼協定（Subsidies Code）與民用航空器貿易協定（Agreement on Trade in Civil Aircraft），但是相關規定在規範會員國對飛機製造業的補貼方面並不足夠。[2] 於 1992 年美歐就民用飛機貿易問題達成雙邊協議（Agreement Between the Government of the United States of America and the European Economic Community Concerning the Application of the GATT Agreement on Trade in Civil Aircraft on Trade in Large Civil Aircraft），該協定一方面對飛機製造業提供補貼設立了較為嚴格的規定，而另一方面仍然允許雙方以若干方式對各自的飛機製造業提供大量的補貼。[3]

與美國相比，歐盟對於飛機產業的補貼方面更為驚人，伴隨著歐盟

---

[1] 空中巴士於 1970 年由德國、法國、西班牙以及英國共同創立，總部設於法國，係歐洲一家民航飛機製造公司。波音公司係美國一家開發、生產及銷售固定翼飛機、旋翼機、運載火箭、飛彈與人造衛星等產品，總部設於伊利諾州芝加哥。

[2] 黃立、李貴英、林彩瑜，WTO 國際貿易法論，4 版（台北市：元照，2009 年），頁 14-29。

[3] Press Release, EU – US Agreement on Large Civil Aircraft 1992 : Key facts and figures (Oct. 6, 2004).

及其會員國的補貼,尤其是在空中巴士 A380 飛機投入生產後,空中巴士逐步蠶食了波音的市場,2003 年空中巴士超越波音公司成為全球最大的民用航空器的製造商,因而波音公司和美國強烈批評歐盟對於空中巴士的補貼。故於 2004 年 10 月美國退出了美歐大型民用航空器雙邊協定,2004 年 10 月 6 日美國在世界貿易組織(World Trade Organization,以下稱 WTO)爭端解決機制下,要求與歐盟就空中巴士提供的補貼進行諮商(DS316)。2005 年 7 月 20 日 DS316 爭端解決小組成立。2010 年 6 月 30 日與 2011 年 5 月 18 日先後公布了 DS316 爭端解決小組以及上訴機構報告。2011 年 6 月 1 日 WTO 爭端解決機構(Dispute Settlement Body,以下稱 DSB)通過爭端解決小組及上訴機構之裁決。許多年以來歐盟以優惠融資、提供基礎設施相關補助等形式,向空中巴士公司提供了高達 180 億美元的非法補貼,並由此對美國的利益造成不利影響,要求歐盟修改其補貼措施,以使其措施符合 WTO 協定的要求。[4]

2004 年 10 月 6 日,在美國提出諮商請求的同一天,歐盟亦要求與美國就波音公司提供的補貼進行諮商,而後又於 2005 年 6 月 26 日,歐盟再次要求與美國就波音公司提供補貼進行諮商(DS353)。[5] 2006 年 2 月 17 日 DS353 爭端解決小組成立,於 2011 年 3 月 31 日 DS353 公布爭端解決小組報告。2011 年 4 月 1 日歐盟提出上訴;2011 年 4 月 28 日美國提出上訴,2012 年 3 月 12 日公布 DS353 上訴機構報告。2012 年 3 月 23 日 DSB 通過爭端解決小組以及上訴機構報告,其認為美國以聯邦政府部門研發資助、各級政府稅收優惠等形式,向波音公司提供了超過 53 億美元的非法補貼,並由此對歐盟的利益造成了不利影響,故要求美國修改其補貼措施,以使其措施符合 WTO 協定的要求。歐盟與美國雙方對於大型民用航空器之補貼纏訟已久,以下特別針對 DS 353「美國—大型民用航空器補貼案」做案例評論。

---

[4] 林良怡,「簡述『歐盟—大型民用航空器補貼案』」,貿易政策論叢,14 期(2010 年):頁 211-213。

[5] 本案於 2004 年 10 月 6 日提出諮商請求,但美國認為歐盟成立小組請求時,部分控訴措施未在諮商階段提出,故不願未被提出之措施為爭端解決內容,因此歐盟又於 2005 年 6 月 26 日再次提起諮商請求。

壹、案例事實

一、事實

本案爭端世界貿易組織 WTO/DS353「美國—大型民用航空器補貼案」（*UNITED STATES - MEASURES AFFECTING TRADE IN LARGE CIVIL AIRCRAFT "SECOND COMPLAINT"*）係有關於由美國對大型民用航空器（large civil aircraft）製造商、零組件製造商以及波音公司（Boeing Company）所作提供之行為是否為禁止性補貼及可控訴補貼（prohibited and actionable subsidies）。[6] 即案中，歐體（European Communities）[7] 指控美國向其大型民用飛機製造商（美國大型飛機產業），尤其是波音公司和麥道公司（McDonnell Douglas Corporation），與波音公司合併前，提供了各種禁止性補貼和可控訴補貼並使其獲得利益。

本案所涉及有關措施包括：

1. 州和地方當局（local authorities）提供的補貼。歐體指控美國大型飛機產業研發、生產和總部所在州和地方當局，以各種方式向美國大型飛機產業轉移（transfer）經濟資源（economic resources）。在此，歐體指控了美國華盛頓州（State of Washington）、堪薩斯州（State of Kansas）和伊利諾州（State of Illinois），以及他們市當局的措施。[8]

2. 聯邦政府（federal government）提供之補貼。美國聯邦政府被指控透過美國航空太空總署（National Aeronautics and Space Administration，以下稱 NASA）、國防部（Department of Defense，以下稱 DOD）、商務部（Department of Commerce，以下稱 DOC）、勞動部（Department of Labor，以下稱 DOL）的某些措施和其他聯邦稅收優惠，以優於市場上可獲得的條件或未進行公平交易，向美國大型飛機產業移轉經濟資源。歐體認為，華盛頓州的稅收鼓勵政策和美國

---

[6]　WT/DS353/R, para. 2.1.

[7]　本案於爭端解決小組階段仍採用歐洲共同體一詞，係於上訴至上訴機構時始改稱歐盟。2009 年 12 月里斯本條約生效後，歐盟取得國際法人格，故由歐體改稱歐盟。

[8]　WT/DS353/R, para. 7.1.

聯邦政府的減稅政策構成補貼暨平衡稅協定（Agreement on Subsidies and Countervailing Measures，以下稱 SCM 協定）第 3.1(a) 條和第 3.2 條下的禁止性補貼；同時，所有補貼在 SCM 協定之下均是可起訴的，透過使用這些補貼，美國已經並繼續對歐體利益造成不利之影響，由其是第 5(c) 條意義上的「嚴重損害」（serious prejudice to the interests）。

二、爭端當事國之請求

美國波音公司和歐盟空中巴士公司是世界兩大型飛機製造商。繼 2004 年美國向 WTO 起訴歐盟向空中巴士公司提供補貼之後（案件編號為 DS316 可供參照），歐盟也向 WTO 起訴美國向波音公司提供了補貼，即本案涉及稅收措施、基礎建設設施、研發項目、員工培訓等各種產業扶持與發展政策。本案上千頁的爭端解決小組和上訴機構報告在財務補助（financial contribution）（潛在的資金移轉、一般基礎設施等）、特定性、嚴重損害等重要法律問題上，進一步總結和發展了有關 SCM 協定的規則解釋，並闡釋了以往未曾提出的一些新問題，如 SCM 協定附件 5 程序的啟動等等。

由於本案涉及之爭點眾多，將依循每個爭點於第肆部分（爭端解決小組裁決內容所涉爭點）以及第伍部分（上訴機構裁決內容所涉爭點）予以分別一一討論。

三、爭端紀事

於 2005 年 06 月 27 日，歐體請求與美國諮商，解決美國影響大型民用飛機貿易的措施問題。諮商未取得滿意結果。2006 年 01 月 20 日，歐體請求成立爭端解決小組（Penal）。2006 年 11 月 22 日，爭端解決小組組成。澳洲（Australia）、巴西（Brazil）、加拿大（Canada）、中國（China）、日本（Japan）與韓國（Korea）保留作為第三方參與爭端解決小組程序的權利。2010 年 09 月 15 日，爭端解決小組向當事人雙方提交了期中報告（Interim Report）。2011 年 01 月 31 日，爭端解決小組向當事人雙方提交了最終報告（Final Report）。2011 年 03 月 31 日，

爭端解決小組報告公開，歐體與美國提起上訴。2012 年 03 月 12 日，上訴機構報告公開，2012 年 03 月 23 日，WTO 之 DSB 通過了上訴機構報告和經修改之爭端解決小組報告。

貳、爭端解決小組暨上訴機構之結論與建議

一、爭端解決小組之結論

關於華盛頓州和市與埃佛雷特市的 B&O 稅減稅措施（減免營業及開業許可稅）採取的措施是否構成特定性補貼，爭端解決小組的結論認為，其構成 SCM 協定第 1 條與第 2 條下的特定性補貼（Specific Subsidies）。

有關堪薩斯州、市的減稅政策與債券之部分，爭端解決小組認為鑑於不成比例地給予了波音公司 Spirit 公司減稅，補貼具有 SCM 協定第 2.1 (c) 條規定下的特定性。在此基礎之上，堪薩斯州和市發行 IRB（工業收入債券）導致的減稅，構成 SCM 協定下特定性補貼（Specific Subsidies）。

關於伊利諾州和市的激勵措施之部分，爭端解決小組認定具有特定性。因而，裁定伊利諾州和市提供給波音公司的激勵措施構成 SCM 協定下的特定性補貼（Specific Subsidies）。

有關美國國家航空太空總署（NASA）的航空器研發部分，爭端解決小組裁定，NASA 的航空研發補貼構成 SCM 協定下的特定性補貼。

有關美國國防部（DOD）和美國商務部（DOC）的航空研發認定，爭端解決小組裁定 DOC 透過先技術項目（ATP）向波音公司參與的合資企業或財團提供付款，構成補貼。

有關 FSC/ETI 稅賦優惠措施是否構成禁止性補貼之認定，歐體的請求涉及波音公司在於 FSC 的原立法和 ETI 法案下享受的稅收優惠，以及根據 ETI 法和 AJCA（美國創造就業法）過渡期和祖父條款（grandfather provisions）繼續享有的稅收優惠；TIPRA（稅收增加防範與和解法）則是根據 ETI 法和 AJAC「有拘束力契約」（binding contracts）祖父條款（grandfather provisions）提供的補貼尚未完全廢除

的證據，亦肯定其為補貼。

不利影響方面，爭端解決小組裁定，補貼造成了第 5(c) 條和第 6.3 條所指之嚴重損害，美國有義務採取適當措施消除補貼的不利影響或撤銷補貼。

二、爭端解決小組之建議

對於禁止性補貼，基於前述說明的原因，爭端解決小組未根據第 4.7 條做出建議，美國外國銷售公司案爭端解決小組的建議依然有效，對於可控訴補貼，爭端解決小組建議，對於給歐體利益造成不利影響的所有補貼，美國採取適當措施消除不利影響或撤銷補貼。

三、上訴機構之結論

有關 SCM 協定附件 5：蒐集關於嚴重損害資訊的程序部分，上訴機構裁定爭端解決小組錯誤地拒絕了歐盟有關附件 5 程序的請求，但認為在申訴階段已沒有必要裁定本案是否已具備發起附件 5 程序的條件。

關於 NASA 採購契約和 DOD 協助協議之認定，上訴機構裁定，NASA 採購契約和 DOD 協助協議提供的資金和其他支持，對波音公司授予了 SCM 協定第 1.1(b) 條所指的利益，而為補貼。

關於 NASA/DOD 專利權分配的特定性認定，上訴機構認為，既然已假定分配專利權是獨立於研發契約和協議下付款和其他支持的補貼，那麼爭端解決小組對付款和其他支持特定性的裁定，不能用於證明專利權分配的特定性。因此，上訴機構認為歐盟未能證明分配專利權構成 SCM 協定第 2.1(c) 條所指的事實特定性（de facto specificity）。

關於華盛頓州 B&O 稅減稅部分，上訴機構贊同爭端解決小組的觀點。為特定性審查之目的。上訴機構維持了爭端解決小組有關華盛頓州 B&O 稅減稅具有特定性的裁定。

有關威奇托市發行的 IRB 之事實上特定性之認定，上訴機構注意到，美國並未質疑波音公司和 Spirit 公司獲得了威奇托市在 1979 至 2005 年間發行的所有 IRB 的 69%。上訴機構以不同的理由維持了爭端解決小組關於特定性的裁定。

有關不利影響部分，上訴推翻了爭端解決小組關於價格影響的裁

定,即在 100 至 200 座和 300 至 400 座大型飛機市場上,FSC/ETI 補貼和 B&O 稅減稅對歐盟利益造成了嚴重損害;上訴機構完成了分析和認定在 100 至 200 座大型飛機市場上,FSC/ETI 補貼和 B&O 稅減稅對歐盟的利益造成了嚴重損害。

四、上訴機構之建議

上訴機構建議 DSB 要求美國使其措施符合 SCM 協定下的義務,並建議美國採取適當措施消除不利影響或撤銷補貼。

參、爭端解決小組裁決內容所涉爭點

一、SCM 協定附件 5:「蒐集關於嚴重損害資訊的程序」

在成立爭端解決小組的請求中,歐體請求 DSB 發起 SCM 協定附件 5「蒐集關於嚴重損害資訊的程序」,並指定 Mateo 先生作為 DSB 代表。但美國並不同意發起 SCM 協定附件 5 之程序。由於當事人雙方存有爭議,DSB 主席提議 DSB 紀錄當事人雙方的陳述並暫緩考慮這一問題,以使諮商得以繼續。[9]

2006 年 01 月,歐體請求爭端解決小組先行裁定附件 5 程序已經發起,美國有義務合作並回答向其提出的問題。歐體認為,附件 5 程序的發起,不屬於需一致同意方得能採取的 DSB 決定,而是一項應請求自動採取,或除非存在不得採取行動的一致同意,否則即應採取的 DSB 行動。[10]

美國則認為,爭端解決小組無權對 DSB 的行為、職責和程序作出決定,歐體的主張缺乏依據。對於附件 5 程序的發起,爭端解決小組提

---

[9] WT/DS353/R, para. 1.7.

[10] Ibid., para 1.12.

及附件 5 第 2 段。[11] 該段規定，在根據第 7.4 條，[12] 將有關事項提交 DSB 和需要證明嚴重損害時，DSB 應當「應請求」（requested）發起附件 5 程序。

爭端解決小組認為，從 DSB 會議紀錄中，可以很清楚的看到，DSB 並未採取任何發起附件 5 程序的行動，或依據附件 5 第 4 段 [13] 指定 DSB 的代表。附件 5 第 2 段中「發起」（initiate）一詞的上下文是以主動語態規定的一項積極義務，即 DSB 應（shall）開始有關程序。[14]

因此，即便附件 5 程序的發起無須協商一致，也不能在 DSB 未採取任何行動發起程序時，就「應請求」（requested）而自動發起。為此，爭端解決小組發布的先行裁決未支持歐體的請求。[15]

二、華盛頓州和市採取的措施是否構成特定性補貼

（一）華盛頓州議會第 2294 號法案的稅收鼓勵（HB 2294 tax incentives）

根據州議會第 2294 號法案（HB 2294 tax incentives）及波音公司與華盛頓州簽署的 Olympus 項目協議（The Memorandum of Agreement confirms that the Project Olympus Master Site Agreement，以下稱 MSA），

---

[11] 附件 5 第 2 段規定明文：就依第七條第四項規定提交爭端解決機構之事項，爭端解決機構應依請求，展開程序並自提供補貼會員政府獲取必要資料，以確定補貼措施存在及其數額、受補貼廠商之總銷售額，及分析受補貼產品造成之不利效果所必要之資料。此程序於適當時得包括對提供補貼之會員及申訴之會員政府提出問題以搜集資料，並澄清爭端當事國依第七篇所載之通知程序所可取得之資料及獲取該等資料之詳細說明。

[12] SCM 協定第 7.4 條明文規定：如諮商未能於六十日內達成彼此同意之解決方法，則諮商當事會員之任一方均得將該事件提交爭端解決機構以便設立小組。但爭端解決機構以共識決定不成立小組者，不在此限。小組之組成及授權調查條款之完成，應於小組設立後十五日內完成。

[13] 附件 5 第 4 段規定明文：爭端解決機構應指定一名代表擔任協助搜集資料程序之工作。指派該代表之唯一目的應為確保即時搜集必要資料以協助嗣後多邊審查該爭端。該代表得建議能有效取得必要資料及鼓勵當事人合作之方法。

[14] WT/DS353/R, para. 1.14.

[15] Ibid., para 1.15.

第 2294 號法案下的稅收鼓勵措施適用於波音公司，包括減免營業及開業許可稅（A Business and Occupation tax reduction，以下稱 B&O）、銷售和使用稅（Sales and use tax exemptions for computers, construction and equipment）、租賃稅（Leasehold excise tax exemptions）和財產稅（Property tax exemptions）。[16]

歐體認為，上述每一種稅收措施都構成 SCM 協定第 1.1(a)(1)(ii) 條[17] 所指的財務補助（financial contribution），即放棄本應徵收的政府稅收。

爭端解決小組援引了美國外國銷售公司案之爭端解決小組和上訴機構之分析，依此標準爭端解決小組認為，「若不是」（but for）減免稅措施，適用於商用飛機及其零部件製造商的 B&O 稅率將更高，有些稅也不能抵免。基於此，爭端解決小組裁定上述三種稅收措施均構成 SCM 協定第 1.1(a)(1)(ii) 條下的財務補助（financial contribution）。減稅優惠實質上相當於政府的禮物，而市場不會提供此等禮物，這些措施顯然授予了利益。於是，最終爭端解決小組裁定，上述三種類型的稅收措施構成 SCM 協定第 1 條規定下之補貼。[18]

對於建築服務及設備的銷售和使用稅免稅，美國提出波音公司從未並且將來也不會利用該免稅政策，故而不構成財務補助（financial contribution）。

爭端解決小組在審查證據基礎上，接受了美國的立場，裁定波音公司從未請求過上述三種免稅措施，並且將來也不會請求，故該三種稅收措施不構成 SCM 協定第 1.1(a)(1)(ii) 條下的財務補助（financial contribution）。[19]

---

[16] Ibid., para 7.39.

[17] SCM 協定第 1.1(a)(1)(ii) 條規定：就本協定之目的而言，如有下列情況應視為有補貼之存在：會員（本協定簡稱為「政府」）境內有由政府或任何公立機構提供之財務補助者，即：政府拋棄或未催繳原已屆期應繳納之稅收（例如租稅抵減之財務獎勵）。

[18] WT/DS353/R, paras. 7.132-133.

[19] Ibid., paras. 7.173-179.

關於特定性（specific），第 2.1(a) 條規定，[20] 如授予機關或其運作所根據的立法將補貼獲得明確限於某些企業，則此種補貼應屬於特定性補貼（Specific Subsidies）。爭端解決小組考量了第 2294 號法案的標題「航空產業—稅收措施」（Aerospace Industry – Tax Incentives）及第 1 節的條文。法案第 1 節規定 [21]「本州人民已從航空產業在華盛頓州的存在中獲益」、「透過稅收激勵來鼓勵產業的持續存在符合公共利益」。[22]

爭端解決小組認為，第 2294 號法案在表面上將稅收補貼明確和毫無含糊地限於（explicitly limits）製造商用飛機或飛機零組件的企業，構成第 2 條之下有關補貼限於「某些產業」（certain enterprises）。但爭端解決小組認為，判斷涉案補貼是明確限於（unambiguously limited）某些企業還是可廣泛獲得，還要有必要審查 B&O 稅收體制本身，尤其是授予機關發布的立法和文件。由於美國未能證明（submissions and evidence are not sufficient）對不同產業的減稅更是廣泛、普遍獲得和明確的減稅計畫的一部分。最終，爭端解決小組裁定構成補貼的三種稅收措施，均具有特定性（specific）。[23]

（二）埃佛雷特市 B&O 稅減稅（City of Everett local B&O tax reduction）

埃佛雷特市的 B&O 稅減稅適用於在該市發生的所有商業活動（all business activities），根據該市法規，稅率為 0.1%。於 2004 年 2759 — 04 法令（Ordinance 2759-04 in 2004）規定了 2006 年至 2023 年減稅政策，對於 2006 至 2023 年年度產值在一定數額以內的部分，適用 0.1% 的稅

---

[20] SCM 協定第 2.1 條 (a) 規定：為確定第一條第一項定義之補貼是否係對提供補貼機關轄區內單一事業或產業或一群事業或產業（本協定簡稱為「若干事業」）之特定補貼，應適用下列各項原則：提供補貼機關，或該機關之運作所遵循之立法，明確限定一補貼僅適用於若干事業者，該補貼應屬特定補貼。

[21] 其原文為："...... the people of the state have benefited from the presence of the aerospace industry in Washington state ...... it is in the public interest to encourage the continued presence of this industry through the provision of tax incentives."

[22] WT/DS353/R, para. 7.198.

[23] Ibid., paras 7.302-303.

率,超過部分適用稅率僅為 0.025%。[24]

爭端解決小組認為,若不是 2759 — 04 法令的規定,所有的製造業收入都將適用 0.1% 的標準稅率。在此基礎之上,爭端解決小組裁定存在 SCM 協定第 1.1(a)(1)(ii) 條所指的財務補助(financial contribution),即放棄在其他情況下應徵收的政府稅收,並授予了一項利益。[25]

關於特定性(specific),爭端解決小組認為,由於只有波音公司才能滿足減稅的門檻,獲得補貼,故減稅措施明顯屬於 SCM 協定第 2.1(c)[26] 所指的「有限數量的某些企業使用補貼計畫」,具有事實特定性。[27]

爭端解決小組的結論認為,埃佛雷特市的 B&O 稅減稅措施構成 SCM 協定第 1 條與第 2 條下的特定性補貼(Specific Subsidies)。[28]

(三)根據「波音鼓勵計畫」提供的 Olympus 項目協議(MSA)補貼

MSA 於 2003 年 12 月 19 日簽署,規定了波音就 Olympus 項目在該州設立工廠並經營的條款與條件,以及有關的約定、承諾和保證。歐體認為,MSA 下的多項措施構成補貼。[29]

MSA 下有一項員工培育計畫,歐體認為,MSA 規定的員工發展計畫和就業資源中心(Employment Resource Center,以下稱 ERC),構成支付提供除一般基礎建設之外的貨物或服務,或潛在的資金直接移轉。

---

[24] Ibid., paras 7.306-308.

[25] Ibid., paras 7.328-329.

[26] SCM 協定第 2.1 條 (c) 規定:為確定第一條第一項定義之補貼是否係對提供補貼機關轄區內單一事業或產業或一群事業或產業(本協定簡稱為「若干事業」)之特定補貼,應適用下列各項原則:若適用前述 (a)、(b) 兩款規定之原則,認為不似具備特定性,但有理由認為該補貼實際上可能為特定補貼時,則可考慮其他因素,諸如:僅少數若干事業利用一補貼計畫,或以若干事業為主要利用者;或以不成比例之大筆金額補貼若干事業,或提供補貼機關於決定授與補貼時有以行使裁量權之方式為之者。適用本款規定時,應考慮提供補貼機關轄區內經濟活動多元化之程度及所已施行補貼計畫時間之長短。

[27] WT/DS353/R, para. 7.344.

[28] Ibid., para. 7.354.

[29] Ibid., paras. 7.355-357.

美國未作出抗辯。[30]

　　爭端解決小組裁定這構成 SCM 協定第 1.1 (a)(1)(iii) 條 [31] 規範下之財務補助（financial contribution）。[32]

　　關於利益部分，爭端解決小組認為沒有證據顯示波音曾對華盛頓州提供的貨物或服務支付任何報酬，故其獲得了利益。

　　爭端解決小組認為員工發展計畫（ERC）旨在滿足波音、供應商和波音指定方之需求，並非在整個經濟中可廣泛獲得的（is not sufficiently broadly available throughout an economy）；對於 ERC，MSA 規定供給波音公司擁有五年設施專用權（exclusive use），該排他使用是對補貼獲得的明確限制。為此，爭端解決小組裁定員工發展計畫和 ERC 均具有特定性。[33]

　　對於歐體提出的其他措施，如改善道路、鐵路駁船轉運設施的建設、港口南終點站、免除降落費及提供協調人等等，爭端解決小組裁定，歐體未能證明其構成補貼。[34]

三、堪薩斯州和市的減稅政策與債券

　　堪薩斯州市或縣代表私營實體發行工業收入債券（Industrial Revenue Bonds，以下稱 IRB），出售給一般公眾。在 IRB 期限之內，市政府對資產擁有所有權，並將財產出租給私營實體（private entities），租金用於向公眾債券持有人支付本金和利息。在 IRB 期限之內，私營實體從免除某些利益、財產和銷售稅之中獲得利益。在 IRB 到期時，所有權移轉給所涉之私營實體。但對於波音公司和後來的 Spirit 公司，IRB 的營運有所不同。這兩家公司自己購買了 IRB，可見波音公司和 Spirit 公司利用 IRB，不是為了融資，而是利用 IRB 的財產和銷售稅免稅。自 1979

---

[30] Ibid., paras. 7.590-592.

[31] SCM 協定第 1.1 條 (a)(1)(iii) 規定：就本協定之目的而言，如有下列情況應視為有補貼之存在：會員（本協定簡稱為「政府」）境內有由政府或任何公立機構提供之財務補助者，即：政府提供一般基本設施以外之商品或勞務，或收購商品。

[32] WT/DS353/R, paras. 7.560-565.

[33] Ibid., paras. 7.584-587.

[34] Ibid., para. 7.597.

以來，每年均向波音公司和 Spirit 公司發行 IRB。[35]

　　爭端解決小組認為，IRB 立法對使用 IRB 資金購買的資產減稅，構成堪薩斯州課稅一般規則之例外，故裁定 IRB 計畫構成第 1.1(a)(1)(ii) 條之政府放棄稅收，並授予了利益。[36]

　　關於特定性，爭端解決小組分析了第 2.1(c) 條列舉的有關因素。其一、關於「主要使用」（predominant use），爭端解決小組認為，「主要使用」是指對某一補貼計畫的主要使用。因此，應統計波音公司 Spirit 公司對爭議補貼計畫的使用狀況。根據相關統計，波音公司和 Spirit 公司共獲得了 69% 的相關 IRB。[37]

　　爭端解決小組在評估波音公司和 Spirit 公司是否被授予了「不成比例的大量補貼」（Disproportionately Large Amount）時，比較了波音公司和 Spirit 公司獲得的補貼比率與其在經濟中所佔比率，結論肯定了事實特定性（de facto specific）的存在。[38]

　　其二、關於不成比例之大量補貼（Disproportionately Large Amount），爭端解決小組決定比較波音公司在製造業部門的就業比率。波音公司和 Spirit 公司獲得的 IRB 比率，與其在製造業部門的地位相比，存在明顯懸殊，構成「不成比例」的初步證據。鑑於美國沒有提供令人信服的反駁，爭端解決小組裁定波音公司和 Spirit 公司獲得了不成比例的大量補貼，減稅對某些企業具有事實上的特定性（de facto specific to certain enterprises）。[39]

　　綜上，爭端解決小組認為鑑於不成比例地給予了波音公司 Spirit 公司減稅，補貼具有 SCM 協定第 2.1(c) 條規定下的特定性。在此基礎之上，堪薩斯州和市發行 IRB 導致的減稅，構成 SCM 協定下特定性補貼（Specific Subsidies）。[40]

---

[35] Ibid., paras. 7.648-664.

[36] Ibid., paras. 7.692-712.

[37] Ibid., para. 7.713.

[38] Ibid., paras. 7.755-769.

[39] Ibid., para. 7.842.

[40] Ibid., para. 7.890.

四、伊利諾州和市的激勵措施

　　歐體認為，伊利諾州和市為 2001 年波音公司將其總部搬遷到芝加哥提供了 4 項激勵措施，其中包括：補償 50% 的搬遷費用（the reimbursement of up to 50 per cent of the relocation expenses incurred by an eligible business）、15 年稅收抵免（the granting of 15-year Economic Development for a Growing Economy（"EDGE"） tax credits to an eligible business）、20 年地方財產稅減稅或退稅（the abatement or refund of a portion of local property taxes of an eligible business for up to 20 years），以及芝加哥市支付 100 萬美金以令波音公司新總部建築的前租戶退約（retire the lease of the previous tenant）。這構成特定性補貼。前 3 項措施來自伊利諾州《企業總部移址法》（State of Illinois' Corporate Headquarters Relocation Act，以下稱 CHRA）。[41]

　　爭端解決小組認定存在財務補助（financial contribution）和利益，構成補貼。在特定性問題上，首先，由於租賃終止協議僅適用於波音公司，故退租支付具有法律上的特定性（de jure specific）。其次，由於下列原因，另 3 項措施具有事實上的特定性（de facto specific）。波音公司是符合「適格企業」（eligible business）定義且具有「合格項目」（qualifying project）的唯一一家公司，也是曾經獲得此等補貼的唯一一家公司。由於申請補貼的法定期限已經截止，波音公司以外的其他公司將不能獲得該等補貼，根據各種政府出版物、州議會議員的發言以及報導等等，波音公司是曾獲得和將會獲得這些補貼的唯一一家公司，並無巧合（these subsidies is no coincidence），CHRA 是為波音公司量身訂作的。[42]

　　基此，爭端解決小組認定具有特定性。綜上，爭端解決小組裁定伊利諾州和市提供給波音公司的上述 4 項激勵措施構成 SCM 協定下的特定性補貼（Specific Subsidies）。[43]

五、美國國家航空太空總署（NASA）的航空器研發

[41] Ibid., paras. 7.891-902.

[42] Ibid., paras. 7.917-928.

[43] Ibid., paras. 7.929,7.939.

　　歐體認為 NASA 根據 8 項 R&D 研發計畫（aeronautics R&D programmes），為波音公司航空研發提供了資金和支持，構成 SCM 協定第 1.1(a)(1)(i) 條[44]「直接資金移轉」，或第 1.1(a)(1)(iii) 條「提供貨物和服務」形式之財務補助（financial contribution），是特定性補貼。

　　歐體指控的措施包括在根據與航空有關研究暨發展計畫（aeronautics R&D programmes）與波音公司簽定的研發契約和協議（R&D contracts）中，NASA 向波音公司提供了付款，並讓波音公司自由使用 NASA 的設施、設備以及人員[45]。

　　關於向波音公司提供支付和 NASA 的設施、設備及人員等是否構成財務補助（financial contribution），爭端解決小組先後審查了兩個問題；其一，購買服務之交易是否在 SCM 協定第 1.1(a)(1) 條定義的財務補助範圍內（whether transactions properly characterized as purchases of services are excluded from the scope of Article 1.1(a)(1)）；其二，NASA 與波音公司簽署的研發契約是否屬於「購買服務」（whether NASA's R&D contracts with Boeing are properly characterized as purchases of services）。對於第一個問題，爭端解決小組認為，結合上下文（read in their context）考慮第 1.1(a)(1)(i) 條，可以知道當事方意圖將購買服務排除在第 1.1(a)(1)(i) 條範圍之外（the parties intended to exclude purchases of services from the definition of Article 1.1(a)(1)）[46]。

　　SCM 協定的目的與宗旨，以及協定的準備工作和締約的狀況來看，也支持相同結論。爭端解決小組接下來審查了 NASA 與波音公司簽署的研發契約是否屬於「購買服務」（purchases of services）。爭端解決小組認為，這些契約能否被認定為「購買服務」（purchases of services），取決於波音公司在契約中內容之工作性質（properly characterized）。由於波音公司在研發契約之下所展開的工作，主要是為了自己的利益與使

---

[44] SCM 協定第 1.1 條 (a)(1)(i) 規定：就本協定之目的而言，如有下列情況應視為有補貼之存在：會員（本協定簡稱為「政府」）境內有由政府或任何公立機構提供之財務補助者，即：政府措施涉及資金（例如補助金、貸款及投入股本）之直接轉移，資金或債務可能之直接轉移（例如貸款保證）。

[45] WT/DS353/R, para. 7.940.

[46] Ibid., para. 7.948.

用，而非為政府的利益而為使用，故交易不構成「購買服務」[47]。

因此，爭端解決小組認為，在這些契約之下向波音公司提供的付款屬於資金直接移轉，且使波音公司可使用 NASA 的設施、設備與人員，構成政府提供貨物或服務。

爭端解決小組認為，在商業交易中，如果一實體主要為自身的利益和使用進行研發活動，其他實體不會向該實體提供付款（或設備或人員）。為此，爭端解決小組認定授予了利益（benefit），並因此，NASA 透過研發計畫向波音公司提供付款和 NASA 的設施、設備與人員，構成補貼[48]。

美國沒有質疑航空研發補貼計畫具有 SCM 協定第 2.1(a) 條法律上的特定性（de jure specific），僅提出很多美國產業都使用 NASA 的風洞服務（wind tunnel services）之抗辯，但爭端解決小組在審查證據後認為，NASA 風洞服務的主要使用者是航空太空產業（NASA's wind tunnel services are 'used by a wide range of industries across the U.S. economic spectrum）之主張並不足採，而仍屬對「某一企業或產業，或一組企業或產業」而具有特定性[49]。

綜上，爭端解決小組裁定，NASA 的航空研發補貼構成 SCM 協定下的特定性補貼。

六、美國國防部（DOD）和美國商務部（DOC）的航空研發

歐體認為，DOD 向波音公司付款並准許波音公司進入其設施，進行可用於軍事和商業飛機的兩用技術的研發，構成具有特定性的補貼。關於財務補助，爭端解決小組適用了有關上述 NASA 航空研發是否構成財務補助的推理，認為 SCM 協定第 1.1(a)(1) 條排除了購買服務（purchases of services），而 DOD 研發契約主要是為了 DOD 的利益與使用，屬於購買服務（purchases of services），故不構成財物資助，也無

---

[47] Ibid., paras. 7.955-958.

[48] Ibid., para. 7.1110.

[49] Ibid., paras. 7.1045-1049.

必要裁定其是否授予了利益；但研發的協助協議主要是為了波音公司的利益與使用，不屬於購買服務，根據這些協議向波音公司的付款，構成資金直接移轉；准許波音公司獲得其設施，構成政府提供貨物或服務[50]。

爭端解決小組適用了上述 NASA 航空研發是否授予利益的推論，認為在協助協議（R&D contracts and agreements）下向波音公司提供的財務補助，授予了利益。最終，爭端解決小組裁定，DOD 根據研發計畫向波音公司提供的某些付款和准入設施，構成 SCM 協定下的補貼，並具有第 2.1(a) 條法律上的特定性[51]。

歐體認為，DOC 對波音公司提供付款，實施「先技術項目」（the Advanced Technology Program，以下稱 ATP）下的研發，構成特定性補貼（Specific Subsidies）[52]。

美國認可 DOC 向波音公司提供的研發資金構成補貼，但認為該補貼不具有特定性。

爭端解決小組認為，補貼提供給相當有限的一「組」（group）企業或產業，才具有 SCM 協定第 2 條所指的特定性。分析表示，存在一個臨界點（tipping point），在這個臨界點之上，補貼的獲得將不再被視為限於「某些企業」（particular limited group of enterprises or industries），而是在整個經濟範圍內可「相當廣泛地獲得」（sufficiently broadly available throughout an economy），不再具有特定性。此臨界點將依個案而會有所不同（case-by-case basis）[53]。

在本案中，爭端解決小組不認為「從事高風險、高報酬、新興技術研發的美國企業或產業」（high risk, high pay-off, emerging and enabling technologies），構成 SCM 協定第 2 條所指的相當有限的一組企業或產業。有關 ATP 資金開支的證據也表明，從事「從事高風險、高報酬、新興技術研發的美國企業或產業」並非有限的一組企業或產業。並且，爭端

---

[50] Ibid., paras. 7.1115-1116.

[51] Ibid., paras. 7.1197-1198.

[52] Ibid., para. 7.1212.

[53] Ibid., paras. 7.1235-1240.

解決小組發現 ATP 法令對目的的表述更寬泛，即 ATP 的目的是協助美國商業創造和採用通用技術和研究成果，以使重要的科學新發現和技術迅速商業化，並改善製造技術[54]。

　　爭端解決小組同時駁回了歐體關於特定性的另外兩項論據，最終認定歐體未能證明補貼之特定性。

　　綜上，爭端解決小組裁定 DOC 透過 ATP 向波音公司參與的合資企業或財團提供付款，構成補貼，但歐體未能證明這些補貼具有 SCM 協定第 2 條所指的特定性[55]。

七、FSC/ETI 稅賦優惠措施是否構成禁止性補貼

　　歐體認為，FSC/ETI[56] 稅賦優惠措施 （Foreign Sales Corporation and Extraterritorial Income Exclusion）和後續立法以出口實績為條件，違反了 SCM 協定第 3.1(a) 條[57] 和第 3.2 條[58]，請求爭端解決小組建議美國立即撤銷禁止性補貼。歐體將系爭措施概括為「FSC/ETI 和後續立法補貼」，涉及美國國內稅收法關於外國銷售公司（FSC）的原規定、2000 年 FSC 廢除和域外收入排除法（ETI）、2004 年《美國創造就業法》（American Jobs Creation Act of 2004，以下稱 AJCA）和 2005 年《稅收增加防範與和解法》（the Tax Increase Prevention and Reconciliation Act of 2005，以下稱 TIPRA）[59]。

　　歐體的請求涉及波音公司在於 FSC 的原立法和 ETI 法案下享受的稅收優惠，以及根據 ETI 法和 AJCA 過渡期和祖父條款（grandfather provisions）繼續享有的稅收優惠；TIPRA 則是根據 ETI 法和 AJAC「有

---

[54] Ibid., paras. 7.1242-1246.

[55] Ibid., para. 7.1257.

[56] 美國政府依照其國內法規定海外銷售公司 (Foreign Sales Corporations，FSC) 聯邦系統下的稅賦優惠，以及其後持續以 2000 年域外所得稅排除法 (Extraterritorial Income Exclusion Act of 2000，ETI) 等法案提供優惠。

[57] SCM 協定第 3.1 條 (a) 規定為：除「農業協定」另有規定外，下列屬於第一條規定範圍內之補貼，應予禁止：法律上或事實上以出口實績為單一條件或數條件之一而提供之補貼，包括附件一所例示者。

[58] SCM 協定第 3.2 條規定為：會員不得授與或維持前項所定之補貼。

[59] WT/DS353/R, para. 7.1399.

拘束力契約」（binding contracts）祖父條款（grandfather provisions）提供的補貼尚未完全廢除的證據[60]。

美國不否認違反 SCM 協定第 3.1(a) 條和第 3.2 條，但認為鑒於先前 FSC/ETI 案，爭端解決小組和上訴機構已經裁定涉案補貼為禁止性補貼（prohibited subsidies），歐體的訴求是多餘的，再次做出裁決不會增加先前裁決或建議的效力或效果[61]。

爭端解決小組認為，在本案爭端解決小組成立之前，原 FSC/ETI 立法已不適用，但根據 AJCA，ETI 的稅收優惠在特定情況之下仍可獲得。因此，在爭端解決小組成立之時，在波音公司利用 AJCA 和 ETI 過度期和祖父條款（grandfather provisions）的範圍內，FSC/ETI 措施仍然存在。

爭端解決小組最終裁定，在爭端解決小組成立之時，波音公司根據 ETA 法和 AJCA 過渡期和祖父條款（grandfather provisions）獲得稅收優惠，構成法律上以出口實績為條件之補貼，美國違反了 SCM 協定第 3.1(a) 條和第 3.2 條。對於歐體提出的其他項目，爭端解決小組一一駁回，理由是歐體未證明其具有 SCM 協定第 2 條規定之特定性[62]。

八、不利影響

歐體認為，美國透過向波音公司提供補貼，對歐體的利益造成 SCM 協定第 5(c) 條[63] 所指的「不利影響」（adverse effects），即「嚴重損害」（Serious Prejudice）。具體而言，包括在世界市場上造成「大幅價格抑制」（significant price suppression）、「大幅銷售損失」（significant lost sales）以及威脅，以及在美國和第三國市場上的「替代或阻礙」（displacement and impedance）及威脅[64]。

當事人雙方同意大型飛機市場是個全球市場。歐體試圖透過 2004 年至 2006 年的統計數據，以證明補貼在三個大型飛機產品市場上對

---

[60] Ibid., paras. 7.1459-1462.

[61] Ibid., paras. 7.1400-1405.

[62] Ibid., paras. 7.1463-1462.

[63] SCM 協定第 5 條 (c) 規定為：會員不得藉使用第一條第一項及第二項所指之任何補貼，而對他會員造成不利效果，即對另一會員利益之嚴重損害。

[64] WT/DS353/R, paras. 7.1593-1595.

其造成嚴重損害：100 至 200 座單通道大型飛機市場（the 100-200 seat single-aisle LCA market）、200 至 300 座寬體客機大型飛機市場（the 200-300 seat wide-body LCA market）和 300 至 400 座寬體大型飛機市場（the 300-400 seat wide-body LCA market）。對於每一個市場，歐體都指明了波音公司受補貼的（subsidized）飛機，以及空中巴士相對應的、在同一大型飛機產品市場上進行競爭的「同類」（like）飛機，以及每一大型飛機產品市場上具體的嚴重損害形式（specific forms of serious prejudice）[65]。

歐體認為，對波音公司提供的補貼造成的嚴重損害表現為「技術影響」（technology effects）和「價格影響」（price effects）。前者係指航空研發補貼在某些關鍵技術領域向波音公司提供了有價值的技術、知識、經驗和信心，使波音公司能夠提早若干年生產並出售技術創新的 787 系列飛機，這對在 200 至 300 座寬體客機產品市場上進行競爭的空中巴士大型飛機產生不利影響；後者係指補貼產生的額外現金流提高了波音公司在與其他空中巴士公司的競爭性推銷活動中降低大型飛機價格的能力[66]。

爭端解決小組分別分析了「技術影響」（technology effects）和「價格影響」（price effects），在進行分析之前，爭端解決小組指出，儘管 SCM 協定中第 6.3 條[67]沒有使用「導致」（cause）一詞，但仍需要證明在補貼和特定形式的嚴重損害之間存在因果關係（causation），即在爭議補貼與替代或阻礙（displacement and impedance）、大幅銷售損失（significant lost sales）或大幅價格抑制（significant price suppression）等

---

[65] Ibid., paras. 7.1596-1598.

[66] Ibid., para. 7.1657.

[67] SCM 協定中第 6.3 條規定為：有下列任一情況時，可能發生第五條第 (c) 項所稱之嚴重損害：補貼之效果係排除或妨礙他會員之同類產品輸入提供補貼會員之市場者；補貼之效果係排除或妨礙同類產品從第三國市場出口另一會員者；補貼之效果，使受補貼之產品價格在同一市場較另一國之同類產品大幅削價，或在同一市場有大幅價格壓抑、降價或喪失銷售機會者；補貼之效果，使提供補貼之會員特定受補貼之初級產品或商品，在全球市場佔有率較其前三年之平均佔有率增加，且增加在授與補貼後有持續成長之趨勢。

之間存在真實和實質性的因果關係（causation）[68]。

（一）航空研發補貼對波音公司開發 787 飛機技術之影響（technology effects）

歐體認為就整體而言，若是沒有（but for）航空研發補貼，波音公司不會在 2004 年 4 月首飛 787 系列大型飛機，並相對於 A330 和 Original A350 獲得商業上的成功（commercial success），波音公司也不能簽署契約，自 2008 年起交付大量的 787 飛機[69]。

爭端解決小組支持了歐體的立場，並認為美國聯邦航空補貼的核心目標是提高美國產業，尤其是波音公司相對於國際競爭對手的競爭力和擴大市場占有率（enhancement of the competitiveness and increase of the market share）。爭端解決小組考量了與這些補貼有關的多種因素。爭端解決小組認為 NASA 研發補貼是具有重要和廣泛商業影響的戰略性研發計畫，與美國產業合作，透過為私人不太可能自己投資的高風險和高回報研究提供資金，提高美國產業的競爭優勢。而透過 RD T&E 項目下 Mantech 和 DU S&T 計畫供資的 DOD 航空研發補貼，側重於透過與美國產業的合作發展兩用技術[70]。

爭端解決小組的結論是，航空研發補貼對波音公司開發 787 技術做出了真正和實質性的貢獻（contributed in a genuine and substantial way to Boeing's development of technologies），根據大型飛機產業的競爭環境，這些補貼使波音公司獲得了競爭性優勢。

爭端解決小組接下來審查在 2004 年到 2006 年間，航空研發補貼產生的競爭優勢，是否對空中巴士 200 至 300 座寬體大型飛機產品的銷售和價格產生了影響。根據有關證據，爭端解決小組裁定，航空研發補貼的影響是在 200 至 300 座寬體大型飛機產品市場上，造成 SCM 協定第 6.3(b) 條所指的威脅替代或阻礙歐體向第三國出口，以及第 6.3(c) 條所指的大幅銷售損失、大幅價格抑制，對歐體利益構成第 5(c) 條所指之嚴

---

[68] WT/DS353/R, paras. 7.1794-1800.

[69] Ibid., para. 7.1801.

[70] Ibid., para. 7.1802.

重損害[71]。

（二）系爭補貼對波音公司 737NG、777 和 787 飛機價格行為 的影響（Effects on Boeing's pricing of subsidies）

歐體主張，涉案補貼或者降低了波音的邊際單位成本，或者增加了波音公司的非營業現金流，從而影響到波音公司的價格行為。關於非營業現金流，爭端解決小組認為，鑒於已根據研發補貼的技術影響認定其在 200 至 300 座寬體大型飛機產品市場上對歐體造成嚴重損害，若再從其增加波音公司現金流的價格影響角度分析其影響，將導致多重計算，故應排除研發補貼。剩餘的金額相對較小，且與波音公司生產或銷售大型飛機無直接關聯[72]。

爭端解決小組認為，基於此等補貼的性質和金額，其對波音公司價格的影響不會對歐體利益造成嚴重損害。關於降低波音公司邊際單位成本對波音公司訂價的影響，涉及兩項補貼，即FSC/ETI免稅和課稅豁免，以及華盛頓州和埃弗雷特市 B&O 稅減稅[73]。

爭端解決小組認為，FSC/ETI 補貼係旨在增強波音公司競爭力的出口補貼，其與 B&O 稅補貼一起使波音公司的價格低於具有商業合理性的價格，以保障原本不能獲得的銷售，或者在其他情況之下，使空中巴士只能降低價格已獲得銷售。並且，由於這些補貼使波音公司在過去從空中巴士手中贏得了銷售，它們將穩固確立波音為現任供應商，未來向相同客戶銷售同一系列的飛機時，在轉換成本上對空中巴士具有優勢。因此，爭端解決小組認定，這兩項補貼產生的影響是大幅抑制與波音公司進行競爭的空中巴士銷售價格，導致空中巴士大幅銷售損失，以及替代或阻礙歐體向第三國的出口[74]。

基於上述分析，爭端解決小組裁定，補貼造成了第 5(c) 條和第 6.3 條所指之嚴重損害，美國有義務採取適當措施消除補貼的不利影響或撤

---

[71] Ibid., para. 7.1803.

[72] Ibid., para. 7.1825.

[73] Ibid., para. 7.1826.

[74] Ibid., para. 7.1828.

銷補貼。

　　爭端解決小組最終之結論為，對於禁止性補貼，裁定在本爭端解決小組組成時仍然有效的 FSC/ETI 措施違反 SCM 協定第 3.1(a) 條和第 3.2 條，但歐體未能證明華盛頓州第 2294 號法案提供的 B&O 稅補貼，以及埃佛雷特市提供的 B&O 稅補貼，分別造成 200 至 300 座寬體客機大型飛機市場、100 至 200 座單通道大型飛機市場和 300 至 400 座寬體大型飛機市場上的大幅價格抑制、大幅銷售損失和替代或阻礙（或威脅替代或阻礙）向第三國市場的出口，故美國對歐體的利益造成嚴重損害。

　　對於禁止性補貼，基於前述說明的原因，爭端解決小組未根據第 4.7 條做出建議，美國外國銷售公司案爭端解決小組的建議依然有效，對於可控訴補貼，爭端解決小組建議，對於給歐體利益造成不利影響的所有補貼，美國採取適當措施消除不利影響或撤銷補貼[75]。

肆、上訴機構裁決內容所涉爭點

一、SCM 協定附件 5：蒐集關於嚴重損害資訊的程序

　　在上訴程序中，歐盟請求上訴機構裁定附件 5 程序的發起是「應請求」經反向一致和／或自動發起，還是經協商一致的 DSB 決定發起[76]。

　　上訴機構推翻了爭端解決小組的裁定，認為附件 5 第 2 段使用了「強制性語言」規定 DSB 發起資訊蒐集程序的責任。很明確的，DSB 發起程序的兩個條件是：(1)、一成員提出了發起程序的請求；(2)、DSB 成立爭端解決小組。一旦某一成員提出了發起附件 5 程序的請求，且爭端解決小組成立，DSB 就應履行發起附件 5 程序的義務[77]。

　　上訴機構認為，假如適用美國主張的協商一致原則，只要一個 WTO 成員正式反對，附件 5 程序就無法發起。上訴機構尤其強調了附件 5 程序在嚴重損害爭端中的重要性[78]。

---

[75] Ibid., paras. 7.1835-1853.

[76] WT/DS353/AB/R, para. 480.

[77] Ibid., para. 492.

[78] Ibid., para. 500.

此外，上訴機構還裁定爭端解決小組錯誤地拒絕了歐盟有關附件 5 程序的請求，但認為在申訴階段已沒有必要裁定本案是否已具備發起附件 5 程序的條件，並且上訴機構未裁定美國是否違反附件 5 第一段義務、歐盟是否有權根據可獲得的證據提出嚴重損害之訴、爭端解決小組是否有權依靠最佳可獲得資訊或做出不利推論[79]。

二、NASA 採購契約和 DOD 協助協議

（一）財務補助問題（Financial Contribution）

上訴程序中，歐盟請求推翻或修改爭端解決小組關於購買服務不屬於 SCM 協定第 1.1(a)(1) 條範圍之解釋；美國沒有對爭端解決小組的解釋提起上訴，而是質疑爭端解決小組對「購買服務」（purchases of services）標準的適用[80]。

上訴機構認為，爭端解決小組分析財務補助的思路古怪（odd approach），即先假設涉案措施的性質是購買服務，在分析完購買服務是否屬於 SCM 協定第 1.1(a)(1) 條範圍之後，在反過頭來分析涉案措施的適當定性（proper characterization of the measures）。上訴機構認為，符合邏輯的思路應為：先確定系爭措施的適當定性，再審查該類措施是否屬於 SCM 協定第 1.1(a)(1) 條範圍[81]。

1. NASA/DOD 措施的適當定性 (the proper characterization of the NASA/DOD measures)

被提起上訴的措施是 NASA 採購契約和 DOD 協助協議。上訴機構認為，國內法對某一交易的定性不具有決定性，需要評估措施的特徵。上訴機構首先分析了 NASA 與波音的交易，認為 NASA 向波音公司提供付款、設施、設備和人員從事研究，而波音公司也提供了自己員工的勞動力並使用了自己的設施，雙方之間的交易結合了非金錢資源和人員。而且，研究課題也是由 NASA 與美國航空產

---

[79] Ibid., para. 549.

[80] Ibid., para. 584.

[81] Ibid., para. 585.

業的合作協議確定的。NASA 和波音公司分享研究成果，對聯合研究結果的使用享有不同的權利。對研究結果的分享不對稱這一事實，並不改變研究是合作協議的結果[82]。

概括而言，上訴機構認為本交易在投入方面，由 NASA 提供資金，雙方結合非金錢資源；在產出方面，分享研究成果。因此，交易屬於合作協議，類似於某種類型的合資。DOD 與波音公司的交易，與 NASA 與波音公司的交易類似。在此基礎上，上訴機構認為 NASA 採購契約和 DOD 協助協議下的交易，類似於某種類型的合資[83]。

2. SCM 協定第 1.1(a)(1) 條規定涵蓋的財務補助類型（financial contributions under Article 1.1(a)(1)）

第 1.1(a)(1)(i) 條規定，資金直接移轉是財務補助的形式之一。此處的「資金」（funds），不僅是指金錢，還包括財政資源和其他一般性財政請求。第 1.1(a)(1)(iii) 條規定了兩種交易型態：政府「提供除一般基礎設施外的貨物或服務」，以及政府向企業「購買貨物」。第 1.1(a)(1)(iii) 條提及政府「購買貨物」，而沒有「購買服務」，爭端解決小組的解釋是 SCM 協定之起草者並不想讓「購買服務」第 1.1(a)(1) 條下的財務補助[84]。

上訴機構認為，就解決本案而言，無須解釋這一個問題。為此，上訴機構宣布爭端解決小組有關「購買服務」措施不屬於第 1.1 (a)(1) 條財務補助範圍之解釋是「沒有實際意義和沒有法律效力的」。上訴機構還宣布爭端解決小組關於 DOD 採購契約屬於「購買服務」，並因此不屬於財務補助的裁定是「無實際意義」。但上訴機構沒有完成這一問題的分析。

3. NASA 和 DOD 措施是否構成 SCM 協定第 1.1(a)(1) 條下的財務補助（financial contributions under Article 1.1(a)(1)）

---

[82] Ibid., paras. 605-608.

[83] Ibid., para. 611.

[84] Ibid., para. 618.

上訴機構認為，在 NASA/DOD 措施與 SCM 協定第 1.1(a)(1)(i) 條列舉的事項之間存在若干相似性。比方說，NASA 和 DOD 提供資金並期望獲得某種形式的回報，在承諾提供資金時，研究不確定是否能夠成功，風險限於提供的資金和機會成本，為項目提供了設施、設備和人員。基於這種共同性，上訴機構認為，NASA/DOD 措施屬於 SCM 協定第 1.1(a)(1)(i) 條之「資金的直接移轉」（direct transfer of funds）範圍。另外，波音公司可以獲得 NASA 的設施、設備和人員，以及 DOD 的設施，構成 SCM 協定第 1.1(a)(1)(iii) 條所指的提供貨物或服務[85]。

在此基礎之上，上訴機構認為，在 NASA 採購契約下向波音公司提供的付款，准許獲得 NASA 的設施、設備和人員，以及在 DOD 協助協議下向波音公司提供付款和准許其獲得 DOD 的設施，構成 SCM 協定第 1.1(a)(1) 條所指之財務補助[86]。

（二）利益問題 (Benefit)

美國對於爭端解決小組關於 NASA 和 DOD 措施構成財務補助並對波音公司授予了利益的裁定提起上訴。

上訴機構在以往爭端中澄清，市場為判斷是否授予了「利益」（Benefit）提供了適當的比較基礎。評估是否授予了利益，須比較涉案交易的條款和條件與當時市場上提供的條款和條件。上訴機構不贊同本案爭端解決小組確定利益之存在的市場基準，即一商業實體不會向另一商業實體付款，條件是該另一商業實體履行主要為了它的自身利益和使用的研發活動[87]。

上訴機構指出，爭端解決小組沒有指出哪些在案證據支持其觀點。上訴機構認為，不能先驗的排除兩個市場參與者之間不會進行回報分配不均的交易。一般而言，成本和收入如何劃分，除了其他因素之外，將取決於當事人之協商能力等等。基於上述理由，上訴機構不支持爭端解

---

[85] Ibid., para. 624.

[86] Ibid., para. 625.

[87] Ibid., paras. 635-636.

決小組關於 NASA 採購契約和 DOD 協助協議向波音公司授予了利益的論證[88]。

鑒於當事人向爭端解決小組提供了相關證據，並已交換了對適當的市場基準的觀點，上訴機構繼續完成了分析。上訴機構認為，與 NASA 採購契約和 DOD 協助協議相比，在案的市場交易舉例中智慧財產權的分配對委託人更有利，而對受託人較為不利。這證明，與在市場上可獲得的相比，波音公司獲得了更多；而 NASA 和 DOD 低於市場上可獲得的[89]。

在此基礎之上，上訴機構裁定，NASA 採購契約和 DOD 協助協議提供的資金和其他支持，對波音公司授予了 SCM 協定第 1.1(b) 條所指的利益[90]。

三、NASA/DOD 專利權分配的特定性（SCM Agreement Article 2.1 - Specificity）

在爭端解決小組階段，對於由 NASA/DOD 提供資金取得的技術之專利權的分配問題，爭端解決小組認為歐盟沒有提供證據證明這一觀點。歐盟提出上訴[91]。

歐盟上訴提出，爭端解決小組錯誤的認為美國政府「作為一個整體」（as a whole）可構成 SCM 協定第 2.1 條所指的「授予機關」（granting authority）。歐盟認為，授予機關是 DOD 和 NASA。

上訴機構指出，存在一個或多個授予機關（granting authority），對補貼的特定性不具有決定性。在審查補貼的特定性時，尤其是在補貼是由不同的授予機關根據一個更高的國內機關制定的綜合計畫提供時，應認定授予機關運作所依據的立法有沒有對補貼的獲得設定限制，或認定授予機關本身有無設定限制。基此，上訴機構認為，爭端解決小組認定 NASA 與 DOD 是否提供補貼時，根據在美國法之下，授予機關運作所

---

[88] Ibid., paras. 639-641.

[89] Ibid., para. 662.

[90] Ibid., para. 700.

[91] Ibid., para. 724.

依據之政府研發契約與協議進行專利權之分配，並不存在 SCM 協定第
2.1 條之解釋錯誤，故駁回了歐盟之上訴 [92]。

　　歐盟認為，由於只有航空公司有資格獲得 NASA 和 DOD 資金，
NASA/DOD 研發契約和協議可能產生的專利具有特定性。但上訴機構
指出，NASA/DOD 契約和協議下專利權之分配，是有關美國政府研發
契約和協議項下專利權分配地更廣泛立法和管理體系的具體適用。根據
分配研發契約和協議項下專利權的立法體系，很明顯的，有資格獲得被
訴補貼的不限於進行航空研發的一些企業。基於上述，上訴機構認為，
假如 NASA/DOD 契約和協議下專利權的分配可被視為一項獨立的補貼
（self-standing subsidy），其不認為該補貼被明確限於某些企業，從而具
有 SCM 協定第 2.1(a) 條所指的特定性 [93]。

　　歐盟在上訴中指控爭端解決小組未對其依據 SCM 協定第 2.1(c) 條
提出的事實特定性問題即作出裁定，獲得了上訴機構的支持。上訴機構
認為，第 2.1 條的各項原則必須予以同時適用。在字面上，SCM 協定第
2.1(c) 條認可第一項根據第 2.1(a) 條、第 2.1(b) 條兩項規定之「表面上
為非特定性」（appearance of non-specificity）的補貼，可能具有特定性。
在認定依據第 2.1(a) 條、第 2.1(b) 條兩項不具有特定性之後，爭端解決
小組仍須審查歐盟依據第 2.1(c) 條提出的訴求 [94]。

　　上訴機構接下來完成了有關 SCM 協定第 2.1 (c) 條的分析。上訴機
構認為，在分析事實特定性時，爭端解決小組應客觀評估當事人提供的
理由和論據。若爭端解決小組認定當事人提供的論據和證據不足以證明
存在事實特定性，就不需要更透徹的分析該條列舉的特定性要件。在本
案中，歐盟認為 NASA 和 DOD 在分配專利權時有自由決定權。但上訴
機構認為，歐盟沒有為此提供證據或援引爭端解決小組在案證據予以證
明。歐盟未質疑 DOD 從未行使自由決定權，阻止特定承包人保留權利；
歐盟有沒有主張 NASA 曾拒絕某一項棄權請求。歐盟的依據是波音公司

---

[92] Ibid., paras. 743-744.

[93] Ibid., para. 761.

[94] Ibid., para. 790.

所獲得 NASA 契約和 DOD 資金的比例[95]。

上訴機構認為，既然已假定分配專利權是獨立於研發契約和協議下付款和其他支持的補貼，那麼爭端解決小組對付款和其他支持特定性的裁定，不能用於證明專利權分配的特定性。因此，上訴機構認為歐盟未能證明分配專利權構成 SCM 協定第 2.1(c) 條所指的事實特定性（de facto specificity）[96]。

四、華盛頓州 B&O 稅減稅

爭端解決小組裁定，根據第 2294 號法案，適用於商業飛機和零組件製造商的 B&O 稅率降低，構成 SCM 協定第 1.1(a)(1)(ii) 條所指的財務補助。美國提起上訴，認為爭端解決小組未能適當地確定比較基準。[97]

上訴機構在此提及第 2294 號法案給予商業飛機和零組件製造商兩個階段的稅收優惠；一是 2005 年 10 月 1 日，將稅率從 0.484% 或 0.471% 降至 0.4235%；二是自 2007 年 7 月 1 日或「超高效飛機」（superefficient airplane）的最終裝配（final assembly）時（較晚者為準），將稅率再次降至 0.2904%。本案中，爭端解決小組已經裁定，如果第 2294 號法案未調整航空製造業稅率，近 80% 的製造業活動適用 0.484% 的稅率。為此，上訴機構認為，爭端解決小組將華盛頓州一般適用於製造業和批發活動（0.484%）和零售活動（0.471%）的稅收待遇作為比較基準是適當的，將該一般稅率與適用於商業飛機和零組件製造商的更低稅率（0.2904%）相比較，證明放棄了政府稅收。在此基礎上，上訴機構維持了爭端解決小組的裁定[98]。

美國對有關華盛頓 B&O 稅減稅措施的特定性認定提起上訴，認為爭端解決小組未能考慮補貼整體。本案爭端解決小組認定華盛頓州第 2294 號法案下適用於商業飛機及其零組件製造商的 B&O 稅減稅構成補貼，那麼就審查 SCM 協定第 2.1 條特定性而言，須審查的補貼就是

---

[95] Ibid., paras. 795-797.

[96] Ibid., para. 800.

[97] Ibid., para. 801.

[98] Ibid., paras. 820-823.

該減稅措施。爭端解決小組從第 2294 號法案的條款著手分析特定性，上訴機構認為這符合 SCM 協定第 2.1 條和上訴機構對該條款下審查範圍的理解。上訴機構注意到，爭端解決小組沒有將分析範圍侷限於第 2294 號法案下的減稅，而是審查了華盛頓州 B&O 稅制之整體。上訴機構認為，爭端解決小組正確的指出發生爭議的減稅措施可能是某一更廣泛的補貼計畫的組成部分，並正確地將分析的範圍擴展到 B&O 稅體制，並試圖確定根據這一廣泛的法律框架，其他企業或產業是否也可獲得相同的補貼。經分析之後，爭端解決小組不認為華盛頓州稅法中不同的 B&O 稅率，構成同一補貼計畫（即 B&O 稅減稅）的部分[99]。

上訴機構贊同爭端解決小組的觀點。為特定性審查之目的，一系列不同的稅率規定在稅法典的同一節，對它們能否構成同一補貼計畫的部分，並不具有決定性意義。第 2294 號法案也沒有表明，其是更廣泛補貼計畫的一部分，相反地，其表明立法意旨在於保持和吸引航空業。在此基礎之上，上訴機構維持了爭端解決小組有關華盛頓州 B&O 稅減稅具有特定性的裁定[100]。

五、威奇托市發行的 IRB 之事實上特定性

爭端解決小組以不成比例地給予了波音公司和 Spirit 公司 IRB 減稅為由，認定補貼具有特定性。美國提起上訴，尤其是爭端解決小組以波音公司和 Spirit 公司相對於威奇托市製造業總就業的就業水準，作為分析「不成比例」的基礎，沒有考量到該市經濟活動的多樣化程度[101]。

上訴機構注意到，如何確定某些企業被給予了不成比例的大量補貼，SCM 協定第 2.1(c) 條沒有提供清楚的指示。上訴機構不認同當事人和爭端解決小組的方法，即在是否不成比例問題上，側重於分析波音公司和 Spirit 公司在威奇托市經濟領域所占的就業比例[102]。

上訴機構認為，根據該條的文字，應首先確定給予的「補貼金額」；

---

[99] Ibid., paras. 838-850.

[100] Ibid., paras. 851-857.

[101] Ibid., para. 859.

[102] Ibid., para. 860.

其次，必須評估補貼金額是否不成比例。這要求爭端解決小組確定某些企業實際得到的「補貼金額」與按照資格條件分配的補貼相比，是否相對過大，如果差距懸殊，爭端解決小組應審查懸殊的原因，以最終確定是否給予了某些企業不成比例的大量補貼[103]。

上訴機構注意到，美國並未質疑波音公司和 Spirit 公司獲得了威奇托市在 1979 至 2005 年間發行的所有 IRB 的 69%。上訴機構認為，這令人有理由相信給予了某些企業不成比例的大量 IRB 補貼。美國提出威奇托市經濟多樣化程度低，主要集中於飛機生產。上訴機構認為，即便考慮到這一點，美國沒有提供證據證明波音公司和 Spirit 公司應獲得超過二分之三的 IRB 補貼。在此基礎之上，上訴機構以不同的理由維持了爭端解決小組關於特定性的裁定[104]。

六、不利影響

（一）技術影響（Technology Effects）

上訴機構逐一分析了美國提出的理由之後，未接受美國的觀點，並認定爭端解決小組有關研發補貼影響的事實分析無誤[105]。

關於補貼對空中巴士的影響，爭端解決小組裁定航空研發補貼的影響是在 200 至 300 座寬體大型飛機市場上，威脅替代或阻礙歐盟向第三國市場出口，並造成大幅銷售損失和大幅價格抑制。每一種影響都對歐盟利益造成 SCM 協定第 5(c) 條所指的嚴重損害。上訴機構分析了上述三種嚴重損害的問題：大幅銷售損失、替代和阻礙威脅，以及嚴重價格抑制[106]。

上訴機構指出，從爭端解決小組認定存在替代威脅的四個市場數據來看，證據只證明在澳洲地區波音公司替代了空中巴士市場比例。在其他三個第三國市場上，在提供了數據的所有年份中，波音公司都是唯一

---

[103] Ibid., paras. 877-878.

[104] Ibid., para. 889.

[105] Ibid., para. 891.

[106] Ibid., paras. 934-949.

的供應商。沒有數據顯示，在參考其之前、期間和此之後，空中巴士將
向上述第三國市場交付飛機。這意味著，在這些第三國市場上，波音公
司沒有替代或替代空中巴士 200 至 300 座寬體大型飛機的市場比例[107]。

關於阻礙威脅，上訴機構認為數據不足以證明波音公司在任何有關
第三國市場上存在「明顯趨勢」，而且爭端解決小組沒有解釋或推理其
是如何認定阻礙威脅的。在此基礎之上，上訴機構推翻了爭端解決小組
關於在冰島（Iceland）、肯亞（Kenya）和衣索比亞（Ethiopia）第三國
市場上存在替代或阻礙威脅的裁定。此外，上訴機構駁回了美國有關大
幅銷售損失和大幅價格抑制的上訴[108]。

在此基礎之上，上訴機構修改並維持了爭端解決小組的整體結論，
及對於 200 至 300 座寬體大型飛機市場，航空研發補貼透過其技術影響，
對歐盟利益造成 SCM 協定第 5(c) 條、第 6.3(b) 條和第 6.3(c) 條所指的
嚴重損害[109]。

（二）價格影響（Price Effects）

1. 爭端解決小組的因果關係分析是否適當（Whether the Panel conducted a proper causation analysis）

上訴機構從四個方面分析了爭端解決小組的因果分析是否適
當。其一，稅收補貼的性質。上訴機構認為爭端解決小組沒有將「貿
易扭曲影響」，等同於 SCM 協定第 5(c) 條和第 6.3 條所指的「嚴重
損害」或「不利影響」。

其二，稅收補貼的重要性[110]。上訴機構認為，分析補貼的價格
影響時，補貼的絕對和相對重要性都可能是相關的，都可能反映補
貼對價格的影響。爭端解決小組的分析主要側重於稅收補貼的絕對
數量，在駁回有關補貼相對重要性的證據時，未給予解釋。但上訴
機構注意到爭端解決小組在分析其他問題時分析了其他因素，也提

---

[107] Ibid., para. 952.

[108] Ibid., para. 1069.

[109] Ibid., para. 1090.

[110] Ibid., paras. 1146-1147.

出了其他理由。

其三，爭端解決小組與事實對應的分析[111]。上訴機構認為，爭端解決小組認為稅收補貼使波音公司能夠將價格降至具有經濟合理性的程度以下，但卻未解釋在何種情況下會發生此等降價，故不能一般性的認定這些補貼使波音公司降價，導致空中巴士的銷售損失或只能減價確保銷售。

其四，其他因素的影響[112]。上訴機構認為，當不利影響可能由多種因素導致時，儘管爭端解決小組不需要證明補貼是唯一獲實質性原因，但仍須證明其他因素不會沖淡補貼與不利影響之間的因果關係，滿足「真正且實質性」因果關係標準[113]。

2. 爭端解決小組對大幅價格抑制、大幅銷售損失和市場替代和阻礙的分析是否適當（Whether the Panel conducted a proper analysis of significant price suppression, significant lost sales, and displacement and impedance）

爭端解決小組認定稅收補貼使波音公司將價格降低至經濟合理的程度之下，但認為由於 FSC/ETI 計畫在 2000 年前有效，不可能透過觀察 2000 至 2006 年的市場比例和定價趨勢數據，分析 FSC/ETI 補貼的影響[114]。

上訴機構認為，即便爭端解決小組認為以定量的方式評估補貼影響效果可能不佳，也不能不去評估歐盟提出的其他論據和證據是否支持做出嚴重損害之裁定。當爭端解決小組的結論是透過推論得出時，爭端解決小組不僅應說明其作出了推論，還應明確寫明其依賴的相關結論，在這個結論基礎上做出的事實或法律性推論，為何這些推論是合理或必要的，以及這些推論是如何支持最終認定的[115]。

---

[111] Ibid., para. 1210.

[112] Ibid., paras. 1213-1214.

[113] Ibid., paras. 1215-1216.

[114] Ibid., paras. 1217-1219.

[115] Ibid., para. 1222.

　　因此，儘管爭端解決小組根據證據做出推論和結論並不罕見，但它仍需要對證據進行論證，以支持其推論和結論。上訴機構認為，爭端解決小組對大幅價格抑制、大幅銷售損失和市場替代和阻礙的分析均存在著問題，如未能分析證據，未能區分市場替代和阻礙的分析，未分析特定第三國市場上存在市場替代和阻礙等等[116]。

　　考量到以上原因，上訴機構裁定爭端解決小組推理中的缺點構成法律錯誤，並推翻了爭端解決小組有關美國的補貼造成大幅價格抑制、大幅銷售損失、市場替代和阻礙的裁定。上訴機構依據在案的證據完成了分析，認為 FSC/ETI 補貼和華盛頓州 B&O 稅減稅在 100 至 200 座大型飛機市場上造成嚴重損害[117]。

（三）補貼及其影響的結合評估（Collective Assessment of Subsidies）

　　歐盟在上訴中提出，爭端解決小組拒絕結合評估不同組補貼的影響，錯誤的解釋和適用 SCM 協定第 5(c) 條和第 6.3 條。爭端解決小組的方法是結合分析航空研發補貼的技術影響、結合分析稅收措施的價格影響以及剩餘其他補貼的共同價格影響[118]。

　　上訴機構提及了先前歐盟大型飛機案和美國棉花案結合評估補貼的作法，認為有兩種結合評估法。第一種方法是合併法（aggregation），將在設計、結構和運作上非常類似的補貼措施組合起來，在合併的因果關係中判斷它們的合併影響，確定這些補貼與 SCM 協定第 6.3 條所指之市場現象之間是否存在真正和實質性關聯[119]。

　　此時，爭端解決小組不需要認定每一個獨立的補貼計畫與相關市場現象之間存在真正和實質性的因果關係，或評估每一補貼在整組補貼中對影響的貢獻程度。第二種方法是累積法（cumulation），爭端解決小組先分析某一補貼或一組補貼的影響，確定其是否是構成不利影響的真

---

[116] Ibid., paras. 1257-1259.

[117] Ibid., para. 1274.

[118] Ibid., para. 1275.

[119] Ibid., paras. 1292-1293.

正和實質性原因。在得出結論後，爭端解決小組再評估其他單個補貼或一組補貼，是否是導致相同影響的真實原因，並補充了前一類補貼的影響[120]。

1. **爭端解決小組拒絕結合評估航空研發補貼和 B&O 稅減稅的影響是否有錯誤（Whether the Panel erred in declining to assess collectively the effects of the aeronautics R&D subsidies and the effects of the B&O tax rate reductions）**

上訴機構認為，累積不同類型補貼的影響是否可能或合適，必須根據特定案件的特定事實和情況回答，包括爭議補貼和他們與受補貼產品的聯繫、產生的影響，以及他們與 SCM 協定第 6.3 條市場現象之間的關係[121]。

在本案當中，爭端解決小組本應考慮 B&O 稅減稅的影響是否補充了航空研發補貼的影響，或換言之，累積他們的影響是否合適。就累積而言，當其他補貼與構成 SCM 協定第 6.3 條市場現象之真正和實質性原因的補貼，並未根據相同的因果路徑運作時，只要該等補貼對後一類補貼導致地相同市場現象有貢獻，也能證明真正的因果連繫。如此一來，該等補貼的影響，補充了構成市場現象真正和實質性原因的補貼的影響，並可以累積起來[122]。

對此，上訴機構認為爭端解決小組未能充分考量累積評估兩類補貼的可能性，未能考量在造成大幅銷售損失、大幅價格抑制以及替代和阻礙威脅方面，B&O 稅減稅的價格影響，是否補充了航空研發補貼的技術影響[123]。

2. **爭端解決小組拒絕結合評估稅收措施和其他補貼的影響是否有錯誤（Whether the Panel erred in declining to assess collectively the effects of the tied tax subsidies and the effects of the remaining**

---

[120] Ibid., paras. 1294-1295.

[121] Ibid., para. 1313.

[122] Ibid., para. 1320.

[123] Ibid., para. 1321.

subsidies）

　　由於爭端解決小組已經解釋稅收措施和其他補貼在運作上不相同，上訴機構認為爭端解決小組未事先合併分析這兩組補貼及其影響並無錯誤。但上訴機構認為，在已經裁定稅收措施是導致 100 至200 座和 300 至 400 座大型飛機市場上出口替代和阻礙、大幅銷售損失和大幅價格抑制的真正和實質性原因後，爭端解決小組未能累積評估其他補貼是否以類似於關聯性稅收補貼的方式影響著波音的價格，並補充關聯性稅收補貼的影響 [124]。

　　上訴機構認為，爭端解決小組不應侷限於分析其餘補貼自身是否構成嚴重損害的真正和實質性原因。在此基礎之上，上訴機構認為爭端解決小組未能累積分析其他補貼的價格影響，存有錯誤 [125]。

　　歐盟請求上訴機構完成分析。在經過累積分析之後，在其餘補貼之中，威奇托市 IRB 的影響補充了 FSC/ETI 補貼和華盛頓州 B&O稅減稅的價格影響，並在 100 至 200 座大型飛機市場上造成 SCM 協定第 5(c) 條和第 6.3(c) 條所指的大幅銷售損失形式的嚴重損害 [126]。

　　綜上，上訴機構推翻了爭端解決小組的下列裁定：(1)、關於附件5 資訊蒐集程序，爭端解決小組錯誤得拒絕了歐盟有關附件 5 程序的請求，上訴機構裁定當提出發起程序的請求且 DSB 設立爭端解決小組之後，DSB 自動發起附件 5 資訊蒐集程序。(2)、關於爭端解決小組的不利影響裁定，推翻了爭端解決小組關於價格影響的裁定，即在 100 至200 座和 300 至 400 座大型飛機市場上，FSC/ETI 補貼和 B&O 稅減稅對歐盟利益造成了嚴重損害；上訴機構完成了分析和認定在 100 至 200座大型飛機市場上，FSC/ETI 補貼和 B&O 稅減稅對歐盟的利益造成了嚴重損害 [127]。

　　認定在評估 DOD RDT&E 計畫的影響時，爭端解決小組違反了DSU 的 11 條客觀評估義務（objective assessment）。關於補貼及其影

---

[124] Ibid., paras. 1322-1323.

[125] Ibid., paras. 1327-1328.

[126] Ibid., para. 1337.

[127] Ibid., paras. 1338-1345.

響的合併評估，認定爭端解決小組未累積評估航空研發補貼的影響與
B&O 稅減稅的影響存有錯誤；推翻了爭端解決小組的其他結論。為此，
上訴機構建議 DSB 要求美國使其措施符合 SCM 協定下的義務，並建議
美國採取適當措施消除不利影響或撤銷補貼 [128]。

伍、案例評析與結論

本案是首件因 SCM 協定附件 5 程序的發起引發爭議的案件。爭議
的發生與 DS317 案和本案的牽連性有關。2004 年，歐盟起訴美國給予
其大型飛機製造商禁止性補貼與可控訴性補貼，即 WT/DS317 案，並
啟動和進行了 SCM 協定附件 5 程序。美國堅持歐盟成立爭端解決小組
的請求中不適當的囊括了原諮商請求中不存在的十三項措施，故在附件
5 程序中拒絕回應有關這十三項措施的資訊。為解決這一個問題，歐盟
重新提交了諮商請求和成立爭端解決小組請求，以涵蓋這些措施。

歐盟要求在本案中啟動附件 5 程序，遭到美國拒絕，理由是美國已
經在前一個附件 5 程序，即前 DS317 案，當中給予了廣泛的合作，歐
盟不能單方面尋求再次進行該繁瑣程序等。歐盟請求爭端解決小組做出
先行裁決，裁定附件 5 程序已經啟動，但未獲得爭端解決小組的支持。
爭端解決小組裁定 DSB 未曾採取任何行動，以發起附件 5 程序。這實
際上是一種事實判定。對於其中牽扯的法律問題，即發起附件 5 程序的
條件應該是協商一致的歐盟之主張，還是肯定的協商一致美國之主張，
爭端解決小組未予澄清。

上訴機構批評爭端解決小組拒絕處理法律問題的作法，認為爭端解
決小組的裁定僅部分的解決了爭議問題，是一種法律錯誤。上訴機構進
而確認了 DSB 發起附件 5 程序的兩項要件，即一成員提出了發起程序
的請求和 DSB 成立爭端解決小組。鑒於上訴當事方和第三參與方對附
件 5 程序的發起要件認識不同，上訴機構的澄清對未來 WTO 控訴補貼
之訴的進行有建設性的意義，並可促進多邊貿易體制的安全性和可預見
性。但若考慮到 WTO 爭端解決機制的其他方面，爭端解決小組的觀點

---

[128] Ibid., paras. 1347-1348.

並非沒有道理。

WTO 爭端實踐中，爭端解決小組和上訴機構報告的建議是針對違反協定的成員一方。上訴機構也承認其自身及爭端解決小組不能在特定爭端中審查 DSB 的行動，或指示 DSB 應採取何種行動。但本案上訴機構對附件 5 程序發起條件的解釋，將直接涉及 DSB 的行動。對於此類事件和相關規定，由 WTO 部長會議或總理事會作出權威解釋，似乎更為恰當。

本案對於可控訴補貼之訴的另一重要發展是關於補貼影響的評估方法。如上文所述，本案在以往爭端裁決的基礎上，總結和發展出了兩種不同的結合評估方法，即合併法和累積法。本案爭議的主要是後者。比如，爭端解決小組以航空研發補貼和 B&O 稅減稅補貼的運作和因果機制不同為由，拒絕合併評估兩者的影響。

在上訴中，上訴機構認定爭端解決小組未能充分考量累積評估兩類補貼影響的可能性。進行累積評估的條件是重點問題。美國認為，僅當不同的補貼以相同的方式產生影響時，才能累積評估不同補貼的影響。但歐盟認為，美國控訴歐盟和某些成員國大型飛機案（即 WT/DS317）上訴機構報告並未對累積評估施加該條件，只要已證明一組補貼是不利影響的真實和實質性原因，而其他補貼與相同的受補貼產品存在直接關聯時，就應該進行累積評估，無論這些補貼以何種方式產生影響。

上訴機構強調，當涉及多個補貼措施時，爭端解決小組應避免不適當的逐一分析單個補貼的影響，從而認定沒有一項補貼是相關不利影響的實質性原因。但上訴機構不願就何時應累積評估不同補貼的影響提出嚴格的標準，認為應依特定爭端的事實和情況而定，不存在任何先驗的理由（包括因果機制不同）可逕自排除累積法。因此，在設計、結構和運作等方面不相同的多個補貼項目，雖不滿足合併評估影響的條件，仍可進行累積評估。

另外需要注意的是，在許多頗有爭議的問題上，上訴機構雖推翻了爭端解決小組的裁定，但卻未作出明確認定，比如說，智慧財產權的分配和購買服務是否構成 SCM 協定第 1.1 條下的財務補助。對於前一個問題，爭端解決小組使用了「假設成立」（arguendo assumption）的方法，即假定智慧財產權的分配構成補貼，而逕自分析其特定性；最終以不具

有特定性為由拒絕支持歐盟的指控，迴避了智慧財產權分配是否構成財務補助的問題。

上訴機構雖不贊同爭端解決小組在本案中使用「假設成立」方法，但也僅審查了特定性問題，未正面分析是否構成財務補助。對於後一個問題，爭端解決小組裁定購買服務不屬於 SCM 協定第 1.1 (a)(1) 條所指的財務補助。在上訴中，歐盟請求上訴機構推翻或修改爭端解決小組的上述解釋。但上訴機構未將爭端方的上訴請求作為分析的出發點，審查購買服務究竟是否屬於財務補助，而是在批評爭端解決小組的分析思路古怪後（即先審查購買服務是否屬於 SCM 協定第 1.1 (a)(1) 條範圍，再分析涉案措施是否為購買服務），先分析系爭措施的適當定性。上訴機構裁定系爭措施的性質並非購買服務，而是類似於 SCM 協定第 1.1 (a)(1) (i) 條列舉的投入股本。

因此，上訴機構認為就本案而言，已不需要解釋購買服務究竟是否屬於財務補助，並宣布爭端解決小組的有關解釋沒有法律效力。WTO 會員形式多樣的政策措施，對 SCM 協定第 1.1 (a)(1) 條之財務補助的解釋帶來挑戰。本案迴避的這些解釋難題，或許會在將來的爭端中得以澄清。

歐盟電子商務的實踐：
支付服務制度的形成

林麗真

中國文化大學法律學系副教授

前言

　　隨著網路全球化、普及化，科技資訊的發達，App 軟體的便利使用，電子商務透過社群平台如臉書、Google、關鍵字與社群論壇及大數據的統計得以精準行銷，同時也改變消費者的購物習慣，消費者漸漸習慣於上網購物，交易規模範圍愈來愈廣，從縱向 B2C 的發展到 C2C 橫向平行的連結，許多新興的企業透過網路平台建立商機，共享經濟，如 Airbnb、Uber 等共享創新企業孕育而生。

　　針對電子商務的規範起始於聯合國於 1996 年通過「電子商務模範法」（UNCITRAL Model Law on Electronic Commerce）[1]；隨後歐盟則透過 1997 年發表的「歐洲電子商務行動方案」（European Initiative in Electronic Commerce），「歐盟遠距契約之消費者保護指令」（Directive 97/7/EC of the European Parliament and of the Council of 20 May 1997 on the Protection of Consumers in respect of Distance Contracts）[2]，以及 2000 年制定電子商務指令（Directive on electronic commerce）開啟歐盟電子商務的發展契機。美國於 1999 年針對電子商務的發展，修訂統一商法典第二篇，將之獨立出來更名為「統一電腦資訊交易法」（Uniform Computer Information Transactions Act, UCITA），及通過「統一電子交易法」

---

[1]　全文見 http://www.uncitral.org/english/texts/electcom/ml-ecomm.htm, accessed April 30, 2017.

[2]　http://europa.eu.int/comm/consumers/cons_int/safe_shop/dist_sell/index_en.htm, accessed April 30, 2017.

（Uniform Electronic Transaction Act, UETA），以統一各州對電子簽章與電子交易規範之歧異。我國則於 2001 年公布「電子簽章法」正式承認電子交易在法律上效力。

電子商務普遍存在的問題，就是基於電子商務交易的跨國性特質，大多使用線上支付的方式進行交易，而消費者因各國對消費者保護法規不同，使得消費者只對在自己國家的線上支付有信心，加上網路假貨、詐騙事件屢屢發生都困擾著消費者對於上網消費的信心，但從歐盟的研究發現，消費者對於跨境消費還是具有極大的興趣，高達 23% 的德國網購族，會從其他歐盟國家的電商網站購物，25% 會向北美電商購物，15% 法國網路使用者，會利用網路購買跨境商品。[3] 所以如何建構電子商務安全的交易環境，影響著電子商務的發展性，其中包括個資的保護、支付安全性的加強等。

壹、歐盟電子商務的基礎規範

歐盟有鑑於電子商務的發展，自 1997 年就開始對電子商務加以關注，從法規範開始將非面對面的實體或虛擬交易行為加以納入管制，同時關注到網路交易有跨境交易的問題，各會員國內國法的規範不一致，會讓消費者沒有信心進行跨境交易，是以歐盟執委會花了很多時間，研討如何讓歐盟境內的電子商務消費者有統一的適用規範。由 2016 年針對歐洲電子商務市場的研究，可知電子商務活動持續的以倍數成長，2015 年電子商務的交易金額已達 4,553 億歐元，[4] 電子商務在歐盟的成長有目共睹。

一、遠距契約消費者保護指令

歐盟對於電子商務的法規範始於 1997 年 4 月份發佈一份不對外

---

[3] 「台灣電子商務成長，跨境交易是關鍵」，http://www.digitimes.com.tw/tw/dt/n/shwnws.asp?CnlID=13&id=0000439740_ENW8J9073VS6PC1HVIK6Y&ct=1#ixzz4Zfq uG57s, accessed April 30, 2017.

[4] https://www.ecommercewiki.org/Prot:European_B2C_Ecommerce_Report_2016, accessed April 30, 2017.

公布的「歐洲電子商務行動方案」（European Initiative in Electronic Commerce）[5]針對網路交易行為提議要在單一市場的基礎上建立一個互信、安全的歐盟電子商務規範起始了歐盟對於電子商務的規範。隨後於同年 5 月 20 日制定 1997/7/EC 「遠距契約消費者保護指令」（Directive 97/7/EC of the European Parliament and of the Council of 20 May 1997 on the protection of consumers in respect of distance contracts）[6]，使消費者於簽訂遠距契約前，對所提供之服務、供應商、費用及撤銷權得到清楚及完整的資訊，且契約必須以書面或其他可保留之媒介的方式為之。另外 1999 年 12 月 8 日，歐盟委員會針對如何加速電子商務的發展提出了一個不對外公開的議案：「電子歐洲：提供全社會的資訊」（E-Europe：an Information Society for All）[7]，提出幾項建議：如在學校提供網路設備，帶領年輕人進入數位時代；調低網路使用費用；加速電子商務的發展；發行智慧卡以利電子支付；建立消費者信心，以加強社會的凝聚力。

二、電子商務指令

遠距契約消費者保護指令對於非面對面的交易，提供規範基礎，針對電子商務相關事項，歐盟執委會於 2000 年 6 月 8 日制定 2000/31/EC，電子商務指令（Directive on electronic commerce），擬在歐盟境內建立一個統一準則，如針對廣告信件的寄送，必須提供廣告來源之相關資訊、對於非消費者自動訂閱的垃圾郵件，必須提供連結或是其他方式讓消費者有取消訂閱的選項、網路訂購契約應以確認信回覆的方式為之，對於糾紛的解決，鼓勵業者建立具有公正性、透明性、公平性法庭外糾紛解決機制[8]，以代替冗長費時的法院訴訟程序。

---

[5] http://eur-lex.europa.eu/legal-content/EN/TXT/?uri=URISERV%3Al32101, accessed April 30, 2017.

[6] http://eur-lex.europa.eu/legal-content/en/ALL/?uri=CELEX:31997L0007, accessed April 30, 2017.

[7] http://eur-lex.europa.eu/legal-content/EN/TXT/?uri=URISERV%3Al24221, accessed April 30, 2017.

[8] http://eur-lex.europa.eu/legal-content/EN/TXT/?uri=cellar:bc49de22-e4e5-4088-b36b-09cbbbed0c14, accessed April 30, 2017.

三、金融服務遠距契約

由於遠距契約消費者保護指令排除金融服務業者的適用，歐盟於 2002 年 9 月 23 日制定 2002/65/EC[9] 有關消費者金融服務之遠距行銷行為，並修正先前的 90/619/EEC，97/7/EC 與 98/27/EC 等指令。對於個別客戶以電話、傳真或網際網路等遠距方式訂立之金融契約加以規範，以保護個別用戶的權益，如針對審閱期及解約權等分別規定客戶有 14 日的期間可以考慮，如果發生信用卡遭盜用的情形，消費者得要求取消付款或返還已付款項等。

四、消費者權利指令

有鑑於消費者對於跨國交易不具有足夠的安全感，加上遠距交易與非實體店家交易（包跨直銷）發展快速，歐盟自 2004 年起即著手整合歐盟與消費交易安全直接相關的重要指令亦即「消費者物品銷售及其保證指令」（Sale of Consumer Goods and Guarantees 99/44/EC）、「不公平競爭契約條款指令」（Unfair Contract Terms 93/13/EC）、「消費者遠距交易指令」及「訪問買賣」（Doorstep Selling 85/577/EC）等四個指令，於 2011 年通過「消費者權利指令」（Directive on Consumer Rights 2011/83/EC）[10]。

歐盟「消費者權利指令」主要目的在增強對消費者的保護，以建立一個無邊界真正的統一消費市場為目標，目的在使跨國交易變得簡便，減少成本的花費，同時給與消費者有比較多的選擇性，尤其是透過網路進行的交易更具有其意義。基於整合跨國交易各國規範的歧異，該指令針對電子商務交易共同的事項在系統上建立一個統一的規範標準，除了簡化、更新既有之規範外，亦透過「消費者權利指令」克服各會員國不協調之規範並解決各國規範的差異性問題，希望透過歐盟共同規範下，可以創造一個公平的競爭環境。並規定自 2014 年 6 月 13 日起，各會員國除該消費者權利指令另有規定外，不得保留與指令相衝突之規範內容

---

[9] http://eur-lex.europa.eu/legal-content/en/ALL/?uri=CELEX%3A32002L0065, accessed April 30, 2017.

[10] http://eur-lex.europa.eu/LexUriServ/LexUriServ.do?uri=OJ:L:2011:304:0064:0088:EN:PDF, accessed April 30, 2017.

（指令第 4 條），顯示歐盟以強勢的作法保護歐盟的消費者權益。

　　特別值得重視的是，該「消費者權利指令」相對於其他規範，有些重要的變革，[11] 對於歐盟各國之企業經營者與消費者權益有相當重大而深遠之影響，如規定網路交易不得隱藏其他費用，與消費者進行網路交易，必須讓消費者對於費用的支付，有明確的了解，以免消費者陷入「費用陷阱」中；企業經營者必須揭露所有消費者應支付的總費用，以及額外費用；消費者對於下訂單前未被清楚告知隱藏費用，可以拒絕支付；消費者使用信用卡或其他方式付費時，企業經營者不得向消費者收取附加費用等。

五、新消費者議程

　　「消費者權利指令」制定後，網際網路的發展引發數位革命、網路與雲端運算帶來新的消費行為，電子商務交易改變傳統的商業模式，網路普及造成網路資訊氾濫，消費者在資訊不對等之情形下，權利並未充分被重視等問題漸漸引起注意，[12] 為提昇消費者對於市場的 與和信賴，歐盟執委會乃進一步於 2012 年 5 月 22 日通過「新消費者議程」（The new European Consumer Agenda）[13]，新消費者議程為加強消費者對於市場的信賴，訂立了強化消費者安全、增進知 、加強消費法規範之執 、確保救濟程序及將消費者利益納入主要政策，為 2020 年遠程的消費者政策之基礎，以因應社會及經濟變遷調整消費者權 與政策。[14]

　　另外為因應社會及經濟變遷，與消費者有關之法律應能符合數位時代的需求，特別是確保消費者對於線上交易之信賴，不論是線上購買傳統商品、服務或是數位商品皆然，為此歐盟執委會分別於 2011 年即 2012 年提出兩項建議案：「歐洲共同買賣法」（Common European Sales

---

[11] http://europa.eu/rapid/press-release_MEMO-11-450_en.htm?locale=en, accessed April 30, 2017.

[12] The new European Consumer Agenda- Boosting confidence and growth by putting consumers at the heart of the Single Market , May 22, 2012, accessed April 30, 2017, http://ec.europa.eu/consumers/strategy/docs/ consumer_agenda_2012_en.pdf。

[13] https://blogs.kcl.ac.uk/kslreuropeanlawblog/?p=230#.WE4kztG7qUk, accessed April 30, 2017.

[14] Ibid.

Law）[15] 以及「個人資料保護改革方案」（Data Protection Reform）[16]，以解決歐盟消費者於進行線上購物與跨國交易時所面臨之問題。

貳、歐盟支付制度相關規範

一、支付制度之形成

　　電子商務的發展與支付環境的安全有很大的關聯，電子商務的支付方式從傳統的下線匯款、ATM 轉帳、線上轉帳發展到使用信用卡利用電子貨幣做為支付的工具，電子付款制度（electronic payment system）漸漸形成。付款方式愈來愈趨方便，主要目的均是使消費者願意停留在網路上消費，增加許多方便性，但信用卡支付卻有個資過度暴露，造成安全性的考量，而且有些個人企業，因未達金融機構的刷卡門檻，而限制了發展。

　　為使電子商務更具有發展性，建置安全的支付系統是有必要的，基此理念，科技業者研發出一套安全的電子付款方式，將買賣金流透過第三方業者支付，通常此一支付程序包括買方與第三方支付業者結算應付金額，將交易金額暫時存放於第三方業者在銀行開設的帳號，待賣方履行後，第三方業者始與賣方清算將買方款項移轉給賣方，通常款項的移轉均透過買賣雙方的銀行存款來進行，而第三方業者透過買方的授權，可以直接從買方的銀行存款轉帳，當然有些第三方業者本身也可以有儲值功能，此時第三方業者所從事的就類似銀行業務。針對此類非金融機構之第三方業者，在營業項目上具有類似銀行業務留存消費者的金流者，因與國家對金融機構的治理採高監理制度有衝突，是以主管機關對其的監管特別謹慎，除了要符合國家制度外，主要也是從保護消費者的利益著眼。

　　電子付款制度（electronic payment system），所牽涉的問題並不僅

---

[15] http://eur-lex.europa.eu/legal-content/en/TXT/?uri=CELEX:52011PC0635, accessed April 30, 2017.

[16] http://europa.eu/rapid/press-release_IP-12-46_en.htm?locale=en, accessed April 30, 2017.

限於單純的消費者購物後的金錢支付，還包括了銀行端與其他發行機構的責任問題，另外由於非金融機構做為第三方支付業者，有大量的代收轉付款項會停留於第三方支付業者，也容易引起新的犯罪型態，是以如何加以規範與監管，以確保電子支付的安全，減少交易風險之發生，是歐盟在制定支付服務規範時重要的原則。基本上歐盟對於支付服務規範是採漸進式的方式，為達到單一支付市場的最終目的，首先確定電子貨幣在歐盟的法律上地位，然後建立統一的監管制度，開放非金融業者亦可從事匯款、轉帳業務，但同時也針對監管、風險控管、資訊透明、消費者保護及爭議處理機制加以規範。歐盟對於支付服務有明確的規範始於 2007 年制定的「支付服務指令」（Payment Service Directive, Directive 2007/64/EC，PSD），之後於 2015 年加以修改增訂為 PSD2，本文基於支付服務指令在歐盟的重要性，擬將支付服務指令的重要規範介紹於下。

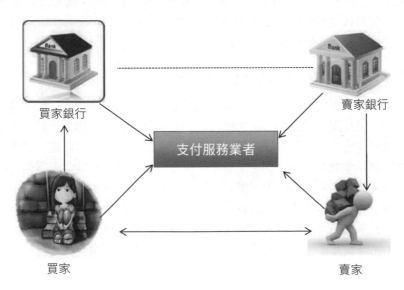

圖 1：電子支付服務的運作流程

二、歐盟支付服務規範之發展

（一）確立電子貨幣在歐盟使用合法化

有鑑於消費者支付習慣的改變，信用卡與金融卡的使用甚至利用手機支付 App 等電子支付方式漸漸的成為支付趨勢，歐盟執委會於 2000 年即開始針對歐盟境內，所有以發行電子貨幣之形式為支付工具的企業或法人加以規範。歐盟執委會除對銀行業者所發行的信用卡於 2000 年發佈第 12 號指令（2000/12/EC）加以規範外，針對非銀行體系所發行的電子貨幣，則在 2000 年的「電子貨幣指令」（2000/46/EC Electronic Money Directive），第 1 條將之定義為：「由發行人儲存一定之貨幣價值於電子設備，使用者於發行人以外接受電子貨幣的機構使用時，其得使用之金額應與發行人儲存之貨幣價值一致」。[17] 自始歐盟展開「貨幣電子化」時代，之後為穩定信貸及金融機構的健全歐盟執委會於 2005 年公布洗錢及資助恐怖組織防治指令，[18] 2006 年修訂 2000/12/EC 針對發行信用卡的金融機構所做的指令。

（二）確立電子貨幣在歐盟監管制度

對電子貨幣監管的規定，歐盟執委會則於 2009/110/EC「電子貨幣指令」中針對電子貨幣機構所需具備的各項資格和營運加以規範，並作為儲值性支付業務的法規基礎。認為電子貨幣是一種支付系統，使用者得以儲存小額的金額到支付工具，以作為小額支付。同時電子貨幣也可以儲值到手機或網路的支付帳戶，並用以支付。「電子貨幣指令」補充對電子貨幣監管的規定，為新創安全的電子貨幣服務進入電子商務付款市場做準備，並使所有的參與者能夠真正有效的競爭，目標是保護消費者、商家以及歐盟的經濟，也為之後的支付服務法「第三方支付」的概念奠定基礎。

---

[17] e-money Directive, 2000/46/EC, accessed April 30, 2017.

[18] Directive, 2005/60/EC, accessed April 30, 2017.

（三）單一歐元支付市場

　　歐盟於 2000 年 3 月里斯本議程（Lissabon-Agenda）中提出「單一歐元支付市場」（Single Euro Payments Area, SEPA）的目標，[19] 克服歐盟會員國間支付法規不一致之情形，於 2001 年制定 2560 號指令（2560/2001EC）針對歐盟的跨境支付加以規定，建立統一的規範，該規範曾於 2009 年加以修正（ 924/2009 EC），使歐盟會員國之消費者，在跨國交易使用電子支付時，亦如在國內使用現金交易一樣方便，同時也可以使用單一的銀行帳號作為支付工具，以建立歐盟消費者對跨境交易的信心。目前歐盟已做到每一位歐盟會員國國民的金融帳號亦有一個 SEPA 代碼，達到跨境匯款、轉帳就如在國內進行一樣的便利。

　　針對電子支付，歐盟執委會亦遵循里斯本議程的宗旨，於 2012 年第 260 號指令（Single Euro Payment Area 260/2012EC），增修 2009 年第 924 號指令，企圖在會員國間建立一個「單一歐元支付市場」，目標在於使歐盟會員國之消費者，在跨國交易使用電子支付時，亦如在國內使用現金交易一樣方便，同時也可以使用單一的銀行帳號作為支付工具，以建立歐盟消費者對跨境交易的信心。「單一歐元支付市場」代表歐盟會員國有更完善的銀行服務，透明的價格、更好的保障確保支付能即時全額收到。

三、歐盟支付服務指令之最新發展

　　為了增加競爭力，使得支付方式更有效率及減少成本花費，也為開放新的競爭者進入「支付交易市場」（payment markets）做準備，歐盟於 2007 年制定的「支付服務指令」附件中明確指出「支付服務」之範圍包括非金融業者如匯兌機構、電信機構及零售業者，[20] 只要付款人同

---

[19] 所謂「單一歐元支付市場」係指在歐盟地區內，在銀行間有相同的規範、相同的資金流通機制、以降低銀行之支出成本，以因應「跨境歐元支付規則」降低銀行降低手續費所產生的獲利減少的影響。

[20] DIRECTIVE 2007/64/EC OF THE EUROPEAN PARLIAMENT AND OF THE COUNCIL of 13 November 2007 on payment services in the internal market amending Directives 97/7/EC, 2002/65/EC, 2005/60/EC and 2006/48/EC and repealing Directive 97/5/EC, 附件 , accessed April 30, 2017.

意，該電子業者即得為付款人與受款人之中介機構。「支付服務指令」
的制定，也給了 SEPA 一個法律基礎。[21] 由於使用者購買商品與服務範
圍不斷地擴大，新的支付方式一再的產生，2007 年制定的的支付方式漸
漸在市場中不敷使用，因此歐盟執委會於 2015 年，修訂「支付服務指
令」（PSD2）將網路支付與行動支付納入規範，PSD2 讓歐盟的支付產
業產生革命性的發展，PSD2 的主要目的是讓新的支付服務提供者進入
支付市場，所謂的第三方機構（Third Party Players, TPP）並讓其能透過
銀行的應用程式介面（Application Programming Interface, API）進入銀行
帳戶，查詢交易記錄、餘額及啟動支付；另外，為了歐盟的支付服務統
一性，在費用的收取方面 PSD2 要求各國要統一。由於 PSD2 開放第三
方機構亦得從事部分銀行專屬的業務，對銀行業來說，也是一大挑戰，
但可預見的是，未來電子交易透過網站連結的支付方式將會受到歡迎，
能夠直接透過訊息 App 直接付款將會成為趨勢，這些都是傳統銀行要嘗
試隨著調適的。歐盟預期到 2018 年透過其他規範的配合能讓支付服務
規範，確實執行。以下簡介 PSD 及修訂版的 PSD2 幾個重要部分加以說
明：

（一）適用範圍

2007 年制定的 PSD 規定支付服務適用範圍僅限於歐盟境內，但隨
著新的支付方式一再產生，PSD 的規範顯然不敷使用，PSD2 僅就 PSD
無法適用於新型態服務的部分進行修正，依照 PSD2 規定，只要交易有
一方在歐盟境內，或者縱使使用者不在歐盟境內，只要使用歐元或使用
歐盟會員國之貨幣作為交易者，即有 PSD2 之適用，[22] PSD2 這項規定，
增強了對於跨國交易的消費者的保護。

PSD2 規範模式係以經營支付服務業務為主，將各個不同種類的支
付機構統一納入規範，包括可以對支付帳戶存入現金、提領、轉帳、
匯款等操作方式的支付工具，不論是使用卡片、網路或行動支付均

---

[21] http://ec.europa.eu/internal_market/payments/framework/index_en.htm, accessed April 30, 2017.

[22] PSD2 Article 2.

納入規範。[23] PSD2 也讓第三方支付業者增加帳戶資訊服務（account information services, AISP）及付款啟動服務（payment initiation service provider, PISP），2 種功能，第三方支付業者，除了可以透過客戶銀行資料，分析客戶的消費行為，亦可幫客戶啟動支付機制。[24]

（二）業務範圍

從 PSD 及 PSD2 對於支付服務業者服務的範圍，可知包含單純匯款經營代收轉付業務及預收使用者資金，經營儲值業務均有支付服務法的適用。

對於支付服務業者經營預收儲值業務，從支付服務用戶收到的用於提供支付服務的任何資金，PSD2 認為，不屬於 2013/36/EU 與使用信用卡有關之指令第 9 條含義下的存款或可償還資金（repayable funds），或 2009/110/EC「電子貨幣指令」指令第 2 條第 2 點所稱之電子貨幣。[25] 主要是支付服務業者不會利用儲值款項從事貸款行為，而且亦無利息的發放，是以目前各國均認為支付服務業者亦可由非金融機構為之。

（三）監管制度

1. 核准制

歐盟執委會對於提供支付服務的業者的設立，要求要向自己所屬的會員國的有權機構申請核准（第 5 條），審核的項目包括：經營的服務型態；商業計畫包括未來 3 年的預算編列的營運計畫；是否符合第 7 條規定的初始資本額度（Initial capital）；是否符合第 10 條安全事件及應急事件的處理程序等。

2. 最低資本額要求

支付服務業者若無法具備一定的資金能力，將無法確保使用者

---

[23] PSD2 Annex I.

[24] https://www.evry.com/en/news/articles/psd2-the-directive-that-will-change-banking-as-we-know-it/, accessed April 30, 2017.

[25] PSD2 Article 18III.

的權利，並可能導致出重大的金融危機。PSD2 第 7 條依據附則一，
規劃的 8 種支付服務型態中，將資本額之限制分為 2 萬歐元、5 萬
歐元及 12.5 萬歐元 3 個等級。如果只處理匯款業務，則最低資本額
為 2 萬歐元；如果有付款啟動服務之功能，最低資本額為 5 萬歐元；
至於其他可以將現金存入帳戶、提領、執行支付交易等功能，則要
求最低資本額應為 12.5 萬歐元。

3. 持股監管

　　歐盟也對第三方支付機構實行動態監管，指令要求支付服務業
者要有一定的控股權，若自然人或法人取得超過 20％，30％或 50％
的資本或投票權，或支付服務業者會成為自然人或法人的子公司時，
應以書面事先通知主管機關。26

　　另外依據 PSD2 第 9 條第 1 項之規定，指令要求支付服務業者
須依業務量而持有一定比例之最低自有資金，以確保金融體系的穩
定。

　　值得注意的是，依據 PSD2 第 32 條第 1 項之規定，若支付服務
業者前 12 個月交易總額平均每個月未超過 300 萬歐元，且其員工均
未有洗錢、資助恐怖活動或其他財務金融犯罪之情形，會員國可以
自行決定是否得免除該支付服務業者機構部份之持有資金義務，以
降低該支付服務業者進入市場的門檻。

（四）風險控管

1. 資訊安全

　　使用卡片為交易工具的支付方式，一般牽涉到發行人與商家及
付款人與發行人之間的服務提供者，由於電子支付的技術的成長，
也增加電子支付安全性的風險，如何確保網路支付的安全性，是很
多透過網路支付的使用者關心的議題，歐盟在制定指令時也要求對
包括銀行、支付機構或第三方提供者，具有高規格的支付安全。對
於經營者的支付安全措施，應每年定期評估。

26　PSD2 Article 6.

在技術安全性方面,由於 PSD2 讓第三方支付業者有機會進入支付市場,而且能透過 APIs 進入銀行帳戶查詢交易記錄、餘額及啟動匯款指示,是以對於其技術的安全特別重視。指令要求電子付款交易應確保客戶的安全憑證的安全,加強交易安全,以防止詐欺、偽造變造等犯罪行為的出現,針對支付服務機構的安全機制標準,歐盟另制定「網路及資訊安全指令(Directive on Network and Information Security,簡稱 NIS Directive)」,歐洲銀行管理局(European Banking Authority,簡稱 EBA)也將與歐洲央行(ECB)密切合作,提出資訊安全指導原則(guidelines),歐盟希望到 2018 年以輔導支付服務機構建立資訊安全並確實執行、監控資安以確保支付服務機構符合資安事件處理要求。

2. 確保支付款項安全

針對 PSD2 附件 1 所指第 1-6 種支付服務型態的支付款項的安全,PSD2 要求業者對於收受到用戶之資金,尚未支付或轉讓至其他支付服務業者,暫時留存於平台之資金,必須與自有資金分開儲存。至於是否能夠投資,PSD2 雖無限制,但規定只能投資於所屬會員國認定安全、流動性、低風險的項目。特別是在破產的情形下,為支付服務使用者利益,應將使用者的資金與支付服務其他債權人之債權隔離。[27]

另外,對於 PSD2 附件 1 所指第 7 及第 8 種第三方支付型態,PSD2 不要求留存自有資金者,應由保險公司或其他信用機構提供保險或其他類似保證,其保險的額度相當於支付服務使用者留存於機構應與支付服務者的自有資金分離的金額。[28]

(五)資訊透明

資訊透明的目的在於,使消費者能獲得各種電子支付工具的各種資訊,以作正確的選擇。

---

[27] PSD2 Article 10 第 1 項 a 款。

[28] PSD2 Article 10 第 1 項 b 款。

PSD2 第 51 條要求會員國在支付服務使用者訂立定型化契約前，支付服務提供者應提供使用者紙本或可以長久保留資訊的媒介，用清楚易懂之文字，讓使用者得知第 52 條規範有關，服務提供者之名稱、地址、聯絡方式、提供之服務內容、費用之收取、付款程序所使用之安全機制等之資訊與條件。

為提高會員國認證之支付機構以及其代理人運作的透明度，以確保在歐盟境內有高規格的消費者保護，歐盟執委會要求歐洲銀行管理局應發展及執行一個統一的登記程序，讓使用者隨時可以進入查看。會員國應該確保資料隨時更新，並在會員國間加強合作關係。

（六）強化消費者保護

PSD2 明確的將支付服提供者與使用者兩者間之權利義務關係、風險分擔以及分擔比例，明定於法律規定當中，以免除支付服務業者得以透過定型化契約或者是使用者條款的方式，制定有利業者自己的權利義務以及風險分配責任之不平等約定。

1. 對支付服務提供者之要求

(1) 資訊揭露義務—消費者有知的權利

電子商務具有無國界的特性，隨著消費者支付習慣漸漸朝向使用電子銀行與電子支付，各國主管機關將管理重點放在對支付服務之安全與讓消費者明瞭服務內容等方面之要求上。歐盟國家已將消費者保護單獨列為公共服務項目之一，在歐盟的「消費者權利指令」中，訂定了消費者保護的 10 大基本原則，其中與支付服務特別有關的，包括消費者進行跨國性的交易時，消費者必須得到公平的對待，企業經營者必須對於相關資訊清楚揭示，以便消費者可輕易比較價格不致造成誤導，若產生支付服務之跨國糾紛應有效解決等。

針對消費者所關心的支付服務事項，如服務規約之內容、收取的費用，價格之改變、參加的權利與客戶的責任，以及發生糾紛時之管轄法院，或使用者依第 99 條至 102 條可使用之訴訟外

解決機制 PSD2 均要求支付服務提供者應清楚呈現於契約內容。[29]

(2) 強化身分認證

PSD2 利用使用者主要特徵（例如指紋或視網膜掃描等）、提供特有的資訊或獨特的標示[30] 以強化顧客身分份識別程序。

(3) 支付服務使用者承擔退款損失

若支付服務使用者得知之付服務業者有未授權之支付或錯誤執行支付之情，應於得知後立即通知支付服務業者，除非業者能舉證使用者有詐欺之嫌外，業者應無條件退款。[31] 因此對於有爭議的款項，使用者亦得請求返還，基本上 PSD2 保障無條件退款權，但是如果商品或服務已經完成消費則不在此限，例如下載的影片已經被觀賞完畢。

付款人的支付服務提供者執行的轉帳應經使用者授權，支付服務提供者應確實執行轉帳，而收款人的支付服務提供者應在付款人指定日將支付交易的金額存入收款人的帳戶，若因支付服務提供者所造成之未支付或付款錯誤包括遲延付款，則支付服務提供者應負擔使用者因此所產生之費用或利息損失。[32] 但如果付款人指定帳號有誤，則支付服務提供者不需負擔第 89 條未執行或錯誤執行的責任。[33]

對於無法於事前得知交易金額，如租車、訂旅館等由收款方啟動支付的情形，付款方的支付服務者只有在付款方同意的金額內支付金額。[34]

由於電子支付的付款過程中可能會涉及許多的中間業者，而消費者不見得會知道，因此 PSD2 要求相關付款服務提供者須負起責任。當消費者有問題時，只需要連絡自己的付款服務提供者

---

[29] PSD2 Article 52.

[30] PSD2 Article 52 第 2 項。

[31] PSD2 Article 71, 73.

[32] PSD2 Article 89.

[33] PSD2 Article 88.

[34] PSD2 Article 75.

就可以，所產生其他的問題，由業者各自負相關責任。

2. 會員國責任

會員國要確保利用支付服務提供者行使遠距電子支付，支付服務提供者可以提供有效的身分認證，包括動態鏈接交易到特定的收款人及金額。確保支付服務提供者實施適當的安全措施以保護使用者個人隱私及誠信（confidentiality and integrity）的安全措施。[35]

3. 降低使用者損失

對於付款人無 PSD2 第 71 條所述之情形，亦非因付款人詐欺、故意或重大過失未履行第 69 條對使用者要求使用支付工具及安全性認證之義務時，付款人有因遺失、被盜或錯誤執行支付時，付款人若於未及時通知支付服務提供者則使用人對於該未經授權的付款交易損失之負擔，最高以 50 歐元為限。[36] 若該筆未授權支付，係因支付服務提供者並未要求嚴格的身分認證所致，則除了付款人有詐欺之事由外，不需負擔任何損失。[37]

（七）爭議處理機制的建立

指令要求會員國要建立使用者或其他利害關係人對於支付服務提供者的申訴機制。會員國應確保支付服務提供者建立適當有效的申訴解決程序，對於申訴的處理應該在收到申訴書後 15 日內回覆，若支付服務提供者無法在 15 日內回覆，應敘明遲延回覆的理由，但無論如何不得超過 35 日。會員國也可以引進或維持爭議解決程序，只要該程序對使用者更為有利。對於爭議的解決機制，基於資訊透明及支付服務者之義務，支付服務提供者有告知義務。

基於資訊透明及支付服務者義務，會員國可以依歐盟訴訟外糾紛解決機制（2013/11/EU）之規定，利用現存有權機構，以適當、獨立、公正、透明以及有效的 ADR 爭議處理程序，解決使用者及支付服務

---

[35] PSD2 Article 97, 98.

[36] PSD2 Article 74 第 1 項。

[37] PSD2 Article 74 第 2 項。

提供者間之爭議以及被指定的代理機構（cover the activities of appointed representatives）。

參、結論

　　社會經濟活動因電子商務的普及，實體商店受到相當程度的衝擊與影響，紛紛尋求轉型，隨著網路交易的普及，電子支付的需求性愈來愈高，是以如何建立安全的付款機制，以保護買賣雙方，使網路交易能更安全地進行，是各國所要面臨的重要議題。第三方支付之產生與對支付制度的規範，正是反映出此一需求。

　　本文首先對於歐盟的電子商務基礎法規加以介紹，誠如歐盟執委會於 1999 年 12 月 8 日，提出不對外公開的議案—「電子歐洲—提供全社會的資訊」所提的方針，可知建立安全的支付機制有助於電子商務的發展，因此本文在探討歐盟的電子商務發展實踐之同時，著重於對歐盟的支付制度規範的介紹。

　　歐盟對於會員國間的電子商務交易規範，是解決跨境交易問題的最佳範例，歐盟對於如何去除跨境交易的窒礙有豐富的經驗，從 1997 年的「歐盟遠距契約之消費者保護指令」開始，歐盟對於跨境電子商務交易所可能產生的問題與障礙一一加以規範，所以有 2011 年的「消費者權利指令」以及 2012 年 5 月 22 日的「新消費者議程」，隨著時代的演進，交易模式的改變，針對數位時代的發展，歐盟執委會分別於 2011 年及 2012 年提出「歐洲共同買賣法」及「個人資料保護改革方案」，以解決歐盟消費者於進行線上購物與跨國交易時所面臨之問題。從這些規範中不難看出歐盟對於不論是實體交易或網路電子交易皆認為與消費者保護有關，規範上則從加強消費者對於市場的信賴、強化消費者安全、增進消費知 、加強消費法規範之執 、確保救濟程序著手將消費者利益納入主要政策。支付服務是電子商務發展新的金流服務模式，歐盟對於支付制度的建立始於歐盟自 2000 年里斯本議程提出「單一歐元支付市場」首從歐盟跨境支付的統一開始，建立消費者對跨境交易的信心，因電子支付的形成，針對第三方支付業者，歐盟開始於 2007 年制定「支付服務指令」規範非金融業者的支付服務類型，並於 2015 年修訂簡稱

PSD2，將支付制度規範的適用範圍擴大到，只要交易有一方在歐盟境內，或只要使用歐元或使用歐盟會員國之貨幣作為交易者，即有 PSD2 之適用，可知歐盟除了保護歐盟會員國國民外對於具有潛在性歐盟消費者亦加以保護。

對於支付服務業者歐盟也開放給非金融機構經營，主要是雖然支付服務業者有經營預收儲值業務之情形，但支付服務業者不會利用儲值款項從事貸款行為，而且亦無利息的發放，與銀行業者還是有區分的。同時開放支付服務業者可以銀行的應用程式介面進入銀行帳戶，查詢交易記錄、餘額及啟動支付，從這些對於非金融機構支付服務業者的友善條款，可以看出歐盟鼓勵支付服務業者進入電子商務市場扮演金流仲介的角色。

歐盟對於非金融機構經營支付服務的友善規範，從歐盟對於支付服務業者的監管制度亦可看出，對於支付服務業者的最低資本額 PSD2 將 8 種支付服務型態區分為 2 萬歐元、5 萬歐元及 12.5 萬歐元 3 個等級，另外雖有自有資金的要求，但目的僅在確保金融體系的的穩定，在一定的條件下，只要讓會員國主管機關認為支付業者沒有涉入洗錢、資助恐怖活動或其他財務金融犯罪之情形，會員國就可以自行決定是否得免除該支付服務業者機構部份之持有資金義務，以降低該支付服務業者進入市場的門檻，可見歐盟對於支付服務機構的最低資本額門檻並沒有設的很高，應該是認為支付服務業者如果對金融體系不會造成影響的話實在沒有必要限定其成立條件。

雖然歐盟對於支付服務設計一套低門檻的規範，但由於 PSD2 讓支付服務業者，可以夠過 APIs 進入銀行帳戶查看餘額及啟動匯款指示，是以對於風險的管控則有高規格的要求，要求對於經營者的支付安全措施，應每年定期評估，為確保客戶的資訊安全，歐盟特別制定「網路及資訊安全指令」，歐洲銀行管理局也提出資訊安全指導原則。為確保買賣雙方支付款項的安全，PSD2 要求支付服務業者應將自有資金於用戶的資金分開，對於 PSD2 附件 1 所指第 7 及第 8 種第三方支付型態，PSD2 不要求留存自有資金者，則要求業者對於留存於業者之金額要投保。

由於 PSD2 預計到 2018 年就要在歐盟國家適用，是以對於於支付

服務的監管，是由歐盟制定一套統一標準，然後由個各會員國自行審核，另外也要求在費用的收取方面要統一，未來透過PSD2的全面實施，非金融業者，亦可做匯兌業務，將會對金融業者產生衝擊。

另外對於支付服務業者用戶的保障，PSD2要求業者要用清楚易懂的文字，讓使用者對於定型化條款，有充分的了解，消費者有知的權利，對於強化使用者的身分認證方面，特別設計以使用者特有的如指紋、視網膜掃描等以強化使用者的身分認證程序；對於未經使用的商品，若有爭議款項，業者要無條件退款。對於使用者遺失或被盜用之風險承擔，PSD2規定，在一定條件下，付款人對於未經授權的轉帳支付，最高承擔的損失不得超過50歐元。

對於爭議糾紛處理，PSD2會員國應確保支付服務提供者建立適當有效的申訴解決程序，而且要求對於申訴的期限最遲不得超過35日。PSD2強調對於爭議的解決機制，要讓使用者有知的權利，資訊必須透明，因此若會員國有對使用者更為有利的申訴解決程序，也可以引進或維持原有爭議解決程序，如利用現存有權機構，以適當、獨立、公正、透明以及有效的ADR爭議處理程序等。

相對於歐盟於2007年即開始針對支付服務的相關問題加以規範，到2015年有更進一步的成果，不論在業務範圍、監管制度、風險控管、資訊透明、消費者的保護與爭議處理機制的建立方面，我們可以看到歐盟的努力，以及對於金融業者進入支付服務領域的友善規定，不禁令人思考以後我國的金融業務範圍是否要做適度的調整，以因應金融業者不再獨佔金流市場的窘境，他山之石可以攻錯，本文希望藉由歐盟對於電子商務發展出來的支付制度規範，可以做為我國未來對於電子支付管理條例修法的參考。

歐盟群眾募資法制發展之研究

洪秀芬

東吳大學法律系副教授

壹、網路時代群眾募資之新金融議題的崛起

隨著網際網路的普及，藉由網路傳播能力的無遠弗屆，人與人之間的溝通，訊息的傳播，不再受時間、地域的影響，不但改變現代人際關係、創新商業交易模式，同時也促成許多政治生態的變化，甚至影響各國政府的施政作為，當然也使企業籌資可藉由網路管道的應用更為便利與多元化，從而發展出向網路大群眾募資措資金之群眾募資（crowdfunding）方式。

所謂群眾募資，亦有稱為群眾集資、公群眾募資資，[1] 係指透過公開宣傳來為特定計畫籌措所需資金，而宣傳方式經常係藉由網路或社交媒體來發布及進行資金徵求，且通常侷限在一定期間內為之，而所募集之資金原則上係由眾多資金提供者以小額方式集結而成。[2] 依美國全國

---

[1] 稱群眾集資，如王文宇，「網路金融的發展與法制」，《月旦法學雜誌》，238期（2015年3月）：頁8；邵慶平，「文創產業籌資與群眾集資」，《月旦法學教室》，123期（2013年1月）：頁77；楊智翔，「『創意櫃檯-創櫃板』專題介紹」，證券暨期貨月刊，32卷，4期（2014年4月16日）：頁15。稱群眾募資，如高啟仁，「我國推動『創櫃板』與『群眾募資』之情形」，《證券暨期貨月刊》，32卷，4期（2014年4月16日）：頁5。稱公群眾募資資，如王志誠，「創櫃板與公眾籌資法制之建構（下）」，月旦法學教室，149期（2015年3月）：頁37-38。

[2] S. v. Müller-Schmale, Crowdfunding: Aufsichtsrechtliche Pflichten und Verantwortung des Anlegers, BaFin Joural, 2014.6, S. 10; Mitteilung der Kommission an das Europäische Parlament, den Rat, den Europäische Wirtschafts- und Sozialausschuß und den Ausschuß der Regionen – Freisetzung des Potenzials von Crowdfunding in der Europäischen Union, COM(2014) 172 final, S. 3, accessed April 18. 2017, http://eur-lex.europa.eu/resource.html?uri=cellar:3e0b89b3-b6eb-11e3-86f9-01aa75ed71a1.0003.01/DOC_1&format=PDF.

群眾募資協會（National Crowdfunding Association, NLCFA）對其之定義，
指其係社會大眾透過小額資金的贊助，發揮群體集結的力量，支持個人
或組織使其目標或專案得以執行完成。[3]

　　群眾募資方式於各地發展快速，例如 2012 年於歐洲各種類型之群
眾募資達到 7.35 億歐元，[4] 與 2012 年風險投資者對企業於籌設、創業、
後期及成長各階段所提供約 70 億歐元相較，此募資方式所籌得之金額
實不容小覷，其對歐洲每年約 50 萬件計畫之進行是重要的資金來源，
否則這些計畫將難以實現。[5] 若以群眾募資的全球統計數字觀察，可得
知此募資方式成長相當快速，在 2013 年約 61 億美元，2014 年達到 162
億美元，其中以北美最多約 94.6 億，亞洲成長最快，來到 34 億，歐洲
則約 32.6 億，而 2015 年全球群眾募資上看 340 億美元。[6] 群眾募資方式
儼然成為現今網路時代的重要募資模式，其尚可協助年輕企業獲得其他
融資方式，例如群眾募資成功後，較易獲得銀行融資的青睞、投資人、
風險資本的投入或上市。此外，群眾募資有實質潛力可對不同類計畫，
如創新、創意、文化類計畫或社會企業活動進行資助，而這些計畫或活
動通常難以獲得其他融資方式的支持，[7] 因此群眾募資對社會市場經濟
之多元化及抗壓力亦有貢獻。[8]

　　由於群眾募資的快速發展，且因其係向不特定大眾為之，而募資
者通常又是新創或創意的年輕企業，因此如何避免出資人受到詐欺、
出資高風險的控管、資金需求者籌資成本的降低等，均是此融資模式備

---

[3]　http://www.nlcfa.org/main.html, accessed April 18. 2017.

[4]　S. Massolution, The crowdfunding industry report 2012, , accessed April 18. 2017, http://
　　www.crowdsourcing.org/research.

[5]　COM(2014) 172 final, aaO. (Fn. 2), S. 2.

[6]　參閱 http://crowdexpert.com/crowdfunding-industry-statistics/，檢索於 2017 年 4 月 18
　　日。

[7]　台灣創投公會秘書長、文創投融資服務辦公室蘇拾忠即說「文創產業與創投熟悉
　　的方式截然不同，創投天生就是要追求獲利，一輩子都在問人『你能不能賺錢』，
　　這讓文創界困惑，『你怎麼不問我能創造什麼價值？』這樣的衝突，使得創投
　　傾向投資較明顯立即賺錢的文創單位……」，參閱郭玫君，「文創要成長，需要
　　空間與時間……蘇拾忠：不妨向大企業基金募資」，《聯合晚報》，2012 年 10
　　月 10 日，A7 版。

[8]　COM(2014) 172 final, aaO. (Fn. 2), S. 2.

受關注的議題，從而各界紛紛對群眾募資的運作規管投入大量關注。例如 2012 年 3 月美國國會通過「啟動我們的新創事業法」（Jumpstart Our Business Startups Act，簡稱 JOBS Act），並由美國總統 Obama 於同年 4 月 5 日簽署該法，法案第三章即為群眾募資（TITLE III—CROWDFUNDING）[9]；歐盟執委會於 2014 年 3 月 27 日提出「釋放歐盟群眾募資潛力之通訊文件」（Unleashing the potential of Crowdfunding in the European Union; Freisetzung des Potenzials von Crowdfunding in der Europäischen Union）[10]，密切關注群眾募資於國際上之發展，並致力於符合國際水平之監理措施；德國政府於 2014 年 11 月 12 日公佈「小額投資人保護法案」草案（Entwurf eines Kleinanlegerschutzgesetzes）[11]，12月 29 日提交聯邦委員會，於 2015 年 2 月 11 日將草案連同聯邦委員會意見提請國會審議，[12] 並終於同年 7 月通過本法案，於本法案中為配合群眾募資之發展，使符合一定要件之群眾募資免於負擔特定義務，而得以簡化募資流程。[13] 我國為扶植微型創新企業的發展，亦在證券主管機關金融監督管理委員會（下稱金管會）支持下，由證券櫃檯買賣中心（以下稱櫃買中心）於 2013 年 11 月 15 日公告「創櫃板管理辦法」，並於 2014 年 1 月 3 日正式啟用「創櫃板」專區，提供投資人藉由網路進行募資之股權籌資功能的網路交易平台。[14] 又金管會經參酌國外有關股權性質群眾募資之立法例、草案及辦理情形，普遍皆以民間業者作為

---

[9] 此章規範亦可稱為 "Capital Raising Online While Deterring Fraud and Unethical Non-Disclosure Act of 2012" 或 "CROWDFUND Act"。

[10] COM(2014) 172 final.

[11] 於此草案中擬修改金融服務監理法（Finanzdienstleistungsaufsichtsgesetzes）、投資法（Vermögensanlagengesetzes）、證券交易法（Wertpapierhandelsgesetzes）等共十幾部法規。

[12] 德國國會於 2015 年 3 月 16 日對「小額投資人保護法案」草案舉行公聽會，會中對群眾募資看法存有高度爭議，相關資料可參閱公聽會紀錄及相關參與者意見，http://www.bundestag.de/bundestag/ausschuesse18/a07/anhoerungen/37--sitzung/364620，檢索於 2017 年 4 月 18 日。

[13] 德國修法後之發展，參閱 Aschenbeck-Florange/Drefke, Neueste Entwicklungen der Crowdfunding-Regulierung und aufsichtsrechtliche Anforderungen an Crowdfunding in Deutschland, RdF 2015, 284.

[14] 創櫃板公司籌資系統 http://gisa.gretai.org.tw/financing_s.htm。

股權性質群眾募資之執行單位，為兼顧與國際發展趨於一致，並適度結合民間業者充沛活力共同活絡我國創新創業之集資能量，故在採行相關配套措施，兼顧保障投資人權益的前提下，於 2015 年 4 月宣布開放民間業者經營股權性質群眾募資。[15] 除股權性質之群眾募資的發展外，我國櫃買中心為推動非股權性質之群眾募資，亦建置「創意集資資訊揭露專區」，於 2013 年 8 月 19 日正式啟用，讓其他類型之群眾募資提案可藉由此專區提高曝光率及公信力，以增加出資者之贊助意願。[16]

有鑑於網路時代群眾募資之新金融議題的崛起，因此，本文即以歐盟群眾募資之發展現況作為研究對象，作為我國相關法制發展的借鏡。

貳、群眾募資類型及相關發展統計

群眾募資依其募資計畫、出資人所獲得之回報等存在多種類型，[17]以下就其類型及其相關發展統計狀況，簡單說明如下。

一、群眾募資類型

群眾募資之運作模式，依據學說上之分類，主要有：

（一）贊助類型（Crowdsponsoring）

此類型可再分：(1) 不求回報之捐贈類型（Donation）；(2) 提供對待給付類型，此又再分為（2.1）回饋型（Reward）或（2.2）預購型（Prepurchase），前者提供象徵性質的回饋，例如讓資金提供者於其所贊助之影片中擔任跑龍套角色，預購型則係讓資金提供者可取得其所贊助研

---

[15] 參閱林家生、楊智翔，「開放民間業者經營股權性質群眾募資專題介紹」，證券櫃檯月刊，177 期 (2015 年 6 月)：頁 16。

[16] 其網站 http://gofunding.tpex.org.tw//introduction.php?l=zh-tw&d=3&t=0。

[17] 例如有學者將其分為捐贈模式 (Donation model)、回饋模式 (Reward model)、預購模式 (Pre-purchase model)、借貸模式 (Lending model) 及股權模式 (Equity model)，參閱 See Steven C. Bradford (2012), Crowdfunding and the Federal Securities Laws, COLUM. BUS. L. REV.1, 14; Danker, FinTechs: Junge IT-Unternehmen auf dem Finanzmarkt, BaFin Joural, 2016.1, S. 17; Angelos Delivorias, Crowdfunding in Europe - Introduction and state of play, 2017.01, EPRS PE 595.882. p. 2.

發生產的產品。

（二）投資類型（Crowdinvesting）

此類型可再分為：1. 股權型（Equity），係指資金提供者得自資金需求者取得股權；2. 利潤分享型（Royalty），係指資金提供者得自資金需求者取得將來利潤的參與，而資金需求者則保有其股權或所有權，此類型在製藥、油氣工業、藝術、作家或電影產業很流行[18]。

（三）借貸類型（Crowdlending）

此類型係指資金提供者貸與資金給需求者，需求者承諾依約定條件返還資金，例如資金需求者藉由向公眾借貸小額資金來修繕房屋、完成學業或支持新事業的開拓等。[19]

茲以圖 1 呈現其類型：

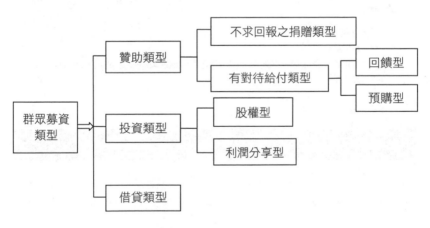

圖 1：群眾募資類型

---

[18] 參閱相關介紹 http://www.huffingtonpost.com/victoria-silchenko/how-to-raise-capital-but-_b_6253304.html，檢索於 2017 年 4 月 18 日。

[19] COM(2014) 172 final, aaO. (Fn. 2), S. 3-4.

二、發展統計狀況

依據「Massolution Crowdfunding Industry 2015 Report」[20] 統計，2015 年群眾募資金額上看 340 億美元，大概分佈為：贊助類型約 55 多億、投資類型約 30 多億、P2P 借貸類型約 250 多億。以圖 2 呈現之：

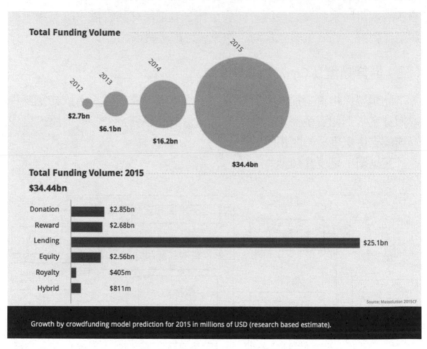

圖 2：2015 年群眾募資金額分佈

資料來源：Massolution/Crowdsourcing.org 2015CF Crowdfunding Industry Report

若是依據區域來分，北美約 170 多億、亞洲約 100 多億、歐洲 60 多億、南美約 8,500 多萬、大洋洲 6,800 多萬、非洲約 2,400 多萬美元。以圖 3 呈現之：

---

[20] http://reports.crowdsourcing.org/index.php?route=product/product&product_id=54, accessed April 18, 2017.

圖 3：2015 年群眾募資區域分佈

資料來源：Massolution/Crowdsourcing.org 2015CF Crowdfunding Industry Report

　　而依 CFX 之預估，群眾募資之發展，預估於 2025 年將成長超過 3,000 億美元。[21]

參、歐盟群眾募資之發展現況與法制討論

　　2012 年於歐洲各種類型之群眾募資金額達到 7.35 億歐元，[22] 2015 年則上看 60 多億美元，[23] 由於群眾募資於歐洲的持續發展，從而此一融資方式越來越受到重視，尤其是對中小及新創企業。[24] 以下即就歐盟資本市場群眾募資之現況、近年來關於群眾募資所提出之相關討論與意見進行簡單介紹，惟歐盟目前尚未對群眾募資訂定一致性規範，而是由會

---

[21] https://cfxtrading.com/blog/10-equity-crowdfunding-statistics-that-should-have-your-attention-infographic, accessed April 18, 2017.

[22] S. Massolution, The crowdfunding industry report 2012, accessed April 18, 2017, http://www.crowdsourcing.org/research.

[23] http://reports.crowdsourcing.org/index.php?route=product/product&product_id=54, accessed April 18, 2017.

[24] Angelos Delivorias, aaO. (Fn. 17), S 1.

員國各自在歐盟的金融法規下發展其相關規範。

一、發展現況

　　歐盟執委會就歐盟資本市場的群眾募資現況於 2016 年 5 月 3 日提出工作報告「歐盟資本市場聯盟之群眾募資」（Crowdfunding in the EU Capital Markets Union）[25]，於報告中分如下幾部份，簡單說明如下：

（一）概述

　　擴大創新公司、初創企業和其他非上市公司（包括中小企業）的融資管道，是「資本市場聯盟行動計畫」（the Capital Markets Union Action Plan, CMU）[26] 的核心，平均來說，初創企業的前三年平均有 60% 能夠存續下來，而且創造出不成比例的成就，年輕企業平均只佔就業的 17%，但其創造了 42% 的新職位，因此，這些企業的成功對於歐洲未來的就業機會和經濟增長至關重要。然而，在今天的經濟環境中，確保投資融資對於這些企業來說是具有挑戰性的，特別是從啟動階段轉向擴張階段，如 CMU 行動計畫所述，執委會的首要任務是刺激投資創造就業機會，增加歐洲的競爭力，而資本市場聯盟將加強歐洲投資計劃的第三大支柱。由於中小企業強大的本地網絡和關係，銀行將繼續為其提供大部分資金，然而，歐盟所有中小企業中只有 41% 的受訪者對於獲得未來融資的機會沒有任何障礙，從而為了補充銀行融資，CMU 行動計畫將加強替代融資的不同來源，其中包括群眾募資。而群眾募資除了直接提供替代資金來源外，其亦可為企業提供其他利益：它可以向專案尋求者提供概念和想法驗證證明；它可以幫助吸引其他資金來源，如風險投資和商業天使；它可以讓眾多企業家提供見解和資訊；如果募資成功，它可以成為一個營銷工具。

　　與所有投資一樣，群眾募資對散戶投資者和微型企業也帶來了一些

---

[25] SWD(2016) 154 final , COMMISSION STAFF WORKING DOCUMENT , https://ec.europa.eu/info/system/files/crowdfunding-report-03052016_en.pdf.

[26] Communication from the Commission to the European Parliament, the Council, the European Economic and Social Committee and the Committee of the Regions, *Action Plan on Building a Capital Markets Union*, COM(2015) 468/2, 30.09.2015.

風險（如計畫和流動性風險、平台失敗、網絡攻擊）和擔憂（例如投資者缺乏經驗、投資可靠性、缺乏監理或不同監理制度），但是通過對投資者的適當保障措施，群眾募資可以成為支持創造就業機會、增長經濟和競爭力之非銀行融資的重要來源。歐洲議會也積極關注群眾募資，於2015年7月9日提出的關於建立資本市場聯盟的決議中指出，CMU應該創建一個適當的監理環境，加強對尋求信貸、準股權和股本結構的公司能跨境獲取資訊，以便促進非銀行融資模式的增長，其中包括群眾募資、點對點貸款。

本報告之目的即是評估國家制度，確定最佳實踐，並介紹執委會監測群眾募資領域演變情況的結果。這表明，群眾募資可以為CMU行動計畫的目標提供協助，有助於在歐洲籌集資金，並將其引導到包括中小企業在內的所有公司，雖然群眾募資取得之資金在歐洲企業總資金中的份額仍然相對較小，但其增長速度快，特別是在一些會員國。又跨境計畫之資金依然有限，蓋許多會員國在很大程度上仍然存在區域或地方現象，所以有幾個會員國已經引入或正在計劃引入群眾募資為國內內定制度。整體來說，這些會員國層級的國內制度在很大程度上，其方法是一致的，但會員國會根據當地市場和投資者的特點和需求制定監理框架，從而會導致規則設計和實施方面的差異，基於這種情況，執委會將繼續監督市場和法規的發展，並鼓勵監理方法和最佳實踐的分享更為一致。

（二）執委會在群眾募資上的工作更新報告

以下係關於歐盟執委會自2014年3月27日提出「釋放歐盟群眾募資潛力之通訊文件」（Unleashing the potential of Crowdfunding in the European Union; Freisetzung des Potenzials von Crowdfunding in der Europäischen Union）[27] 後之工作更新報告摘要：

1. 2015年2月執委會通過了一份關於建立資本市場聯盟的綠皮書，尋求利害關係人對群眾募資的意見。
2. 2014年12月和2016年2月在歐洲證券委員會（EGESC）專家組的

---

[27] COM(2014) 172 final.

框架內舉行了兩次會員國監理研討會。

3. 成立「歐洲群眾募資利害關係人論壇」(European Crowdfunding Stakeholder Forum, ECSF),作為相關利害關係人團體協會代表和國家當局代表之專家團體。

4. 執委會啟動計畫或委託進行一些研究,以改善對群眾募資市場、商業模式和監理框架的一般認識:研究報告(由 Crowdsurfer 和安永會計師事務所編寫),發表於 2015 年 11 月;2016 年 4 月,金融服務用戶組(FSUG)發布了一份研究報告(Oxera 編寫);研究報告「評估群眾募資和其他形式的替代融資以支持研究和創新的潛力」(Assessing the potential for crowdfunding and other forms of alternative finance to support research and innovation);分析和宣傳與文化和創意領域相關的歐洲群眾募資市場之最佳實踐計畫。

5. 以 23 種語言出版了「中小企業群眾募資指南」(Guide on Crowdfunding for SMEs)。[28]

除執委會的工作更新外,歐洲監督機構(ESA)也在各自的責任範圍內對群眾募資開展其工作,最重要的是歐洲證券市場管理局(ESMA)於 2014 年 12 月就投資性之群眾募資發布建議和意見,歐洲銀行管理局(EBA)於 2015 年 2 月就借貸性之群眾募資發布意見。[29]

(三)歐盟市場狀況

群眾募資平台使用的不同商業模式可以分為以下大類:

1. 投資類型:公司發行股權或債務金融工具,通過平台吸引投資者。

2. 借貸類型(也稱為群眾融資、點對點或市場借貸):公司或個人尋

---

[28] http://ec.europa.eu/growth/access-to-finance/funding- policies/crowdfunding/index_en.htm, accessed April 23, 2017.

[29] ESMA's Opinion and Advice, https://www.esma.europa.eu/sites/default/files/library/2015/11/2014-1378_opinion_on_investment- based_crowdfunding.pdf ; https://www.esma.europa.eu/sites/default/files/library/2015/11/2014- 1560_advice_on_investment-based_crowdfunding.pdf ; EBA's Opinion, https://www.eba.europa.eu/documents/10180/983359/EBA-Op-2015- 03+(EBA+Opinion+on+lending+based+Crowdfunding).pdf.

求以貸款形式通過平台獲得公眾資金。

3. 發票交易類型：一種以資產為基礎的融資形式，通過在線平台將商業單獨或一籃子的未付發票或應收款出售給投資者。

4. 回報類型：個人對計畫或商業的贊助，以收到非財務回饋（例如商品或服務）。

5. 捐贈類型：個人對計畫或商業的捐贈，但不獲得經濟或物資回報。

6. 混合類型：組合其他類型的群眾募資元素。

在這份工作文件主要涉及引發財務回報的群眾募資模式，特別是以投資及借貸為主的模式，然而這並非否認捐贈或回報類型對於創新者和初創企業家所可能發揮的重要作用，特別是在研究、科學、文化和創意等領域。

據估計，歐盟在 2015 年通過群眾募資平台成功籌集 42 億歐元，其中 41 億歐元係透過財務回報的模式籌集。執委會委託研究分析歐盟群眾募資平台的數據，該研究顯示截至 2014 年 12 月 31 日，共有 510 個群眾募資平台在歐盟活躍，其中有 502 個平台位於 22 個會員國中，而 8 個平台位於其他國家（澳大利亞，加拿大，中國，新西蘭和美國）。大多數平台位於英國（143），其次是法國（77）和德國（65）。大部分平台都參與了以回報為基礎的群眾募資（30％），其次是參與股權之投資類型的群眾募資（23％）和以借貸為主的群眾募資（21％）。

本研究涵蓋之平台的計畫數據顯示，在 2013 - 2014 年度，成功籌集 23 億歐元，最大單計畫募集了 610 萬歐元（股本類型）和 500 萬歐元（貸款類型）。跨越歐盟 2013 年至 2014 年，通過股權群眾募資平台籌集的資金增長了 167％，通過借貸群眾募資平台籌集的資金增長了 112％。2014 年股權式群眾募資的平均募集資金為 26 萬歐元，以借貸為基礎的群眾募資資金為 1.1 萬歐元。募資金額的平均規模似乎在增加，例如，通過權益平台籌集的平均資金增長了 21％（從 215,000 歐元增加到 26 萬歐元），這一趨勢得到了 2015 年英國替代財務報告的確認，其中顯示，英國的平均交易規模為 523,978 英鎊，比 2014 年的 199,095 英鎊大幅增長。

在歐盟，就股權群眾募資計畫，於 2013 - 2014 年期間，英國是總

金額最大市場（8,900 萬歐元），其次是法國（1,900 萬歐元）和德國（1,800 萬歐元）。就借貸群眾募資計畫，2013 - 2014 年期間，英國是最大市場 16 億歐元，其次是愛沙尼亞（1,700 萬歐元）和法國（1,200 萬歐元）。

關於全球趨勢估計顯示，2014 年的群眾募資增長了 167%，從 2013 年的 61 億美元增長到 162 億美元，北美地區在群眾募資數量方面仍然是第一個，增長 145% 共計 94.6 億美元，亞洲增長 320% 達到 34 億美元，高於歐洲（估計為 32.6 億美元）。

二、法制討論

（一）歐洲議會議員之書面提問與歐盟機構的回應（2012-2014 年間）

1. 群眾募資規則 [30]

2012 年 4 月 13 日歐洲議會議員對歐盟執委會提問關於群眾募資規則事宜，其指出，群眾募資係一種籌資新工具，正在對整個歐洲產生影響，已被運用在諸如 growvc.com、c-crowd.ch 和 seedmatch.com 等平台上，成為最多元化投資於創業企業的典範，然而，歐盟關於保護投資者和財務報告之法制是否可以適用於這種平台上，或是應適用國家層級之籌資和金融工具規範，則仍有未明，特別是在 "創意產業" 行業，其通常為非營利性活動或為社會和文化目的收取資金，而不是設立真正的法人實體，故實施和管理群眾募資的法律基礎於各國間完全不同，有鑑於此，應該採取明確立法，為群眾募資此一現象提供法律框架，因此，其詢問歐盟執委會，關於群眾資募平台和投資者的法律地位、適用什麼規則，以及哪些金融市場工具之法制應涵蓋群眾募資？

歐盟執委會於同年 6 月 7 日書面回應表示，其一直關注議員所提及的所謂「群眾募資」模式，其在「創意產業」及其他領域的突

---

[30] Written questions with answer, E-003851/12, Subject: Rules for crowdfunding, OJ C 143E , 23.5.2013, p.81.

出表現顯示，於歐盟此模式對文化和社會活動提供財政援助方面具有潛力，群眾募資可提供具有成本效益之手段，將許多小額捐款和潛在支持者匯集在一起，補充傳統資金來源；實際上，群眾募資所提供的資金可以採取各種補充形式 - 從更傳統的風險融資到捐贈的類型或服務的預付款形式，基於其提供的融資機制多樣化，其模式的新穎形式，這些模式與金融服務的監理要求之相互作用將有所不同，從而，為了確保適當的規定已經到位，第一步應清楚地了解不同形式的群眾募資以及其所提供服務的範圍和性質，群眾募資可能成為歐洲成長、社會和文化創新之潛力資金的重要來源，故執委會將從監理角度和政策角度密切關注事態發展。

2. 歐洲公民參與專案 [31]

2012 年 12 月 20 日歐洲議會議員對歐盟執委會提問關於歐洲公民參與專案事宜，其指出，2012 年 11 月在奧地利的 Zwentendorf 核電站成立了太陽能發電站，其有公民參與計畫來資助太陽能電池板，在這個專案中，一般民眾購買太陽能發電站的股份以資助其建設。然而，過去幾年，其他一些公民參與專案，如奧地利製鞋商 Heini Staudinger 計劃擴大其公司的計劃，已被金融市場監理機關否決，而這些專案大多涉及業務擴張。執委會如何考慮制定或專門規範公民參與專案和企業與公眾之間的其他形式合作方案？執委會是否認為應該減少群眾募資的行政和財政障礙，同時保護投資者的利益，使企業更容易通過一般人之直接參與（小投資者）來創業或擴張業務？一般公民作為股東一起支持區域經濟活動的方式是執委會贊成的嗎？

歐盟執委會於 2013 年 3 月 11 日書面回應表示，通過向廣泛公眾公開呼籲為各種專案融資，通常被稱為群眾募資，倡議者可以直接或使用網絡中介獲取資金。雖然群眾募資可構成融資來源，且可能非常有助於透過共同所有權之可能性來支持對當地專案的建設，但其中在欺詐或投資者方面亦可能承擔一些風險。就股權式之群眾

---

[31] Written questions with answer, E-003851/12, Subject: Rules for crowdfunding, OJ C 143E, 23.5.2013, p.81.

募資而言，歐盟若干法規可能適用。鑑於各種商業模式和資金目標，需要逐案評估，以確定歐盟規則的適用性，包括其中所提供的豁免，這些豁免的適用可能已經允許其中一些專案的發展。執委會已資助並出版了一份總結社區所有權和其他再生能源專案利益分享機制經驗的研究報告。有鑑於前述框架、此現象的動態性以及考慮到群眾募資可能有助於實體經濟融資的需要，執委會正在努力更好地了解這一活動的各個面向，隨著對這一新興活動的了解更多，包括在監測市場和國家立法發展的基礎上，執委會將考慮是否需要一個具體框架，以完全符合輔助性和相稱性原則。最近的「2020 年創業行動計劃」（Entrepreneurship 2020 Action Plan）邀請會員國評估修改現行國家金融立法的需要，包括促進群眾募資平台的便利性。

3. 非銀行金融 [32]

2013 年 3 月 25 日歐洲議會議員對歐盟執委會提問關於非銀行金融事宜，其指出，為使歐盟銀行業能有效率競爭，則透過降低銀行業務成本來實現經濟運行的有效運作是有必要的。2011 年，英國當地企業家成立一家公司，作為儲戶和借款人之間的聯繫，該公司提供一項創新的點對點貸款計劃，使人們能夠從銀行獲得可負擔之貸款融資，並提供 5％的 AER 貸款償還。所有借款和貸款交易均經在辦公室內進行面對面訪談。此公司持有公平貿易的消費信貸許可證，但不受金融服務管理當局監理，因為其活動不在監理框架內。其詢問執委會是否知道在歐盟成立的創新融資公司的例子？執委會採取什麼行動在歐洲推廣這些創新模式？

歐盟執委會於同年 5 月 17 日書面回應表示，點對點貸款計劃屬於群眾募資的普遍概念，亦即通過公開呼籲向廣泛的公眾轉達各種計畫之融資，倡議者可以直接獲得資金，或者使用一個網絡中介來協助推廣和籌集資金。雖然群眾募資可建構融資來源，尤其是對小型企業或地方計畫，但其在欺詐或投資者保護方面亦可能帶來一些風險，基於這種現象的動態性，執委會認為判斷是否需要這些活動

---

[32] Written questions with answer, E-003332/13, Subject: Non-bank finance, OJ C 12E , 16.1.2014, p. 154.

的具體監理框架為時尚早，惟可監測市場和國家層級法律發展情況，並評估任何歐盟行動的輔助性和相稱性條件是否得到滿足。最近的「2020 年創業行動計劃」包含邀請會員國評估是否需要修改現行的國家金融立法，目的是為新創企業和一般中小企業提供新的替代形式的融資，特別是群眾募資平台。又執委會工作文件"強化歐盟網絡企業家環境"包括一個旨在支持歐洲群眾募資平台網絡的行動，以使現有歐盟平台之間獲得支持、能見度、透明度和互連性，包括那些網絡初創公司。且最近執委會於「歐洲經濟長期融資綠皮書」中體認到，有必要進一步反思如何使歐洲的融資體系多元化，以確保更好的支持實體經濟，而不會危及金融穩定。

4. 群眾募資規則的設計 [33]

2013 年 6 月 15 日歐洲議會議員對歐盟執委會提問關於群眾募資規則之設計事宜，其指出，2011 年到 2012 年之間群眾募資金額於世界各地增加 81％，金額來到 20.7 億歐元，但歐盟監理框架對投資人未提供有效保障，也未提供群眾募資平台之管理規則，其詢問執委會是否已對群眾募資發展潛力進行評估及分析其他國家之監理方式？是否在歐盟層級發展特別規則來管理群眾募資平台？

歐盟執委會於同年 9 月 10 日書面回應表示，其密切觀察群眾募資之發展，且認為群眾募資係有潛力但對出資人存在風險之選擇性財務來源，於其「歐洲經濟長期融資綠皮書」中將群眾募資視為另類融資模式。為判斷適合之法制環境，將舉行公眾諮詢。

5. 群眾募資 [34]

2013 年 10 月 24 日歐洲議會議員對歐盟執委會提問關於群眾募資事宜，其指出，執委會已經發起諮詢，邀請利害關係人分享他們對群眾募資以下觀點的看法：其利益、潛在風險和設計一個最佳政策框架，以開發這種新形式對藝術和創意產業的融資潛力。此諮詢

---

[33] Written questions with answer, E-008630/13, Subject: Devising rules on crowdfunding, OJ C 66E , 6.3.2014, p. 441.

[34] Written questions with answer, E-012170/13, Subject: Crowdfunding, OJ C 221, 11.7.2014, p. 264.

涵蓋從捐贈到財務投資的各種形式之群眾募資，每個人都被邀請通過在線問卷調查來回覆分享他們的意見，其中包括可能有助於群眾募資運動的公民和可能啟動募資的企業家。(1) 執執委會在這個諮詢中的目標是什麼？ (2) 如何鼓勵這個新興產業的發展？ (3) 執委會在這個事項上的議程是什麼？

　　歐盟執委會於 2014 年 1 月 6 日書面回應表示，其於 2013 年 10 月 3 日發起了一次有關群眾募資的公眾諮詢，將於 2013 年 12 月 31 日結束，這次公眾諮詢的目的是評估歐盟行動的潛在附加價值。群眾募資有潛力為歐洲的增長和協助社會、文化和技術創新提供資金，但是其也可能會帶來某些風險，從而確保有效保護出資者，及為這些不斷變化的做法提供明確的法律環境，是促進群眾募資的關鍵。由於意識到此點，一些會員國已經開始在國家層級規範群眾募資。此外，歐洲證券市場管理局（ESMA）和國際證券委員會組織（IOSCO）也開始收集關於適用之法律框架的資訊。執委會發起的公眾諮詢正在測試非立法方式之方案，例如提高認識、分享最佳做法以及自律規範。協調一致性之融資、對現行規範的修訂或針對群眾募資量身定製的歐洲制度，均是利害關係人所提出的立法選擇意見之一，執委會將根據諮詢結果，就可能的後續步驟發表意見。

6. 使用群眾募資與商業天使為歐盟初創企業提供資金 [35]

　　2014 年 1 月 7 日歐洲議會議員對歐盟執委會提問關於使用群眾募資與商業天使為歐盟初創企業提供資金事宜，其指出，群眾募資與商業天使在美國證明為非常成功之為初創企業提供融資的手段，在最近通過的 JOBS ACT 中規範了大量的規則。除美國外，意大利亦於 2012 年 12 月對群眾募資立法，於 2013 年 7 月生效，近期法國也在草擬類似之法案。商業天使，為專業投資者在自己之專業領域對創業企業提供資金的活動，在歐盟國家也有明顯的擴大，尤其在英國。鑑於這些資源可為企業增長提供有用和有價值的手段：則執委會能否確定目前正在使用這兩種融資方式之國家及其獲得何種程

---

[35] Written questions with answer, E-000058/14, Subject: Using crowdfunding and business angels to finance business start-ups in the EU, OJ C 279, 22.8.2014, p. 89.

度的成功？是否打算在歐盟層級採取行動來鼓勵這些活動，並計劃在不久的將來這樣做？

　　歐盟執委會於同年 3 月 3 日書面回應表示，目前沒有關於群眾募資市場規模的官方數據，依估計顯示，在 2012 年於歐洲共募資 7.35 億歐元，雖會員國的綜合分析數據不存在，但英國似乎佔歐盟總體數字很大一部分，其中貸款和股權之群眾募資約 3.6 億英鎊。最近美國 JOBS 法案規定了群眾募資，意大利也已經制定了一個監理框架，允許創新型創業公司透過群眾募資籌集資金，法國及英國也正在規劃以證券為基礎和以貸款為基礎的群眾募資運作規範。群眾募資和天使資本都是初創企業有希望的融資方式，可以刺激經濟的增長。目前一項研究已經計劃到 2014 年，應該更全面地了解天使和群眾募資之投資者的潛力，以改善歐盟對企業，特別是中小企業的融資管道。其與金融服務業的其他領域一樣，重要的是要確保投資者能以透明的方式意識到這些類型的融資可能涉及的潛在風險。在 2014 年第一季，執委會將就 2013 年 3 月提交的「歐洲經濟長期融資綠皮書」和 2013 年 1 月 31 日完成的群眾募資公眾諮詢提出措施，執委會將探討歐盟可以最有效地促進歐洲群眾募資市場完善發展的行動，且提高中小企業對這些替代形式融資的認識。

7. 歐洲支持和群眾募資規範 [36]

　　2014 年 1 月 28 日歐洲議會議員對歐盟執委會提問關於歐洲支持和群眾募資規範事宜，其指出，群眾募資正在成為獲得（啟動）資本越來越重要的機制，專家估計，2014 年（年輕）的企業家將通過這種方式獲得 70 億歐元以上的資金，從而總共將創造 27 萬個新的就業機會。在美國，立法的變化為這種替代形式的資金增添了動力，從 2013 年底結束的公眾諮詢過程可以看出，執委會已經認識到群眾募資的重要性，其有潛力成為新歐洲專案和促進中小企業之持續性資金來源，這亦是執委會在 2013 年 3 月 25 日發表的關於歐洲經濟長期融資綠皮書中提出的要點之一。惟無論如何，由於群眾募資是

---

[36] Written questions with answer, E-000832/14, Subject: European support for and regulation of crowdfunding, OJ C 300, 5.9.2014, p.210-212.

一個相對較新的概念，其管理方式將因國而異。許多斯洛文尼亞的專案在各種群眾募資平台上取得巨大成功，雖然我對群眾募資這個概念很熱心，但我意識到，其不確定之未來意味著，存有潛在的消極面，主要是關於消費者和投資者安全。基於上述，想請問執委會：我們可以期待歐盟對未來群眾募資平台的財政激勵以及這種替代資金來源的專業化和註冊？執委會認為群眾募資的消極面為何，以及為了解決這些問題採取哪些立法措施？在有爭議的資金情況下，歐盟層級有什麼措施保護投資者和消費者？執委什麼時候公佈有關群眾募資之公眾諮詢結果，以及在歐盟層級上對群眾募資未來有何進一步措施？

歐盟執委會於同年 4 月 4 日書面回應表示，群眾募資除了許多潛在的好處，也存在風險，專案業主可能會出現聲譽風險或與智慧財產權保護不足的相關風險，而出資者的風險包括受欺詐、專案失敗、無法取回可回收資金、誤導廣告或者在有財務報酬的群眾募資情況下，沒有收到承諾的投資回報或在額外的證券發行時其投資被稀釋。在歐盟層級，有立法來解決其中一些風險，例如：電子商務指令（Electronic Commerce Directive）規定網路中介機構的責任規則、保護消費者之「不公平商業慣例指令」（Directive on Unfair Commercial Practices）對誤導商業行為之禁止。更具體之金融法規，例如金融服務遠程營銷（Distance Marketing of Financial Services Directive）、MiFID、公開說明書（Prospectus Directive）或支付服務指令（Payment Services Directive）可能適用於貸款或投資型之群眾募資，具體取決於其情況，例如所使用的商業模式和募集之金額。執委會於 2013 年召開了一次關於群眾募資的公眾諮詢，在此檢視的問題包括提高認識、公共資金、自律和可能需要進一步採取的歐盟行動，包括為促進群眾募資之立法舉措，以及同時確保消費者保障之適當水平。諮詢結果可以網路線上取得。作為「歐洲經濟長期融資綠皮書」後續行動的一部分，執委會於 2014 年 3 月 27 日通過一項關於群眾募資的通訊文件，這項文件詳細列出執委會採取的政策措施。

8. 關於群眾募資立法 [37]

2014 年 3 月 11 日歐洲議會議員對歐盟執委會提問關於群眾募資立法事宜，其指出，到目前為止西班牙沒有立法專門解決群眾募資問題（英國、法國、意大利和德國存在這種立法），在 2014 年 2 月 28 日，西班牙部長會議通過了一項關於促進商業資金的法案，與其他會員國使用的模式不同，其提出的建議對資金施加了非常嚴格的限制，對該領域造成嚴重挫折。英國、法國和意大利都對群眾募資平台進行了管理，而投資人可盡其所能的做出貢獻；在德國，投資人每年投資金額最高可達 10 萬歐元。基於上述情況：執委會是否認為西班牙政府之提案，其諮詢期只有一個月，是符合歐洲標準？執委會是否認為西班牙政府關於促進商業資金的法律草案應符合歐洲之最佳實踐標準？執委會是否認為，與其他歐盟會員國的同行競爭時，西班牙企業將享有平等條件？

根據各方消息，群眾募資平台正努力確保前述法案之規定是基於以下三個關鍵因素：所有平台應由西班牙國家證券市場局（CNMV）認證，以使其具有專業地位（這已經在法案中明確規定）；應向投資者通報平台的運作情況，並使其了解投資於新創事業之固有風險；建立程序以確保獲取資金之專案並非欺詐。基於上述情況，執委會是否可以說這三項因素對投資者和企業家都有好處，因此應於前述法案規定中加以考慮？

在前述法律草案中，提到群眾募資平台的責任，一方面，平台必須具有最低資本額 10 萬歐元，以便就任何可能的疏忽提供賠償；另一方面，這些平台對關於專案所提供之資訊真實性負責，而未進一步說明。這一點在該行業引起相當大的不確定性：如果說責任僅僅適用於平台的疏忽（例如隱藏可能傷害投資者之專案資訊），似乎是符合邏輯，但是若平台的責任延伸到可能的風險，如創業可能無法按計劃發展，則將是一個嚴重問題。基於上述情況，並考慮到在 2002-2010 年期間，歐洲創造的淨就業機會中有 85％是在中小型

---

[37] Written questions with answer, E-002832/14, E-002833/14, E-002834/14, E-002835/14, Subject: Legislation on crowdfunding I, II, III, IV, OJ C 326, 19.9.2014, pp. 92-99.

企業，執委會是否認為，必須消除任何法律上的不確定性，為企業家和投資者打好道路，讓他們創造附加價值和就業機會？

關於前述法律草案，其中包括規範和強制群眾募資限額的措施，最有爭議部分係涉及個人限制：每個專案之最高年投資額為 3,000 歐元、每個平台為 6,000 歐元。由於群眾募資之特殊性質，只存在少量平台負責大部分專案，這意味著每個平台之限制可能使人們不能進行理想的投資，例如若我想投資四個專案，每個提供 2,000 歐元資金，如果四個專案全部都在同一平台，將超過限額而不可行。另一方面，每個專案限額 3,000 歐元，意味著完全可行之企業可能面臨資金取得不足的危險。現有數據顯示，當專案已經達到一定比例資金需求時，鼓勵人們進行投資；其次，初始投資者通常是企業家的家人和朋友，他們選擇通過群眾募資管道進行投資的好理由，係其通過這樣做，向其他潛在投資人發出值得投資的信號。然而投資限額措施，最糟糕的情況是使可行的專案可能無法獲取他們所需資金。在此應該指出的是，在西班牙借款人嚴重依賴銀行部門進行信貸。執委會已經在"西班牙銀行紓困諒解備忘錄"中提請注意，過度依賴銀行業之信貸。基於以上所有情況：執委會對這一限額措施有何看法？執委會是否同意這些限制會損害企業家的利益？是否將此提案視為符合西班牙銀行紓困原則和條件？執委會是否認為此一措施與信貸應漸少依賴健全體系的想法背道而馳？

對於前述問題之回應，歐盟執委會分別於同年 4 月 25 日、5 月 2 日及 5 月 12 日書面回應表示，執委會知道幾個會員國最近提出了關於群眾募資的立法或非立法建議，並正密切關注這些發展，而在歐盟層級目前尚未有確定之最佳做法或標準來指導會員國如何通過群眾募資促進融資管道。執委會認為許多類型的行為者，無法找到解決融資需求的方式，而群眾募資是一個有希望的資金來源，考慮到這一新興現象存在之潛在及重大挑戰，執委會希望與利害關係人合作，在歐盟層級制定一個共同協議，為未來的可能行動奠定基礎，為此，執委會於 3 月 27 日通過「釋放歐盟群眾募資潛力之通訊文件」，在此之前的公眾諮詢表明，利害關係人認為重要因素之一是解決平台運行之欺詐和透明度風險、平台費用以及投資風險，為收

集更多資訊，執委會將成立一個群眾募資的專家小組，借此確定可能需要解決的問題，以促進群眾募資的發展，同時尚應考慮出資者的利益。專家小組還將有助於建立企業的信心，提高企業對群眾募資有關利益和風險的認識。又執委會亦密切關注與群眾募資有關的國家政策發展，注意到會員國採取不同的方法來保護出資者免受欺詐和投資風險，同時促進企業家獲取融資的機會。一些會員國透過對個人投資者對特定專案或平台的出資上限來保護投資者免受高損失，其他會員國也試圖通過準則來解決關於群眾募資的問題。執委會認為，過於繁重的監理措施可能會阻礙群眾募資的發展，而太鬆散的政策又可能會導致投資者的損失，而傷害消費者對群眾募資的信心，不同的方法可能會對應不同規則的適用而產生法律上的不確定性，也可能破壞內部市場，因此，執委會在「釋放歐盟群眾募資潛力之通訊文件」中宣布將密切監測內部市場良好運作背景下的發展情況，並舉辦監理講習班，討論跨境活動的任何潛在障礙。

（二）綠皮書 - 揭開文化創意產業潛能（2010 年）

於「綠皮書 - 揭開文化創意產業潛能」（Green Paper - Unlocking the potential of cultural and creative industries）[38] 中指出，文化創意產業係具有較大經濟潛力的高度創新企業，為歐洲最具活力的行業領域之一，貢獻歐盟 GDP 2.6％左右，其具高增長潛力，可為歐盟 27 國提供約 500 萬人之優質就業機會，且除對 GDP 的直接貢獻之外，文化創意產業也是許多其他行業經濟和社會創新的重要動力。惟許多文化創意企業家是中小企業，其中，由一至二人組成的企業代表了該行業絕大多數公司，其業務在很大部分是原型或以計畫為基礎的，嚴重依賴其"明星產品"或服務，並且在很大程度上取決於個人才華和風險承擔，從而獲得財務支持的機會有限，其長期遭受資本不足的困擾，並且其非實質性資產之估值亦面臨嚴重問題，與技術領域之企業相反，文化創意產業的無形資產在資產負債表中沒有確認價值，不符合"研發"的標準理念，造成融資困難，因此，創新金融工具，如風險投資和擔保以及通過市場參與者提

---

[38] COM(2010) 183 final.

供的其他風險分擔工具，可以在促進中小企業獲得融資方面發揮重要作用，或者新金融模式，例如群眾募資，將出資者和需要風險投資之公司匯集在一起，可以實現企業之增長。

（三）2020 年創業行動計畫（2013 年）

歐盟執委會於 2013 年 1 月 9 日提出「2020 年創業行動計劃」（Entrepreneurship 2020 Action Plan），[39] 其提出行動三支柱，支柱一：創業教育和培訓，以支持成長和創業；支柱二：創造企業家蓬勃發展的環境；支柱三：角色模型並與特定群體接觸。其中支柱二的重點包括更易取得融資，蓋若無足夠資金和流動性，則沒有任何企業可以經營、投資和發展，實際上，融資管道是中小企業發展的支撐槓桿之一，因此請會員國評估是否需要修改現行之國家金融法規，以便為新創和中小企業提供新的替代形式融資，特別是群眾募資平台，以及考慮簡化稅法的必要性，以促進另類金融市場的進一步發展，例如商業天使投資。

（四）歐洲經濟長期融資之綠皮書與通訊文件（2013 年、2014 年）

歐盟執委會於 2013 年 3 月 25 日提出「歐洲經濟長期融資綠皮書」（Green Paper long-term financing of the European economy），[40] 其目的是如何促進長期融資的提供，以及如何改善和多元化金融中介制度，其認為加強歐洲經濟長期融資的行動應涉及廣泛相互聯繫的因素，包括金融機構投入長期融資的能力、金融市場提供長期融資工具之效率和效益、促進長期儲蓄和融資的交叉因素、中小企業獲得銀行和非銀行融資的便利性。其中關於中小企業獲得銀行和非銀行融資的便利性，除傳統銀行融資、社會創業基金外，可以進一步考慮以下措施：發展風險投資、為中小企業開發專門的市場和網絡、為中小企業發展新的證券化手段、制定中小企業信用評級評估標準、發展或推動其他「非傳統」財務來源，如租賃、供應鏈金融、基於網路之資金來源，如群眾募資等，惟需進一

---

[39] COM(2012) 795 final.

[40] COM(2013) 150 final.

步思考如何確保這些市場在可持續性的基礎上增長，並在監理框架內得到適當的支持。從此綠皮書可知歐盟支持發展群眾募資的態度。

在 2014 年 3 月 27 日復提出「歐洲經濟長期融資通訊文件」[41]，執委會於其中指出，長期融資綠皮書就推動歐洲經濟和加速復甦吸引所需資金之不同因素，引發廣泛辯論，也得到利害關係人及經濟環節各層面的積極回應。大多數利害關係人同意擴大歐洲長期融資來源的需求性，同時體認到銀行將持續發揮重要作用，尤其是對中小企業。而在綠皮書公眾諮詢的基礎上，本通訊文件提出一整套具體行動，重點包括：(i) 動員私人來源的長期融資、(ii) 更好應用公共財政、(iii) 發展資本市場、(iv) 改善中小企業融資管道、(v) 吸引私人融資到基礎設施以及 (vi) 加強持續性融資的整體環境。與本通訊文件一併提出的有：修改職業退休準備機構（IORP）指令的建議，以支持進一步發展職業養老金，此為歐盟長期機構投資者的重要類型；關於群眾募資的通訊文件，此為中小企業越來越多的融資來源。

（五）釋放歐盟群眾募資潛力之通訊文件（2014 年）

歐盟執委會於 2014 年 3 月 27 日提出「釋放歐盟群眾募資潛力之通訊文件」（Unleashing the potential of Crowdfunding in the European Union; Freisetzung des Potenzials von Crowdfunding in der Europäischen Union）[42]，其密切關注群眾募資於國際上之發展，並致力於符合國際水平的監理措施。以下簡述其內容：

1. 概述

在本通訊文件中說明群眾募資的運作，係一種可用很多不同方式使用的融資管道，有捐贈型、回饋型、財務回報、利潤分享計劃、發行股票或債務等，而因此所發行之股票，與 IPO 的區別在於，其一般不在次級市場上交易，也沒有涉及承保。由於群眾募資尚處於發展的早期階段，因此這些模式未來可能還會再發展。而群眾募資

---

[41] COM(2014) 168 final.

[42] COM(2014) 172 final.

可以促進創業精神，其不僅增加融資管道，還可作為額外之市場測試和營銷工具，幫助企業家獲得客戶之相關知識與媒體曝光，這樣的經驗也建構了就業能力，且成功之募資可為其他企業家提供寶貴榜樣。

本通訊文件旨在促進群眾募資之活動，具有以下優先事項：成立專家小組，向執委會提供諮詢意見和專門知識，尤其是，專家小組應向執委會提供諮詢意見，探索「質量標籤」建置之潛力，以建立與使用者間之信任，並向執委會提供專業知識，以促進透明度、最佳實踐與認證；提高對群眾募資之認識、推動資訊和培訓、提升標準；繪製國家監理發展情況並舉辦監理研討會，以確保內部市場之最佳運作，並評估在歐盟層級是否需要監理干預。

2. 歐盟群眾募資的主要挑戰

(1) 歐盟規則之適用欠缺透明度

於本通訊文件中指出，目前群眾募資所適用之歐盟規則欠缺透明度，係對歐盟之主要挑戰。

A. **對所有類型之群眾募資：** 對於不同形式之群眾募資，由於用戶群體的差異、風險、複雜性和目的，從而在各種形式的群眾募資之間是有區別的，重要的是去區分財務和非財務回報類型，而財務回報類型之出資人被認為承擔較高風險。至於對所有類型之群眾募資，歐盟法制之主要議題包括反洗錢、廣告、消費者保護以及相關智慧財產權保護等。

由於目前反洗錢規則的差異而存有潛在的不均衡競爭環境。根據支付服務提供商的位置，可能需要該平台對不同交易門檻的資金流進行檢查。「反洗錢指令」（Anti-Money Laundering Directive）和「2006 年第 1781 號規章」的擬議修正案正在由共同立法者進行談判，預計這些修正案將通過目前仍在討論的所有會員國統一的交易限額來處理上述問題，以便在轉移資金的情況下進行客戶盡職調查措施。

20％的專案業主回答問卷時表明，智慧財產權保護不足的風險太高，由於創新項目必須透露自己的想法以吸引出資

者，然而通過揭露沒有足夠專利保護的發明，他們將冒著有人利用他們想法的風險，其中遇到的主要問題之一即是目前歐洲的專利制度分散化，若目前專利制度的改革能到位，將有可能在一站式的基礎上獲得一體化效應的歐洲專利，而能提供成本優勢，減輕行政負擔。

歐盟法規是否進一步可能適用於群眾募資，具體取決於其所使用之實際商業模式，例如，為成功融資專案收取資金的平台可能從事電子商務，因此適用「電子商務指令」（E-commerce Directive）。「誤導和比較廣告指令」（Misleading and Comparative Advertising Directive）為企業與業務背景下之誤導營銷實踐提供了最低程度的協調統一。消費者受到「不公平商業慣例指令」（Unfair Commercial Practices Directive）保護，禁止被誤導和攻擊性手法，禁止某些營銷手段。如果群眾募資之倡議者使用之標準條款和條件包含不公平條款，那麼這些條款和條件在「不正當契約條款指令」（Unfair Contract Terms Directive）下，對參與消費者無拘束力。此外，歐盟國家援助和競爭規則也適用於群眾募資活動。又即使歐盟法制不適用，也可能會有不同之國家法規的適用，特別是慈善捐贈和捐款、回饋型和預售（預購）型之群眾募資。

B. **財務回報型群眾募資（群眾募資和群募投資）**：財務回報型群眾募資及其平台可能會受到歐盟和國家層級進一步規則的制約，而這取決於其所使用的具體商業模式。相關歐盟監理框架包括：公開說明書、支付服務、金融工具市場、資本要求、替代投資基金經理、消費者信貸和金融服務遠程營銷等指令，以及資本要求、歐洲創業投資和歐洲社會創業基金等規則。

在國家層級可能適用不同的附加規則，歐洲證券市場管理局（ESMA）和歐洲銀行管理局（EBA）在 2013 年進行了一次資訊收集活動，以便更好了解目前監理框架如何適用於每個會員國的群眾募資活動。

　　過於繁重的監理行動可能會阻礙群眾募資的發展，而過分寬鬆的政策也可能導致投資者的損失，損害消費者的信心，應處理的問題包括現有的國家或歐盟法制是否符合群眾募資的需求，還是存有不必要的繁瑣規則而須加以修正，以幫助群眾募資發揮潛力，特別是對中小企業。此外，應注意，各國家規範框架間的不同做法也可能破壞內部市場，限制會員國通過群眾募資平台提供服務，而損害歐洲群眾募資積極發展的潛力。執委會將繼續監督市場，並根據不同的經驗，評估監理行動的需要，以應對不斷變化的情況，而國家監理做法的資訊共享將有助於傳播最佳實踐，並可識別會產生障礙之各國作法的差異。

(2) 群眾募資如何在內部市場發揮作用？

　　A. **非財務回報之群眾募資**：公眾諮詢結果顯示，非財務回報的內部市場暢通無阻，其平台的81％已經跨境運營，而有14％的企業將來亦會這樣做。約三分之一的利害關係人表示支持歐盟採取行動促進非財務回報之群眾募資進入市場（約35％）或更好的保護捐助者（低於30％）。表示支持歐盟採取措施促進非財務回報模式跨境活動的利害關係人通常將法律不確定性作為主要障礙。

　　B. **財務回報之群眾募資（借貸和投資型）─具高水平投資人保障之市場准入**：公眾諮詢結果似乎表明內部市場在財務回報平台方面可能不太好，只有38％跨境經營，其中近一半公司希望將業務擴展到其他歐盟會員國。平台中有44％聲稱缺乏適用規則的資訊，阻止他們在一個以上的歐盟國家經營，27％引用在另一個會員國獲得授權的高額成本，作為僅在國內經營業務的理由。

　　一半受訪者認為歐盟有必要對財務回報型群眾募資採取行動。市場准入和投資者保護是同樣重要的考慮因素：49％的人呼籲歐盟推動單一市場的財務回報型群眾募資，51％的受訪者認為需要歐盟採取行動，以確保對貸款和證券群眾募資投資人的保護。另外，受訪者還強調借貸型和投資型群眾

募資的投資人風險（例如投資資本損失、欺詐風險），以及平台費用、利率和預期收益率的透明度需求。

　　大多數利害關係人同意，參與貸款和投資模式的平台經理需要向投資者通報投資和信貸風險，並就投資多元化提供建議。由於擔心風險，潛在投資者可能不會參與群眾募資活動，這裡主要問題包括不同國家不同個人投資限額、股東行使投票權、公開說明書要求的門檻、透明度規則、投資適合性測試、客戶資金保障和投資諮詢等。

C.　**群眾募資在金融生態系統中如何運作**：群眾募資仍然是一個年輕而不斷演變的金融形式，應該在金融生態系統的背景下進一步探索。不但非財務回報型之群眾募資在數量和影響性都是重要的（大多數群眾募資採取這種形式，許多具有社會目標），財務回報型之群眾募資也在擴大，並適合許多創業計畫或私人消費的具體融資需求。

　　群眾募資是另類融資方式，補充傳統之融資，如前所述，它有助於解決融資問題，並幫助初創公司取得資金。回覆公眾諮詢的四分之一成熟銀行表示有興趣在未來參與群眾募資，這有助於規範金融機構為平台及其計畫提供信譽，增加信任，但這也引發融資領域傳統和新興行為體之間成本上漲和競爭加劇的問題。

　　引發廣泛討論的問題是關於會員國對出資的不同稅收待遇，從而可能影響人們和公司選擇何地出資、投資或捐贈。捐贈和某些形式的金融投資（初創企業、研發《R&D》活動等）在一些會員國中可以扣稅，但在其他會員國又不可以，從而整個歐盟之稅收優惠的有效性與使用應被好好了解。歐盟執委會委託研究 2014 年預計之 R&D 稅收優惠政策有效性和稅收優惠設計方面的良好做法，本研究將概述歐盟會員國和經合組織選定成員的 R&D 稅收優惠計畫，通過審查現有的實證證據來評估 R&D 稅收優惠的有效性，同時促進關於良好做法的知識交流。這可能與通過群募平台的群眾募資和促進研究，開發和創新特別有關。

D. **通過提高認識和建立信心來促進群眾募資：**在歐洲對群眾募資仍然普遍缺乏認識，幾乎一半的受訪者贊成在歐盟層級採取某種形式來提高認識。利害關係人對群眾募資機會的單一資訊來源，藉此提高曝光度，也表示興趣。基於群眾募資存在的風險，在目前早期發展階段，還需要加強對平台的認同，而建立質量標籤將有助於這種認識和建立信心，其表明平台符合某些標準，例如降低欺詐風險，從而建立與用戶間的信任。

E. **匹配（公共和私人）融資的可能性：**由於規模有限，群眾募資不能自主地解決各種形式的融資問題，因此，可探討將公共資金與群眾募資共同搭配投資的可能性。

（六）歐洲經濟暨社會委員會對釋放歐盟群眾募資潛力之通訊文件的意見書（2014 年）

歐洲經濟暨社會委員會（EESC）在 2014 年 7 月 9 日對執委會提出之「釋放歐盟群眾募資潛力之通訊文件」提出意見書，[43] 表達了以下結論和建議：(1) EESC 歡迎執委會的溝通，並強調歐盟群眾募資成長作為替代資金來源的增長潛力；(2) EESC 強調，在投資、創新和就業方面，群眾募資有益於經濟，同時增加了消費者信貸選擇的範圍；(3) 群眾募資的通用性將確保殘障人士不被排除在這種資金來源之外；(4) 由於歐盟企業比美國同業更依賴銀行貸款，因此金融危機使經濟衰退加劇時，企業就會受到更大的打擊，此外，許多歐盟國家對中小企業在信貸方面過度限制；(5) EESC 強調，中小企業對銀行貸款的依賴情況仍將持續下去，儘管有替代資源的存在，而其並非總是容易獲得；(6) 群眾募資有助於金融生態系統，然而這本身並不足以解決企業所面臨的融資困難；(7) 初創企業、年輕創新者和社會經濟企業在 2020 年議程（the 2020 Agenda）和數位議程（the Digital Agenda）中扮演重要角色；(8) 非財務回報型之群眾募資在歐盟普遍存在，應研究會員國之間不同稅收優惠的影響；(9) 歐盟立法只須涵蓋財務回報型群眾募資的特定類型，而無須

---

[43] OJ C 451, 16.12.2014, p. 69 -75.

對捐款和非營利之贊助的其他形式為之；(10) 這些規則應建立在取得平衡、保護投資者及避免過度監理的基礎上，然而，監理機構的行動對於促進投資者信心至關重要；(11) 這些規則應設法達成簡單行政程序、迅速決策程序和最低成本，以及中立性、透明化和避免不公平運作，且提供無礙之理賠程序，這對消費者和供應者都是同樣重要的；(12) 潛在投資者應獲得清楚、適當、正確和無誤導之可得資訊；(13) EESC 建議，歐盟應補充會員國採取行動，以支持促進就業、團結、多元化、民主和自由等價值觀念之非營利性倡議；(14) 會員國法律應明確認可群眾募資係一種新形式之資助。

在意見書中，EESC 具體評論指出，只有在增加投資者信心後，群眾募資才能被推廣為可行的另類融資方式，於此監理者扮演關鍵性角色。EESC 認為，促進跨界群眾募資時，須要求立法協調會員國已經通過（或正在通過中）的標準，尤其須特別注意在此些新市場中消費者之利益和保障。協調可能包括通過財務回報型群眾募資平台的規範，其至少涵蓋：安排、被 提供之服務、金額上限、資訊義務（包括潛在利益衝突）、 豁免適用範圍、禁止（尤其是有關計畫出版或收購的禁止）、公平競爭環境的需求、財務要求和強制公開註冊（揭露和透明度）。而應規範之財務回報型群眾募資，至少包括：發行或購買股份有限公司的債券或股份；發行或購買有限公司的證券；利息貸款（對個人或企業）等。至於贊助和其他非營利活動之群眾募資應排除在任何潛在歐洲立法之外，因為它們不會帶來與財務回報活動有關的風險，其潛在之違規行為已可被會員國之行政法和刑法所規範。

(七)歐洲證券市場管理局之「投資型群眾募資之意見書」、「投資型群眾募資之建議書」（2014 年）

歐洲證券市場管理局（ESMA）於 2014 年 12 月 18 日就投資型群眾募資發布意見書和建議書，簡述其內容如下。

1. 投資型群眾募資之意見書 [44]

---

[44] Opinion: Investment-based crowdfunding, ESMA/2014/1378, https://www.esma. europa.eu/sites/default/files/library/2015/11/2014-1378_opinion_on_investment- based_

　　本意見書內容主要分成 5 部分，分別為：法律基礎、背景、活動與商業模式、監理機關考慮的風險和問題、潛在適用之歐盟層級監理制度。

(1) 法律基礎

　　在法律基礎部分，意見書表示，最近出現之群眾募資，現行歐盟立法並不是針對這些商業行為而設計的，因此，ESMA 認為現有立法存有明確解釋的風險。有鑑於群眾募資廣泛的商業模式及其新穎性，對於哪些歐盟立法適用或可能適用，以及如何適用，存有一些缺失，從而 ESMA 對主要商業模式和相關風險及問題建立共同理解，供監理機關考量，以明確哪些歐盟立法適用於典型的商業模式，以及在哪些條件下持續監督，為此提供依據。又本意見是根據截至 2014 年 12 月 17 日實施的立法為依據，ESMA 不試圖解決將來所適用之立法。

(2) 背景

　　在背景部分，意見書說明，在市場上有關於適用之歐盟法規性質和影響的誤解正在流通，這些誤解可能至少會導致一些群眾募資平台尋求停留在監理框架外。同樣的，國家主管機關面臨以一致方式解釋各種新商業模式要求的挑戰，而利害關係人則有興趣了解當前規則如何適用於迄今為止看到的各種不同商業模式，因此，提出與投資型群眾募資平台有關的本意見書，藉此作為與現有平台及考慮建立平台者進行討論的基礎。

(3) 活動與商業模式

　　在活動與商業模式部分，意見書先說明了群眾募資的參與者及如何運作，且表示迄今為止，募集資金的計畫營運者通常是不公開的、小企業的，可能是創業公司、創新企業或其他公司，因此，計畫規模通常相對較小，這意味著主要的替代資金來源（如果有的話）將是商業天使或銀行貸款，而不是傳統的風險投資或 IPO，而到目前為止，大多數平台本身也是相對較小的企業。參

---

crowdfunding.pdf .

與群眾募資之投資人所獲得之權益證券可能會或不可轉讓，即使在可轉讓的地方，也有可能是非常有限的二級市場。若投資的是債務工具，雖可支付利息，但在債券到期之前可能存在計畫失敗的高風險；若投資的是股本工具，由於此類投資一般直接或間接在中小企業的早期階段，不可能支付股利，因此，有利可圖的路徑可能是通過出售該計畫。

(4) 監理機關考慮的風險和問題

在監理機關考慮的風險和問題部分，意見書作了相當的說明，簡要重點如下：監理機關需要考慮與發行證券及其分配有關的問題；關於證券本身應考量的，例如其部分或全部資本損失的巨大潛在性、通過進一步資本融資稀釋股權的重大風險、清算投資的可能性非常有限、該計畫之資訊與上市公司之投資情況相比可能更有限；涉及平台部分，例如投資者有可能高估平台對計畫可行性所進行之盡職調查、潛在之利益衝突可能損及投資者利益、平台本身相對較高的操作風險和失敗概率以及所提供的服務中斷風險（尤其是當平台持有客戶資金或資產，或以其他方式參與投資的售後管理，這些影響可能尤為顯著）；平台和 / 或投資者利用特權獲得計畫之智慧財產權的潛力；平台進行欺詐的可能性；通過平台洗錢的風險等。ESMA 得出結論認為，群眾募資活動之適當管理制度的關鍵可能包括：比例資本要求或類似機制，以維護業務連續性，若平台不持有客戶資產時，這些要求可能相對較低；基於不易實現之證券特點，確保投資機會接觸可能合適投資者的機制；確保投資者在投資前意識到風險的方法；確保對客戶資產進行適當的保護 / 隔離的手段（這並不意味著保護投資者不受投資風險的影響，而是確保平台客戶能在平台破產時拿回資金）；對平台的組織安排和業務行為進行比例調節，特別是在有關利益衝突和服務連續性方面；確定和明確平台對客戶責任之性質和程度。

(5) 潛在適用之歐盟層級監理制度

在潛在適用之歐盟層級監理制度部分，意見書列出以下規範，並對其可能適用進行說明：公開說明書指令

（Prospectus Directive）、金融工具市場指令（Markets in Financial Instruments Directive）、投資者補償計畫指令（Directive on investor-compensation schemes）、市場濫用指令（Market Abuse Directive）、選擇性投資基金管理指令（Alternative Investment Fund Managers Directive）、歐洲風險投資基金規則（European Venture Capital Funds Regulation）、歐洲社會創業基金規則（European Social Entrepreneurship Funds Regulation）、金融服務遠程營銷指令（Distance Marketing of Financial Services Directive）、第三次反洗錢指令（Third Anti-Money Laundering Directive）。此外，在本意見書附錄 3 中，亦列出其他可能適用之規範，包括：支付服務指令（Payment Services Directive）、不公平商業慣例指令（Unfair Commercial Practices Directive）、誤導和比較廣告指令（Misleading and Comparative Advertising Directive）、消費者契約不公平條款指令（Unfair Terms in Consumer Contracts Directive）、消費者替代爭議解決（Consumer Alternative Dispute Resolution）、消費信貸指令和抵押信貸指令（Consumer Credit Directive and Mortgage Credit Directive）、電子商務指令（E-commerce Directive）。

2. 投資型群眾募資之建議書 [45]

本建議書內容主要分成 6 部分，前 5 部分與前述意見書雷同，第 6 部分則是政策決策者考慮差距和問題，僅就此部分簡要說明。

ESMA 確定在一些領域所適用之歐盟監理框架和與適用框架相關的其他問題存在差距，這些在很大程度上涉及到目前形式的監理制度並未將群眾募資考慮在內，而這些是需要被考慮的問題，包括：監理負擔和對商業模式的影響；公開說明書指令門檻的影響；資本要求和 MiFID 選擇性豁免之適用。

ESMA 認為，如果適當了解 MiFID 的適用性，監理要求的重要

[45] Advice: Investment-based crowdfunding, ESMA/2014/1560, https://www.esma.europa.eu/sites/default/files/library/2015/11/2014- 1560_advice_on_investment-based_crowdfunding.pdf.

性遠遠小於某些平台所認為的那樣，因此應努力糾正這種誤解。由於對監理要求引起負擔的擔憂，ESMA 有些擔心平台和計畫有強大動機建構出不在 MiFID 範圍內的商業模式，其中一種可能性係平台建立技術上以貸款為基礎之平台，另一種可能性是平台使用不可轉讓的證券，以避免監理要求。ESMA 擔心，如果存在這些情況，從而導致以不可轉讓證券為基礎的群眾募資，則對投資者和計畫所有人之保護就會減少，此類證券性質實際上可能增加投資者的風險，致使投資更難清算，且如果證券的形式阻礙了次級市場的發展，並限制了平台跨境經營的可能性，則長遠來說，將阻礙群眾募資的發展。因此，ESMA 建議歐盟機構考慮是否在歐盟層級採取行動，以減少這樣的動機出現。

低於 500 萬歐元的發行不適用公開說明書指令，但會員國會依據其國家法律選擇更低金額門檻，來要求適用公佈公開說明書的義務。因此，讓群眾募資有動機將計畫規模低於國家所規定的金額門檻，對群眾募資平台商業模式的可行性構成挑戰，並減少募資金額介於 10 萬歐元至 500 萬歐元間之跨境平台的使用情況。且很明顯，一些平台正在採取步驟來限制投資者的類型和 / 或計畫中投資者的數量，以便受益於公開說明書指令中的豁免規定，雖然市場參與者根據監理要求作出決定並不罕見，但這種情況可能會減少潛在的投資者群體，並再次增加群眾募資平台商業模式之可行性的挑戰。還有一個問題是，如果沒有公開說明書，在沒有其他措施的情況下，MiFID 的揭露要求是否足夠，以便作出明智的決策。會員國已經以不同方式解決這一點，例如，制定一定的揭露制度、限制向不成熟投資人推銷不易移轉證券的投資。執委會可綜合考量以上問題來對即將修正之公開說明書指令進行審查，並提出潛在解決問題的方案。

又 MiFID 第 3 條提供對初始資本要求的豁免制度，即使如此，平台仍會受到其他規定的約束，例如國家法律規定。與資本要求有關的另一個問題是，雖然並不特別關於 MiFID 第 3 條規定的選擇性豁免制度，惟今後可能需要考慮的是，不同歐盟法規規定的資本要求所產生的相互作用，例如對混合型商業模式之資本要求的評估。

（八）歐洲銀行管理局之「借貸型群眾募資之意見書」（2015年）

歐洲銀行管理局（EBA）於 2015 年 2 月 26 日就借貸型之群眾募資發布意見書[46]，於該文件 EBA 說明，其在 2013 年秋季開始對貸款型之群眾募資進行分析，以確定參與此市場（即貸方，借款人和平台提供商）的潛在風險、這些風險的驅動因素，並評估在多大程度上要求監理，以確保市場參與者對這一特定市場之創新有信心。EBA 還確定了商業模式，並評估了已經實施或計劃的現行歐盟指令和法規或國家層級監理框架中確定的風險程度，其認為，為了避免監理套利，創造一個公平的競爭環境，確保歐盟範圍內對群眾募資的監理趨於一致，以確保市場參與者對這一市場的信心，成為單一歐洲市場。惟在此市場發展的這個早期階段，EBA 認為這種趨同應以現行歐盟法律為依據，並建議歐盟立法者明確規定哪些所述法律適用於以貸款為基礎的群眾募資。如果歐盟立法者考慮制定可能的監理框架，本意見書將提出若干監理措施，並建議一併考量現行有關群眾募資之國家層級規定。於本意見書末提出法國、西班牙與英國的國家規定作參考。

EBA 於本意見書中獲得結論，認為支付服務指令（指令 2007/64 / EC）是最適用於貸款型群眾募資的指令，其涵蓋了群眾募資活動關於付款方面的規範，然而與貸款有關的部分不在歐盟法律規範內，留下了 EBA 認為不太可能解決的幾個風險和風險驅動因素，這包括缺乏或不足要求平台進行任何盡職調查程序和借款人信譽評估，以及對平台違約缺乏保障或保障不足。對於這些風險和風險驅動因素，EBA 提出了解決的潛在方法，包括在群眾募資平台上公佈關於計畫之盡職調查程序的要求、關於內部程序的要求以及平台違約之解決。此外，EBA 認為以貸款為基礎的群眾募資平台之商業模式不屬於信貸機構的周邊，也不屬於歐盟立法規定的典型商業模式，因此，貸款人提供平台之資金將不符合存款保證計劃下有資格獲得保護的存款。

於本意見書中亦指出，借款人、貸款人和平台運營商的一系列風險

---

[46] EBA's Opinion, https://www.eba.europa.eu/documents/10180/983359/EBA-Op-2015-03+(EBA+Opinion+on+lending+based+Crowdfunding).pdf.

以及各自之風險驅動因素,其顯示為減緩風險可能需要監理工具。風險分為以下幾類:交易對手(或信用)風險、詐欺風險、缺乏透明度/誤導性資訊、法律風險、流動性風險、操作風險和洗錢。於本文件中就借款人、貸款人和平台運營商的各項風險進行詳細描述,並就解決風險和風險驅動因素之潛在監理措施進行探討。

此外,本意見書進一步說明現行歐盟法律的適用性,於使用風險分析和商業模式作為依據,EBA 評估了現有歐盟法律在多大程度上可解決已確定之風險,所涉及之規範如下:資本要求指令(Capital Requirements Directive, CRD)、資 本 要 求 規 則(Capital Requirements Regulation, CRR)、抵押信貸指令(Mortgage Credit Directive, MCD)、支付服務指令(Payment Services Directive, PSD)、電子貨幣指令(Electronic Money Directive, EMD)和反洗錢指令(Anti–Money Laundering Directive, AMLD)。對上述這些規範是否、如何以及多大程度適用於借貸型群眾募資,本意見書進行了詳細分析。

(九)建立資本市場聯盟行動計畫(2015 年)

歐盟執委會於 2015 年 9 月 30 日提出「建立資本市場聯盟行動計畫」(Action Plan on Building a Capital Markets Union)[47],內容分 7 大部分。資本市場聯盟將加強「歐洲投資計畫」(Investment Plan for Europe)[48]的第三大支柱,為所有會員國提供利益,同時通過支持經濟的趨同及幫助吸收歐元區的經濟衝擊,以支撐經濟和貨幣聯盟。更強的資本市場亦將補充歐洲強大的銀行融資傳統,並將打開歐盟和世界其他地區的更多投資、將融資與歐盟的投資計畫融為一體、使金融體系更加穩定及深化金融一體化。簡單來說,資本市場聯盟將強化儲蓄和增長之間的聯繫,為儲戶和投資者提供更多的選擇和更好的回報,在不同的發展階段中為企業提供更多的資金選擇,而增長之路指的是創新、初創和非上市公司的融資。

本計畫指出,新的創業公司對推動經濟增長至關重要,在整個歐

---

[47] COM(2015) 468 final.

[48] COM(2014) 903 final.

盟，每 3 人中就有 2 人由中小企業雇用，在每增加的一歐元中就有 58 分係由中小企業產出。成功的公司需要有吸引力的融資管道來資助其擴張，然而，為成長型企業提高股本資本或尋求銀行體系外信貸之其他形式的融資管道在歐洲並不成熟，中小企業尤其如此，其外部融資金額超過 75％來自銀行貸款，而成功的資本市場聯盟應擴大成長型公司的融資方式。近年來，出現了越來越多的非銀行融資方式來幫助企業，這些包括從貸款和捐贈平台、企業交易發票、點對點貸款到投資型群眾募資或商業天使的資助。例如，一些會員國的群眾募資發展迅速，目前已有 500 多個平台在歐盟提供一系列服務，基於這些活動主要是在地方層級，從而那些擁有大多數群眾募資活動的會員國正在採取步驟來界定這種新商業模式的條件。以證券為基礎之群眾募資平台可以根據 MiFID 被授權，憑藉護照在整個歐盟範圍內實施受監管的服務和活動，但目前沒有一個歐盟的框架係針對貸款型的群眾募資作規範，歐盟應在保護投資者的目標和持續擴大群眾募資之間取得平衡，惟過早的監理可能阻礙，而不是促進這個快速增長和創新的融資管道。為了支持群眾募資這一領域的政策發展，歐盟執委會成立一個群眾募資利害關係人論壇，並發起一項研究，收集和分析歐盟各地群募市場的數據，並評估國家立法的影響。執委會將評估國家層級制定之規範和最佳實踐，並監測群眾募資領域的演變，跟隨這一評估，執委會將決定最佳方法，以便在全歐盟發展這一新的融資管道。

（十）公開說明書規則草案及評估報告（2015 年）

1. 公開說明書規則草案

歐盟執委會於 2015 年 11 月 30 日提出「公開說明書規則」草案，[49] 試圖廢除並取代現行之公開明書指令。在提案背景中論及，公開說明書指令的修訂是建立資本市場聯盟的重要一步，在「歐洲投資計畫」中宣布公開說明書規則的改革，作為改善商業環境第三個支柱的一部分，是資本市場聯盟的關鍵要素。雖然現行公開說明書法制

---

[49] Proposal for a Regulation of the European Parliament and of the Council on the prospectus to be published when securities are offered to the public or admitted to trading, COM(2015) 583 final.

整體運作良好，但公開說明書指令的某些要求仍有待改善，以減輕公司（特別是中小企業）制定公開說明書的行政負擔，使公開說明書成為潛在投資者更有價值的資訊工具。因此，公開說明書指令的修訂追求一個簡單的目標：為所有類型的發行人提供符合其特定需求的揭露規則，同時使公開說明書成為潛在投資人獲取資訊更為相關的工具。因此，本提案特別強調四類發行人：(1) 已在受監理市場或中小企業發展市場上市的發行人，其希望通過二次發行募集資金；(2) 中小企業；(3) 所有類型證券的經常發行人和 (4) 非股權證券的發行人。本提案還打算進一步激勵在公開說明書指令中已引入的被核准之公開說明書的跨境「護照」之使用。本提案措施應：(i) 減輕所有發行人，特別是中小企業、證券經常發行人和二次發行人制定公開說明書的行政負擔；(ii) 使公開說明書成為潛在投資人，特別是在中小企業，更相關的資訊揭露工具；和 (iii) 在歐盟公開說明書和其他歐盟揭露規則之間實現更多融合。

本提案針對公開說明書義務之規定，會與群眾募資有關的，係其於第 1(3)(d) 條和第 3(2)(b) 條中分別列出了「50 萬歐元」和「1,000 萬歐元」的新門檻。依現行公開說明書指令，其適用於總代價為 500 萬歐元以上的證券，會員國可以自由規定低於該金額的國家規則（目前有 17 個會員國要求低於 500 萬歐元的門檻），而草案第 1(3)(d) 條則規定，依據本規則，公開說明書義務不適用於低於 50 萬歐元的證券，蓋其認可公開說明書的成本與所設想的收益不成比例，而通常證券型群眾募資平台所進行的證券發行案約略是這樣的規模，若依此新門檻，將有很多募資案無須適用發佈公開說明書的義務，可以大幅降低行政成本，有助於新創、中小企業向公眾進行募資。又儘管本提案規定之不適用公開說明書義務範圍擴大，會增加小額報價規模的發行案，但這並不會阻礙會員國對這種發行規模另外要求適當的資訊揭露形式，只要會員國秉持簡化和更好整合市場的精神，來按比例調節這些要求即可。此外，事先發布公開說明書，係向公眾發行證券和證券進入位於聯盟內或在聯盟內經營之受管理市場進行交易的強制性要求，但本提案規則第 3(2)(b) 條另建立了會員國可自行決定選擇豁免的機制，會員國被賦與可對所有介於 50 萬歐元、

不超過 1,000 萬歐元之證券發行選擇豁免適用本規則規定之公開說明書義務，惟此豁免選擇僅適用於國內發行案，而選擇在其管轄範圍內適用這種豁免的會員國應向執委會和 ESMA 報告，並表明對其管轄範圍內免徵公開說明書之國內發行的最大限度考量。從提案上述內容觀之，將有助於群眾募資於歐盟的發展。

2. 公開說明書規則草案之評估報告

　　歐盟執委會於 2015 年 11 月 30 日提出之「公開說明書規章」草案附隨提出評估報告。[50] 以下僅就本報告中對公開說明書義務之門檻所做的分析進行介紹。

　　於本報告中論及，現行公開說明書指令適用範圍由多個門檻予以界定，這些門檻最初是為了在保護投資者和減輕小額發行人、小額公開發行之行政負擔間取得平衡，然而，基於市場發展，特別是發展以證券為基礎的群眾募資，一些門檻值可能需要重新調整。目前豁免適用歐盟公開說明書規定的，首先，是與發行規模有關：依據現行指令第 1(2)(h) 條，超過 500 萬歐元以上之發行總額強制適用公開說明書規定，而根據第 3(2)(e) 條規定，會員國對低於 10 萬歐元者，不得要求任何公開說明書，而在 10 萬至 500 萬歐元之間的發行規模，會員國可自由適用國家層級所制定之規範。其次，根據第 3(2)(b) 條，向非合格投資人於一定限制範圍內豁免適用公開說明書要求：對此，除合格投資人外，指令對每會員國設定 150 名自然人或法人的限制。對上述門檻規定，一些利害關係人宣稱，金額門檻設的太低，導致一些小額規模的發行案亦須適用指令，特別是在國家或歐盟層級的 10 萬歐元門檻被認為金額太低，而無法支持新興模式如群眾募資。從而本報告提出如下政策選項：

(1) 選項 1：「不做任何改變」，目前 10 萬歐元、500 萬歐元和 150 人等之門檻保持不變，會員國對 10 萬至 500 萬歐元之間的發行規模，保留可自由制定國家層級規範的能力。

---

[50] SWD(2015) 255 final, http://ec.europa.eu/transparency/regdoc/rep/10102/2015/EN/ SWD-2015-255-F1-EN-MAIN-PART-1.PDF.

(2) 選項 2：「提高第 1(2)(h) 條規定的上限」，從 500 萬歐元提高到
1 千萬歐元，其他門檻保持不變。

(3) 選項 3：「提高第 3(2)(e) 條規定的下限」，從 10 萬歐元提高到
50 萬歐元，其他門檻保持不變。

(4) 選項 4：「提高第 3(2)(b) 條非合格投資者人數」，向非合格投
資人於一定限制範圍內豁免適用公開說明書要求的人數，從 150
人提高到 300 人，其他門檻保持不變。

　　此工作報告仔細分析前述各選項的影響，並對各選項進行比較，
其中一些比較結果如表 1、表 2。

表 1：門檻值－與選項 1（不做任何改變）比較，對利害關係人的影響

選項 ＼ 受影響者	大發行人／發行	小發行人／發行	合格投資人	散戶投資人	主管機關
選項 2	0	++	0	-	0
選項 3	0	+	0	0	0
選項 4	+	+	0		0

++：重大改善；+：有些改善；0：無或邊際影響；-：一些惡化；--：顯著惡化
資料來源：本評估報告，頁 21。

表 2：門檻值－與選項 1（不做任何改變）比較，目標之實現：

選項 ＼ 影響	減輕行政負擔	中小企業進入資本市場	投資者保護	效率	有效性
選項 2	+	++	0/-	+	++
選項 3	+	+	-	+	+
選項 4	0	0	-	-	-

++：重大改善；+：有些改善；0：無或邊際影響；-：一些惡化；--：顯著惡化
資料來源：本評估報告，頁 22

　　本報告提出，首選方案是選項 2 和 3 的組合，即是將指令第
3(2)(e) 條的最低門檻從 10 萬歐元提高到 50 萬歐元，第 1(2)(h) 條的
上限從 500 萬歐元提高到 1,000 千萬歐元。

3. 公開說明書規則草案之最新發展

在 2017 年 4 月 5 日歐洲議會投票通過本提案的妥協修正案，[51] 其中原提案規則第 1(3)(d) 條公開說明書義務不適用於低於 50 萬歐元的門檻，在妥協修正案中，增加新的第 (3) 項，改為不適用於低於 100 萬歐元的門檻，將更擴大不適用公開說明書義務之小額發行案，易言之，將有更多發行案是不適用公開說明書義務；而原提案規則第 3(2)(b) 條之會員國選擇豁免公開說明書義務之不超過 1000 萬歐元的門檻，在妥協修正案中改為 800 萬歐元。

（十一）「歐盟資本市場聯盟之群眾募資」工作報告（2016 年）

在歐盟執委會 2016 年 5 月 3 日工作報告「歐盟資本市場聯盟之群眾募資」[52] 表示，一般來說，諸如點對點或企業對消費者的商業模式涉及適用符合歐盟消費者保護指令之國家規則，特別是「不公平商業慣例指令」和「不正當契約條款指令」，它們引入了一些重要的消費者保護標準，使得散戶投資者和借款人在群眾募資領域受益。

在群眾募資中，可能會對個人資料進行重大處理，「數據保護指令」（Data Protection Directive）[53] 的規則將適用於處理個人數據的平台和發行人 / 借款人。此外，其還規定非法處理或不相容行為的責任和賠償條款。

除政府制定之監理框架外，幾個行業協會還引入了自律制度，特別是在透明度和良好的商業行為等方面可以為平台製定最低要求和最佳實踐的行為準則，例如，歐洲綜合網絡（ECN）已經發布行為規約，作為其成員和整個歐洲集體整體行業觀察和應用的行為準則，此規約還制定了具體的合規程序、資訊表格標準化和報告要求。

---

[51] Proposal for a Regulation of the European Parliament and of the Council on the prospectus to be published when securities are offered to the public or admitted to trading – Outcome of the European Parliament's first reading (Strasbourg, 3 to 6 April 2017), ST 7976/17, http://eur-lex.europa.eu/legal-content/EN/TXT/?qid=1493284744432&uri=CONSIL: ST_7976_2017_INIT.

[52] SWD(2016) 154 final , Commission Staff Working Document, https://ec.europa.eu/info/system/files/crowdfunding-report-03052016_en.pdf.

[53] Directive 95/46/EC.

於本工作報告中，除介紹上述對所有類型群眾募資適用之規範外，並說明以下國內監理和監督安排的主要規範特點，以解決風險同時，尚能促進群眾募資作為替代資金的來源。[54]

1. 投資型群眾募資之規範

(1) 獲得授權

歐盟會員國有以下四種廣泛的授權模式，這些模式不一定相互排斥，可能在某些會員國中係相結合。

A. 金融工具市場指令之授權（MiFID）：投資類型的群眾募資平台一般必須在 MiFID 下獲得授權，因此在整個歐盟範圍內可憑藉護照進行受規管的服務和活動。

B. 依據 MiFID 第 3 條豁免制定之國內體制：在兩個會員國，可以根據 MiFID 第 3 條豁免制定的國內體制來授權平台，在此情況下，被授權平台可以在國家層級進行有關 MiFID 金融工具的相關服務和活動，但不得在歐盟境內進行。

C. 非 MiFID 金融工具有關的服務和活動授權：一些會員國的國內體制側重於規範群眾募資平台的服務和活動，這些中間工具不符合 MiFID 的金融工具，當平台不提供有關可轉讓證券或其他 MiFID 金融工具的服務時，則不需要根據該指令被授權。

D. MiFID 框架外的授權：一些會員國在 MiFID 框架之外制定其國內制度，因為他們認為投資人可能透過不在 MiFID 範圍內的平台使用 MiFID 金融工具。

(2) 業務、利益衝突和組織規則

根據授權類型，適用不同的資本要求、業務規則、利益衝突規則和組織要求。

(3) 投資者保護措施

歐盟法制下之投資者保護措施，如：了解您的客戶規則、發行人之資訊揭露、資訊要求和平台之風險預告、盡職調查要求、

---

[54] SWD(2016) 154 final , Commission Staff Working Document.

可投資金額之最高上限。

A. **了解您的客戶規則**：在 MiFID 範圍內運行的平台可能需要根據其提供與金融工具相關之服務進行適合性測試或適當性測試。一些會員國亦會訂定此要求，以確保通過群眾募資平台的投資產品可以由適合的投資人投資。此外，根據「反洗錢指令」（Anti-Money Laundering Directive, AMLD）[55]，經營 MiFID 的平台自動適用反洗錢和恐怖主義融資規則，即使他們在 MiFID 外經營，平台也可能提供「支付服務指令」（Payment Services Directive, PSD）[56] 的某些支付服務，因此須受到 AMLD 的規範。對於 MiFID 和 PSD 未涵蓋的平台，會員國通常在其國內制訂相關遵守反洗錢和恐怖主義融資的規範。

B. **發行人之資訊揭露**：公開說明書指令（Prospectus Directive, PD）[57] 要求公開說明書由母國之國家主管當局批准，並在向公眾提供證券或在受管理市場上進行交易時公布發表之，此要求僅適用於 MiFID 定義下的可轉讓證券，因此，在群眾募資平台提供之證券有可能須適用製作發表公開說明書的義務，惟依指令此義務僅強制適用於總金額 500 萬歐元以上的發行案，[58] 至於 500 萬歐元以下者，則視其母國是否有規定將此義務適用於較低發行金額門檻而定。

C. **資訊要求和平台之風險預告**：一些會員國要求平台必須以標準化形式提供資訊，特別是關於群眾募資產品的風險（例如流動性不足、失去所有投入資金等），並要求資訊清晰、完整、適當、易取得、客觀和不誤導。然在歐盟層級，「不公平商業慣例指令」即已禁止交易時提供不真實或欺騙性資訊，或省略消費者做出明智決定所需之重要資訊。

---

[55] Directive 2005/60/EC.

[56] Directive 2007/64/EC.

[57] Directive 2003/71/EC.

[58] 於 2010 年修正公開說明書指令（Directive 2010/73/EC），將 250 萬元提高到 500 萬元。

D. **平台履行盡職調查的義務：**一些會員國規定平台運作的需求，以及對其所提供產品進行盡職調查而為強制性審查、揭露和報告。

E. **可投資金額之最高上限：**限制投資金額是保護投資者的一般方法，這在幾個已制定國內規範的會員國普遍設有此制。此限制將因個人收入、財富或金融資產的固定最高上限和變動股數而異，這些投資天花板可以根據每個產品或在規定時間內（如一年）的總投資額計算，且通常投資上限會根據投資者分類（例如散戶、複雜和專業投資者；認可和非認可投資者；自然人和法人）而有所不同。

2. 借貸型群眾募資之規範

大多數會員國目前都存在借貸型群眾募資（群募貸款）平台，除了歷史最長十年的平台之外，絕大多數平台在過去五年才進入市場。已有四個會員國最近制定相關規範，將群募貸款作為具體的商業活動，其他會員國迄今選擇"觀望"方式，要求借貸平台遵守現行適用於國家層級的一般規範。

群募貸款業務通常需要三個主要活動：信貸中介、貨幣處理和收債。群募貸款平台作為中介機構提供服務，允許借款人獲得大部分無抵押的貸款和貸款人投資貸款金額以獲取財務回報，平台則是提供服務收取費用，其服務內容包括：借款人身份和貸款資格的登記和檢查，包括其信譽；在線工具，使貸款人可以選擇借款人借出或使用自動出價功能，以更好地分散風險；設定基於借款人信用狀況的利率或進行在線反向拍賣；處理貸款人貸款款項到借款人帳戶，及借款人按約定條件償還貸款人款項；借款人不按時償還時，代表貸款人收取債務。依平台之商業運作模式，其中一些活動和服務也可能外包給外部提供商，包括給被授權之支付服務提供商，從而該平台即不需要申請必要之授權。

與傳統銀行模式不同，貸款人而不是平台投資貸款給借款人，除非平台自己也選擇投入自己資金進行借貸，這些借貸投資可以產生比銀行提供的儲蓄賬戶更高的回報，但可能會面臨更高的風險，

蓋沒有銀行存款擔保計畫或投資者保護計畫等監理保障措施來保護這些投資，因此，如果借款人違約或平台無力償債，貸款人有可能喪失部分或全部投資，故適當的信貸風險管理和貨幣處理對平台的長期運行，及對貸款人和借款人的保護至關重要。

(1) 獲得授權

各會員國的國家授權要求有所不同，可能從具體針對群募貸款活動的許可證要求到提供消費信貸或信用經紀服務之一般交易許可證要求，皆有之。還有一些情況是平台根據「支付服務指令」（PSD）於支付機構許可證下運作。

在會員國的規範制度下，平台受到類似於適用在金融中介機構的授權和註冊程序的規範以及國家主管機關的監督，且依據授權類型，制定群募貸款所須遵守的資本要求、專業資格和行為的額外規則。各會員國的專業資格和行為準則的標準各不相同。如果平台選擇申請支付機構許可證，則須適用類似規則，為了讓其獲得授權作為支付機構，他們必須符合「支付服務指令」（PSD）中所規定的條件，例如初始資本規則（其範圍從 20,000 歐元到 125,000 歐元，具體取決於支付服務的性質）、自有資金以及與業務連續性和應急計劃有關的其他保障措施。

(2) 貸款和信貸中介

管理貸款活動的方法因業務模式和會員國而異，貸方和／或借款人屬於國家法律定義的具體類別，適用不同性質的規則，這些規則區分散戶和機構或專業投資者、被建議或高級零售或高淨值客戶、非認可和認可投資者。例如，為了確保負責任的貸款，平台有義務向消費者提供風險預告，而非明確要求評估其信譽。

諸如點對點或企業對消費者的消費貸款業務模式可能會觸發實施適用符合歐盟「消費者保護指令」之企業對消費者關係的國家規則。

在歐盟層級規範，業務活動應注意「消費者信貸指令」（Consumer Credit Directive）[59]、「遠程營銷之金融服務指令」

---

[59] Directive 2008/48/EC.

（Distance Marketing of Financial Services Directive）[60]、「不公平商業慣例指令」（Unfair Commercial Practices Directive）[61]、「不正當契約條款指令」（Unfair Contract Terms Directive）的相關行為規範。

(3) 貨幣處理

　　貨幣處理存在於所有類型的籌資貸款中。以下兩個例子說明平台如何處理從貸款人到借款人的付款。在一個典型模式中，貸款人將錢匯入和移出客戶帳戶，當貸款人的錢未被借出時，它是在平台的銀行被隔離的客戶賬戶上，此資金與平台自身賬戶分開，按照國家有關客戶資金處理的規定進行內部控制機制和會計程序。在另一個模式中，貸款貨幣不會流經平台，因為支付服務係外包給合作夥伴之信貸機構，後者提供貸款給借款人，再將此借貸債務轉售給投資者。

　　支付服務是由信用機構、電子貨幣和支付機構等特定類別的服務提供商提供，其活動受到規範管理，並應審慎監理。轉換「支付服務指令」的國家規則有可能適用於群募貸款平台。而當平台通過銀行轉帳從貸款人取得資金時，他們也可能會受到 AMLD 規定中反洗錢和反恐融資規則的規範，尤其是在風險評估基礎上，有義務進行盡職調查，風險評估相關因素可能是消費者的身份、付款方式（現金交易產生的風險高於無現金交易）、地理風險因素如信用機構的原產國。

（十二）加速資本市場聯盟：解決資本流動的國家障礙之報告書（2017 年）

　　要讓「歐洲投資計畫」為歐洲經濟帶來成功，部分取決於歐盟及其會員國能克服跨國投資壁壘，因此，作為投資計畫第三大支柱的一部分，重點即是消除投資障礙，以加速建立資本市場聯盟的進程，從而歐盟執委會於 2017 年 3 月 24 日發布「加速資本市場聯盟：解決資本流動

---

[60] Directive 2002/65/EC.

[61] Directive 2005/29/EC.

的國家障礙之報告書」（Accelerating the capital markets union: addressing national barriers to capital flows）。[62]

在本報告書中提及，不同國家有不同的群眾募資方式，執委會目前正在監測投資型和貸款型的群眾募資之發展情況，並指出現有的研究表明，跨境群眾募資活動仍然有限，而不同的消費者或投資者保護規則等因素，似乎導致許多平台拒絕向非居民提供服務，因而只能通過新機構來擴大新市場。此跨境活動的其他潛在國家障礙尚包括：群眾募資定義和投資型模式之活動範圍；關於貸款型群眾募資之國家信貸經紀業務規則；授權條件（如資本要求）和業務要求（如專業資格、資訊和風險預告、盡職調查、利益衝突、投資限額）。

報告書指出，由於群眾募資的多樣性，引起人們關注，群眾募資平台是否可以進入其他國家市場而不必在那裡建立、當臨時提供跨國界服務時消費者是如何得到保護以及主管當局是否可以考慮實現其他會員國之要求（例如在最小資本或組織結構方面）。執委會將評估上述問題，並與群眾募資平台、歐洲監督機構和會員國進行討論，並請各會員國在對群眾募資立法時，若允許跨境活動，考量是否提供有效和適度的投資者和消費者保護水平。

肆、結論

目前歐盟並未對群眾募資活動制定一致性規範，而是適用現有法制規範。就群眾募資整體而言，可能涉及之規範包括，不公平商業慣例指令、不正當契約條款指令，它們引入了一些重要的消費者保護標準，使得散戶投資者和借款人在群眾募資領域受益。另外亦可能涉及反洗錢指令、電子商務指令、誤導和比較廣告指令、消費者契約不公平條款指令、消費者替代爭議解決、消費信貸指令和抵押信貸指令等規範。又在群眾募資活動中可能會對個人資料進行重大處理，數據保護指令的規則將適用於處理個人數據的平台和發行人／借款人，此外，其還規定非法處理或不相容行為的責任和賠償條款。

---

[62] COM(2017) 147 final.

　　針對投資型群眾募資之歐盟規範，尚應注意公開說明書指令、金融工具市場指令、支付服務指令等，尤其是公開說明書指令，其目前正提案制定公開說明書規則，創造有利於投資型群眾募資之法制環境，並促進建立歐洲資本市場聯盟。

　　而就借貸型之群眾募資而言，除前述對群眾募資整體涉及之歐盟規範外，尚會涉及支付服務指令、消費者保護指令、遠程營銷之金融服務指令、資本要求指令、資本要求規則、電子貨幣指令等歐盟規範。於此應注意，EBA 認為以貸款為基礎的群眾募資平台之商業模式不屬於信貸機構的周邊，也不屬於歐盟立法規定的典型商業模式，因此，貸款人提供平台之資金將不符合存款保證計劃下有資格獲得保護的存款，此認定對群眾募資活動之借款人的保護相當不利。

　　綜合而言，歐盟執委會正在積極探討群眾募資的可能性和風險，以確定是否歐盟需要在這一領域的政策行動，而管理適用於群眾募資的國家法律框架也正在進行審議中。目前，執委會並不打算引入關於群眾募資的一致性歐盟法律規範，惟其將繼續審查該行業領域的發展情況，並與監理機構和行業代表每年舉行定期會議，使執委會能及時回應國家層級的法律規範，並與其密切配合，以促進該行業領域的發展並確保對投資者的適當保護。[63]

---

[63] https://ec.europa.eu/info/business-economy-euro/growth-and-investment/financing-investment/crowdfunding_en, accessed April 24, 2017.

全球金融治理歐盟影響力之研究

陳麗娟

淡江大學歐洲研究所教授

莫內講座教授

前言：研究動機及目的

　　全球化的趨勢，使得歐盟長期以來扮演著雙重角色，一方面歐洲統合的深化與廣化使歐洲國家團結合作，以一個超國家組織出現在國際社會，特別是經濟統合成功，在 GDP、人口與市場規模，都使歐盟足以和美國相抗衡。另一方面，歐洲統合使歐盟成為一個有能力主導全球經濟秩序的主體，以全球金融治理為例，美國與歐洲金融市場是全球兩個最大的金融市場，已經主導全球金融市場秩序與法規的制定，但由於美國與歐盟有不同的企業文化與法律制度，因此在大西洋兩岸有不同的金融市場法規。[1]

　　2008 年爆發的全球金融海嘯重創全球的經濟發展，同時也凸顯各國金融法規與金融監理制度的缺點、在全球層次各國經濟與金融市場欠缺連結、以及跨國的金融市場法律制度仍有很大的改善空間。歐盟為全球最大的金融市場，結合了 28 個會員國的金融市場，由於歐洲單一市場的重要目標之一，為確保在單一市場內的資金自由流通，因此歐盟有責任確保歐洲金融體系之穩定。全球治理已經明定在歐洲聯盟條約（Treaty on European Union）第 21 條第 2 項第 h 款「促進以加強多邊合作與以有責任的世界秩序政策為基礎的世界秩序」，成為歐盟憲法上的目標，致力於全球金融治理亦成為歐盟的任務之一。

　　自 2009 年起，歐盟大力改革金融市場法規與金融監理制度，但在

---

[1]　Daniel Mügge, "Europe's Role in Global Financial Governance – Historical Lessons and Future Outlook," *Global Re-ordering: Evolution through European Networks* (2014), p.1.

歐元區[2]的一些會員國（例如希臘、義大利、愛爾蘭、西班牙、葡萄牙，通稱為「歐豬五國」）的主權債務危機，更凸顯歐盟應改革經濟治理制度（system of economic governance），當然 2011 年時，歐盟在全體會員國建構一個單一的金融監理機制。[3]

2012 年 3 月 2 日，除英國與捷克外，其他 25 個會員國[4]均簽署「財政穩定公約」（Fiscal Stability Treaty）[5]，此為一個政府間的條約（intergovernmental treaty），自 2014 年 4 月 1 日起，在 25 個會員國生效施行。整體而言，財政穩定公約為歐盟法架構外的國際條約，但簽署國必須將財政穩定公約轉換成國內法，特別是必須符合財政穩定公約規定的財政預算規則[6]，應建置一個自動的修正機制（automatic correction mechanism），以修正可能的明顯偏離狀況。執委會與理事會負責監督遵循預算原則，若認為會員國違反預算赤字 3% 的上限或不遵循債務水準規則時，執委會應啟動超過赤字程序（Excessive Deficit Procedure）與提出一份對會員國的反制措施建議，以修正這種超過赤字的現象。原則上，反制措施只是概述、指出應採取修正行為的規模與時程表、考慮國家特別的財政永續風險。在全面評估結構收支平衡的基礎上，評價每個會員國是否有遵循中期預算目標。若歐元區的會員國一再違反應遵守的中期預算目標與「財政穩定公約」所規定的財政限制原則的調整途徑（adjustment path）時，執委會得對該會員國課以其 1%GDP 的罰鍰，但理事會得以三分之二多數決議否決此一罰鍰；第 3 條明文規定，在財政

---

[2] 歐元已經成為全球第二大的儲備貨幣。目前使用歐元的國家有荷蘭、比利時、盧森堡、德國、法國、義大利、西班牙、葡萄牙、奧地利、芬蘭、愛爾蘭、希臘、賽浦路斯、馬爾它、斯洛維尼亞、斯洛伐克、愛沙尼亞、拉脫維亞，立陶宛亦於 2015 年 1 月 1 日使用歐元，共有 19 個會員國使用歐元，統稱為歐元區（Euro Area）。

[3] 請參閱陳麗娟，「金融風暴後歐盟金融業公司治理改革之探討」，法令月刊，66 卷，7 期（2015 年 7 月）：頁 67-92。

[4] 克羅埃西亞在 2013 年 7 月 1 日才正式加入歐盟，亦簽署此一財政穩定公約。

[5] 全名為「經濟暨貨幣同盟穩定、協調暨治理條約」（Treaty on Stability, Coordination and Governance in the Economic and Monetary Union）。

[6] 即一般預算赤字（general budget deficit）不超過 GDP 的 3%、結構赤字（structural deficit）不超過國家特別的中期預算目標、至多不超過 GDP 的 0.5%、債務與 GDP 的比例不超過 60%；每三年必須重新計算國家特別的中期預算目標。

穩定公約實施後五年，應檢討條約，以期將財政穩定公約內容納入歐盟的架構。

2008 年爆發的全球金融海嘯餘波盪漾，全球經濟至今仍未完全復甦，甚至仍處於低迷的狀態，各國均同意亦體認到應加強金融市場法制與金融監理、應更有效率的監督系統風險與提供更好的危機管理工具。[7] 成立於 1999 年的 G20 金融高峰會議（G20 summit），當時主要是針對亞洲金融危機，由成員的財政部長與中央銀行總裁與會，但自 2008 年 11 月起，全球金融治理最有影響力的 G20 金融高峰會議在華盛頓、倫敦、匹茲堡、多倫多、首爾、坎城與墨西哥接連舉行了六次高峰會議，建構了全球金融治理根本的支柱，也成為全球矚目的國際金融會議；金融穩定委員會[8]（Financial Stability Board）建置了穩定金融體系關鍵標準（key standards for sound financial systems），廣為各個相關國際組織例如 IMF、World Bank、OECD、巴塞爾銀行監理委員會[9]（Basel Committee on Banking Supervision）、國際證管委員會組織（International Organization of Securities Commissions，簡稱 IOSCO）所認可，而成為全球金融治理的重要政策。

歐盟積極參與這些全球金融治理的決策，以建構全球標準，在這樣的背景下，本文希冀檢視歐盟在全球治理的角色與影響力，特別是以 G20 金融高峰會議做為研究的主軸，探討歐盟如何在歐洲統合的大道上凝聚全體會員國，以在全球金融治理發揮其影響力，同時又將這些國際法則內化為歐盟的金融市場法。本文首先闡述歐盟在全球治理的角色，接著闡述 G20 的發展與現況，然後論述歐洲單一金融市場之現況，最

[7] Fabian Amtenbrink, "What Role for the European Union in Shaping Global Financial Governance?" in The EU's Role in Global Governance: The Legal Dimension, eds. Bart Van Vooren, Steven Blockmans, Jan Wouters (Oxford: Oxford University Press, 2013), p.253.

[8] 1999 年 4 月，7 大工業國（G7，加拿大、美國、日本、英國、法國、德國與義大利）在瑞士巴塞爾會議上決議成立金融穩定論壇（Financial Stability Forum），以透過加強金融監管方面訊息交流與合作，進而促進全球金融體系穩定。檢索於 2017 年 1 月 12 日，http://www.digitimes.com.tw/tw/dt/n/shwnws.asp?CnlID=10&cat=50&id=0000160067_9RGLQWQ07ST3QD61NU14E&ct=2#ixzz4VYTiVtQr.

[9] 巴塞爾銀行監理委員會係由比利時、加拿大、法國、德國、義大利、日本、盧森堡、荷蘭、西班牙、瑞典、瑞士、英國及美國的中央銀行總裁在 1975 年成立的委員會，宗旨在促進銀行監理事宜的國際合作。

後在全球金融市場中，歐盟的角色與其影響力，以期國內對於歐洲金融市場有基本的認識。

壹、歐盟在全球金融治理之角色

2009 年 12 月里斯本條約（Treaty of Lisbon）生效後，歐盟在全球舞台扮演更重要的角色與在許多國際機構內發揮更大的影響力。歐盟運作條約第 220 條規定，在符合目的下，歐盟應與其他國際組織維持關係，此一規定成為歐盟參與全球金融治理重要的法律依據。在全球金融治理，歐盟已經是一個重要的角色，在全球金融海嘯爆發前，歐盟即積極參與國際金融治理，特別是制定與適用標準化的規則 [10]，2002 年時，歐盟亦實施國際會計準則（International Financial Reporting Standards），作為歐盟上市公司內部的財報準則。此舉使得第三國企業想要進入歐盟市場時，亦必須適用國際會計準則。[11]

執委會從一開始就致力於完全自由流通的單一金融服務市場，也就是不斷的整合會員國不同的金融法規，但執委會實際上較少關注在單一金融區域內的市場管制與監理。在資金自由流通原則下，廢除在會員國與第三國間的資金流通限制 [12]，建立歐洲金融服務的法律架構有助於更大的金融市場統合，例如在銀行業，實施相互承認會員國設立登記與金融機構監理的規則，因而可以使金融機構可以依據一個會員國的法規與監理體系而在歐盟全部境內經營業務，即所謂的『歐洲護照制度」（European Passport）。[13]

隨著歐洲單一金融市場之形成，歐盟亦加強金融治理，而發展出一套歐洲金融市場法。在國際社會，歐盟的金融市場法亦影響著全球金融

---

[10] Eric Posner, "Making Rules for Global Finance: Transatlantic Regulatory Cooperation at the Turn of Millennium," International Organization 63, no.4 (2009): pp.665-699.

[11] Niamh Moloney, EU Securities and Financial Markets Regulation (Oxford: Oxford University Press, 2014): pp. 165-168.

[12] 歐盟運作條約第 63 條第 1 項規定。

[13] Fabian Amtenbrink: "What Role for the European Union in Shaping Global Financial Governance?" p.246.

法規的建構與制訂，例如巴塞爾銀行監理委員會許多的法規主要都是以歐盟銀行法規為依歸。早在 1970 年代，歐盟就已經成功的整合銀行與保險市場；1992 年底完成歐洲單一市場，而由於金融國際化的趨勢，美國的金融業亦進入歐洲市場，特別是倫敦金融市場（City of London），因而單方面的引進許多英美法系的金融法規。[14]

隨著資金自由流通，1999 年時，執委會實施「金融服務行動計畫」（Financial Services Action Plan）[15] 公布許多新的金融法規及歐洲法院判決對於判例法的原則確立，開始積極整合金融服務業市場，因而形成了一個歐洲金融區域（European Financial Area），不僅允許跨國的交易與投資，而且亦可提供跨國金融服務及設立代理、分支機構與子公司。[16]

2008 年全球金融海嘯爆發，不僅凸顯歐盟解決金融危機只有非常有限的能力，同時也凸顯欠缺適當的全球金融機制，以處理全球金融海嘯的結果與阻止在整個金融體制的「野火」蔓延。[17] 雖然歐盟已經整合歐洲金融市場，但歐洲中央銀行或其他歐盟的機關都未被授與監督系統風險（systemic risks）的權責，全球金融海嘯顯示歐盟欠缺一個有效率的金融監理體系。[18]

2008 年至 2014 年，在全球金融海嘯時期，由於會員國有不同的處境，使得歐盟在全球金融治理上，亦有不同的立場，例如在巴塞爾銀行監理委員會與 IOSCO，歐盟明顯地以超國家的區域組織積極參與制定新的金融監理標準。[19] 換言之，歐盟凝聚全體會員國以「一個聲音」（one voice）參與制定國際金融標準，積極投入全球金融治理。

---

[14] aniel Mügge, "Europe's Role in Global Financial Governance – Historical Lessons and Future Outlook," p.3.

[15] COM (1999) 232 final.

[16] 關於歐洲金融區域之發展，可參閱 John A. Usher, The Law of Money and Financial Services in the EC, 2nd ed. (Oxford: Oxford University Press, 2000).

[17] Fabian Amtenbrink: "What Role for the European Union in Shaping Global Financial Governance?" p.247.

[18] De Larosière Report, 25.02.2009, p.10.

[19] 請參閱 Lucia Quaglia, The European Union & Global Financial Regulation (Oxford: Oxford University Press, 2014).

貳、G20 金融高峰會議

G20 金融高峰會議嘗試以多邊的方式，提高國際金融論壇與機構的效率，而歐盟在 G20 金融高峰會議扮演一個領導的角色。2011 年時，歐盟已經以其整合的金融市場規模積極的參與 G20 金融高峰會議，主張應在全球層級加強金融管制制度、審慎監理、風險管理、跨金融體系進行總體審慎監理。[20] 接下來，將闡述歐盟在 G20 金融高峰會議扮演的角色及其影響力。

一、發展沿革

2008 年全球金融海嘯爆發以來，G20 金融高峰會議成為全球金融改革最重要的場域，進行最重要的金融穩定對話機制。G20 金融高峰會議的前身為七大工業國組成的 G7，其中法國、德國、英國與義大利為創始成員，1977 年 G7 在倫敦舉行會議，執委會首次與會，目前歐盟亦為 G20 的成員。[21]

G20 金融高峰會議是由重要的工業先進國家與新興工業國家的開發中國家成立於 1999 年，以定期共同討論全球經濟的高峰會議。歐盟在 G20 金融高峰會議中是一個非常特別的情形，是唯一一個非國家的成員，而歐盟在 G20 金融高峰會議上，愈來愈團結並取代會員國，已經成為 G20 金融高峰會議最強勢的成員，對於某些小的會員國直接被排除參與 G20 金融高峰會議，但另一方面透過歐盟在 G20 金融高峰會議卻又有間接的話語權，為了團結一致對外的立場，歐盟會員國在 G20 金融高峰會議舉行前會先進行會議協調彼此的立場。[22]

2009 年 4 月，由於金融風暴重創全球經濟，G20 金融高峰會議於倫敦高峰會通過決議，將原金融穩定論壇（Financial Stability Forum）改為金融穩定委員會（Financial Stability Board），並於 2009 年 6 月 27 日正

---

[20] Fabian Amtenbrink: "What Role for the European Union in Shaping Global Financial Governance?" p.254.

[21] Jan Wouters, Sven Van Kerckhoven, Jed Odermatt (2012), The EU at the G20 and the G20's Impact on the EU, http://dx.doi.org/10.2139/ssrn.2274778., p.259.

[22] Ibid.

式開始運作。金融穩定委員會權責包括評估全球金融系統優缺、監督各國金融體系進行改革、促進各國政府交換相關訊息、建議並加強合作，及為跨境風險管理制訂解決方案等。金融穩定委員會成員機構包括 24 國中央銀行、財政部等政府機關及主要國際金融機構和委員會，目前委員會主席為義大利中央銀行總裁 Mario Draghi，旗下又分為風險評估委員會、監管合作委員會及標準執行委員會等三大常設委員會，並由前國際清算銀行（Bank of International Settlement，簡稱 BIS）總經理 Andrew Crockett、前美國聯準會副主席 Roger Ferguson 及主席 Draghi 兼任。

G20 金融高峰會議包括國家領導人會議與財政部長暨中央銀行總裁會議，執委會主席與歐洲高峰會議主席均會出席參與國家領導人會議，至於財政部長暨中央銀行總裁會議則是由主管經濟暨貨幣的執委會委員、部長理事會輪值主席與歐洲中央銀行總裁代表歐盟與會。[23] 西班牙及荷蘭雖非正式的成員，但通常受邀與會，G20 金融高峰會議的決議雖然無法律拘束力，而是由成員自願的執行決議，G20 金融高峰會議與金融穩定委員會有密切關係，歐盟執委會與歐洲中央銀行亦會代表出席金融穩定委員會。

歐盟有 9 個會員國（即比利時、法國、德國、義大利、盧森堡、荷蘭、西班牙、瑞典與英國）是巴塞爾銀行監理委員會的正式成員，歐盟與歐洲中央銀行具有觀察員身分，實際上針對金融市場監理與管制，歐盟在 G20 金融高峰會議與巴塞爾銀行監理委員會已經成功影響全球金融治理，特別是貫徹資本適足要件的立場，2010 年 9 月時已經決議「第三個巴塞爾決議」（Basel III），有全球更高的最低資本標準，2010 年 11 月首爾 G20 金融高峰會議各國並一致決議施行「第三個巴塞爾協議」。2011 年 6 月，執委會開始執行「第三個巴塞爾協議」，因而提出更高資本適足要件的指令草案包裹，並在 2014 年 1 月 1 日生效[24]，建立了金融機構審慎規範要件，適用於所有銀行與投資公司，成為銀行在歐洲單一市場內經營必須遵守的手冊。

---

[23] Ibid., pp. 260-261.

[24] 即 2013 年第 36 號資本適足要件指令與 2013 年第 575 號資本適足要件規章。

二、現況：2016 年杭州高峰會議

2016 年 9 月 4-5 日，在中國杭州舉行 G20 金融高峰會議，由於全球經濟正逐漸復甦，但成長仍遲緩，在金融市場上、原料價格變動、緩慢的貿易與投資、以及遲緩的生產力與就業成長，仍存在風險，同時在地緣政治的發展、難民潮、恐怖主義與區域衝突，仍充滿了挑戰。[25] 因此，G20 金融高峰會議公報指明杭州高峰會議聚焦於下列的議題：

1. 加強 G20 金融高峰會議成長議程。
2. 推行創新的成長概念與政策。
3. 建構一個開放的世界經濟。
4. 確保使所有國家與人民受惠經於濟成長。
5. 公布 G20 金融高峰會議公報。
6. 達成共識的文件作為附件。
7. 最後各國達成共識，2017 年在德國舉行第 12 屆 G20 金融高峰會議。[26]

2016 年 G20 金融高峰會議主要分為下列會議類型[27]：

（一）金融議題

1. 財政部長暨中央銀行總裁會議。
2. 財政官員與中央銀行代表會議。
3. 穩固永續與均衡成長架構工作小組。
4. 國際金融架構工作小組。
5. 投資暨基礎設施工作小組。
6. 氣候金融研究小組。
7. 綠色金融研究小組。

---

[25] European Commission – Statement: G20 Leaders' Communique Hangzhou Summit.

[26] European Council, Council of the European Union, G20 Summit, Hangzhou, China, 04-05/09/2016.

[27] Moreno Bertoldi, Heinz Scherrer, Guergana Stanoeva, The G20 and the EU, Economic Brief 009/April 2016, http://ec.europe.eu/economy_finance/publications/, p.3.

（二）非金融議題

G20 金融高峰會議已經是國際經濟與金融合作主要的論壇，因此 G20 金融高峰會議在國際金融發展扮演一個重要的角色。由於全球金融海嘯後，引發全球的經濟衰退，因此 G20 金融高峰會議亦涵蓋非金融的議題，例如貿易、就業、農業、發展、氣候變遷等。

1. 領導人高峰會議。
2. 勞動部長會議。
3. 能源部長會議。
4. 貿易部長會議。
5. 農業部長會議。
6. 農業代表會議。
7. 就業工作小組。
8. 能源永續工作小組。
9. 發展工作小組。
10. 反貪污工作小組。
11. 貿易暨投資工作小組。
12. 參與小組會議（Meetings of engagement groups）：Business 20, Labour 20, Think 20, Youth 20, Women 20。

　歐盟在 2016 年 G20 杭州高峰會議主張應優先處理下列的事務：

1. 在處理國際難民危機 G20 金融高峰會議之角色。
2. 就業、成長與投資。
3. 國際稅法透明化與打擊資助恐怖主義。
4. 有彈性的國際貨幣與金融體系。
5. 開放的貿易與投資。
6. 施行永續發展 2030 議程（2030 Agenda for Sustainable Development）與巴黎氣候變遷協定（Paris Agreement on Climate Change）。

　2016 年 G20 杭州高峰會議達成下列的成果：

1. 為全球經濟指明方向與規劃路徑。

2. 創新成長方式，為全球經濟注入新動力，僅單純依靠金融或貨幣政策並無法達成經濟成長目標，必須有創新成長藍圖。

3. 完善全球經濟金融治理，提高全球經濟抗風險能力。

4. 重振國際貿易與投資兩大引擎，建構全球開放型經濟，應加強 G20 金融高峰會議的貿易與投資機制建設，共同制定 G20 金融高峰會議全球貿易增長策略。

5. 決心推動包容與聯動式發展，讓全世界受惠於 G20 金融高峰會議的合作成果。

三、歐盟在 G20 金融高峰會議之影響力

金融穩定委員會、國際貨幣基金與國際清算銀行在 2009 年 4 月 2 日舉行的金融穩定論壇，設計出總體審慎政策工具（macro-prudential policy tools），連結總體與個體審慎政策、以及危機處理的跨國合作。[28] 在國際層次，這三個國際金融組織亦指明，總體審慎政策是個體審慎政策與其他類型公共政策之補充。[29] 歐盟與美國對於全球金融治理分庭抗禮，也是形塑全球金融治理標準最強勢的兩大經濟體，而執委會代表歐盟與各國協商談判，執委會往往呼籲應在全球有更多的整合與定期進行重要監理機關的諮商，以確保有一個平順的運作環境。[30] 因而歐盟可以藉由要求位於第三國的歐洲金融機構遵循歐盟的標準，而使得第三國亦逐漸採取歐盟的標準，因此在海外有效率的使用歐盟金融治理標準。

2010 年至 2012 年的歐債危機，亦嚴重衝擊美國經濟，猶如形成一個「跨大西洋事件」（transatlantic affair）[31]，美國與歐盟間的競爭，卻使得歐盟更積極的參與全球金融治理，除了美國外，歐盟亦與主要的經

---

[28] FSB, IMF and BIS, Financial Stability Forum: Principles for Cross-Border Cooperation on Crisis Management, 02.04.2009.

[29] FSB, IMF and BIS, Macroprudential policy tools and frameworks, 05.04.2012.

[30] M. Barnier, Financial regulation: How to achieve global convergence, Speech held at the Eurofi High Level Seminar, Copenhagen, 29.03.2012, Speech/12/246.

[31] Marina Vadimovna Strezhneva (2015), The EU's Participation in Global Financial Governance, p.3, accessed February 19, 2017, http://euroacademia.eu/wordpress/wp-content/uploads/2014/11/Marina_Strezhneva_The_EU%E2%80%99s_Participation_in_Global_Financial_Governance.pdf.

貿夥伴,例如日本、中國、印度、俄羅斯與巴西進行金融法規的諮商,因此在全球金融海嘯後,歐盟就以一個整體作為穩定的力量參與全球金融法規的討論。G20 金融高峰會議已經是金融事務主要的協調論壇,建立全球的金融法規標準,例如總體審慎監督、金融系統風險的監理、加強銀行體系的穩定、加強規範影子銀行(shadow banking)、衍生性金融商品、以及規範金融體系重要金融機構的特別制度。[32]

　　從歐盟的角度來看,G20 金融高峰會議是一個可以遊說其他國家遵循歐洲規則的場所,雖然歐盟基礎條約並未正式規範 G20 金融高峰會議,但歐盟運作條約第 34 條規定,全體會員國應在國際組織內或國際會議中,協調彼此的行動,基本上全體會員國在 G20 金融高峰會議前,均會在部長理事會或歐洲高峰會議先行討論及交換意見[33],並訂出歐盟的立場,而往往也成為 G20 金融高峰會議會後的宣言。[34]值得注意的是,G20 金融高峰會議的最大發展就是將金融穩定論壇轉換成金融穩定委員會,金融穩定委員會監督國際與各國施行 G20 金融高峰會議決議的各項政策,歐盟因此亦建立歐洲金融監理體系(European System of Financial Supervision,簡稱 ESFS)。[35]

　　雖然並非每次歐盟主張的金融穩定政策措施都會被 G20 金融高峰會議照單全收,但歐盟的經濟實力與影響力卻是不容忽視,尤其是正當金融海嘯時期,歐盟在 G20 金融高峰會議一再重申金融制度改革的決心,一步一步的落實金融監理包裹與完成規範架構的改革,並鼓吹國際貨幣基金的治理。透過 G20 金融高峰會議,歐盟明確的表達確保穩健、

---

[32] Ibid.

[33] Jan Wouters, Sven Van Kerckhoven, Jed Odermatt (2012), The EU at the G20 and the G20's Impact on the EU, http://dx.doi.org/10.2139/ssrn.2274778., p. 261.

[34] Ibid., pp.260-262.

[35] 為建立歐洲金融監理體系,歐盟公佈許多的規章與指令,例如 2010 年第 1092 號建立歐洲金融體系總體審慎監理與設立歐洲系統風險理事會規章,OJ 2010 L 331/1;2010 年第 1093 號設立歐洲銀行監理局規章,OJ 2010 L 331/12;2010 年第 1094 號設立歐洲保險暨企業退休金監理局規章,OJ 2010 L 331/48;2010 年第 1095 號設立歐洲有價證券暨市場監理局規章,OJ 2010 L 331/120;2010 年第 1096 號授權歐洲中央銀行針對歐洲系統風險理事會發揮作用的特別工作規章,OJ 2010 L 331/162。

永續與均衡成長（strong, sustainable and balances growth）的優先目標[36]，歐盟與 G20 金融高峰會議為雙向相互影響，歐盟積極規劃擬定 G20 金融高峰會議的議題，另一方面又嚴謹的貫徹 G20 金融高峰會議的共識政策，因此歐盟已經實際參與全球金融治理，特別是 2011 年 1 月 1 日起歐洲系統風險委員會與國際貨幣基金及金融穩定委員會合作，以防止系統風險之產生。[37]

參、歐洲單一金融市場

1999 年經濟暨貨幣同盟進入第三階段與開始施行金融服務行動計畫，都是促成歐洲金融市場統合與法規整合進入一個新的里程碑，接著建立一個新的金融法規與監理架構。近年來，歐盟愈來愈明顯積極參與全球治理，全球金融海嘯爆發後，歐盟在全球金融議題上，更是凸顯歐洲金融市場的重要性。事實上，隨著資金自由流通原則而逐步完成歐洲單一金融市場，歐盟亦建立一套歐洲金融市場法。也就是歐洲單一金融市場是由 28 個會員國金融市場組成，必須遵守歐盟單一手冊內的共同、整合的法規，已經形成一套歐洲金融市場法，這些金融市場法促進自由的跨國金融活動。單一手冊是銀行聯盟的基礎，由許多的法規組成，例如銀行資本適足要件，以確保更佳的保障存款人、以及規範銀行失靈的防止與管理。

一、單一金融監理體系

在全球金融海嘯時，自 2011 年 1 月 1 日起，歐盟建置了新的單一金融監理機關，以支援在單一金融市場的穩定。歐洲單一金融監理機制為歐盟新的超國家行政結構，以支援歐盟單一金融市場的治理，此一單一金融監理機制包括三個獨立的歐洲金融監理局[38]，即位於倫敦的

---

[36] European Council Conclusions, Brussels, 30.11.2011, para 11.

[37] Jan Wouters, Sven Van Kerckhoven, Jed Odermatt (2012), The EU at the G20 and the G20's Impact on the EU, p. 267.

[38] Walter Frenz, Christian Ehlenz, Rechtsangleichung über Art.114 AEUV und Grenzen gemäß Art.5 EUV nach Lissabon, EuZW 2011, S.623.

歐洲銀行監理局（European Banking Authority）、位於法蘭克福的歐洲保險業暨企業退休金基金監理局（European Insurance and Occupational Pensions Authority）與位於巴黎的歐洲有價證券暨市場監理局（European Securities and Markets Authority）。總而言之，歐洲單一金融監理體系由執委會與會員國監理機關形成一個真正的多層級的金融監理制度，三個獨立的歐洲金融監理機關是上層的監理機關，應致力於維護會員國的共同利益，而與會員國的監理機關、執委會與歐洲系統風險委員會（European Systemic Risk Board）形成一個結合的監理網絡。[39] 雖然歐洲單一金融監理機關主要的作用為支援歐盟單一金融市場的穩定與效率，但亦授權三個金融監理機關與國際機構的合作，例如 2010 年第 1093 號設立歐洲銀行監理機關（即歐洲銀行監理局）規章[40] 第 33 條。

2014 年第 65 號指令[41]（即所謂的 MiFID II）與 2014 年第 600 號規章[42]（即所謂的 MiFIR）為歐盟最主要的金融市場規範措施，這兩個法規授權歐洲有價證券暨市場監理局在其職權範圍內應進行國際合作與協調，特別是在歐盟金融體系相關的監理合作與協調，包括在會員國主管機關與第三國主管機關間促進資訊交流與合作協定。以參與 IOSCO 為例，歐洲有價證券暨市場監理局為列席成員，但實際上卻在 IOSCO 的協調金融監理亦獲得相當的可信度與發揮相當的影響力，在全球金融海嘯後，金融穩定委員會要求 IOSCO 應進行同儕檢討（peer review）[43]，因此歐洲有價證券暨市場監理局在 IOSCO 亦加強其在全球金融治理的影響力。[44] 總而言之，歐盟（常常是由歐洲中央銀行代表歐盟）為了自

---

[39] Michael Röttingen-Christina Lang, Das Lamfalussy – Verfahren im Umfeld der Neuordnung der europäischen Finanzaufsichtsstrukturen: Entwicklung und Ablauf, EuZW 2012, S.9.

[40] OJ 2010 L331/12.

[41] OJ 2014 L173/349.

[42] OJ 2014 L 173/84.

[43] International Organization of Securities Commissions, Peer Review of Implementation of Incentive Alignment Recommendations for Securitization, 2014, accessed December 15, 2015, http://www.iosco.org/library/pubdocs/pdf/IOSCOPD504.pdf.

[44] Pierre-Henri Conac, The European Union's Role in International Economic Fora, Paper 6: IOSCO., Report prepared for the European Parliament, accessed December 15,

身的利益與保護全體會員國的利益，無形中歐盟強化了國際金融標準的能力。

在歐盟的金融治理中，三個歐洲金融監理機關為新的行政機關，但在複雜的組織架構運作與層次結構的陰影[45]（shadow of hierarchy）下發展，而這三個歐洲金融監理機關係獨立的管制機關，設立三個歐洲金融監理機關的法律依據為歐盟運作條約第 114 條，依據歐洲法院之見解[46]，這三個歐洲金融監理機關僅有特別的權力，也就是僅限於金融監理權[47]（supervisory powers）；針對經濟暨貨幣同盟事務，歐洲銀行監理局仍必須在銀行聯盟（Banking Union）的範圍內受歐洲中央銀行的監督。

二、銀行聯盟

執委會體認到只有改革歐盟的金融架構法規是不夠的，還必須致力於在經濟暨貨幣同盟內的金融穩定，尤其是必須採取追蹤在歐元區內特別風險的步驟，雖然會員國的監理機關相互協調，但只有協調是不夠的，特別是在歐元區更需要有共同的決策機制、加強金融業的單一市場與歐元區的貨幣政策有效率的運用到實體經濟。因此，執委會呼籲應在銀行領域建立一個銀行聯盟，以作為經濟暨財政統合長期願景的一部分。[48]

2012 年時，歐盟陸續公布許多規章，即所謂的「歐洲市場基礎設施規章」（European Market Infrastructure Regulation，簡稱 EMIR）[49]、

2015, http:// www.europal.europa.eu/RegData/etudes/STUD/2015/542195/IPOL_STU(2015)542195_EN.pdf.

[45] Adrienne Heritier, Dirk Lehmkuhl, "Introduction: The Shadow of Hierarchy and New Modes of Governance," Journal of Public Policy 28, no.1 (2008): pp.1-17.

[46] Case C-270/12, UK v. Council and Parliament, 2014 ECR.

[47] Case 9/56, Meroni v. High Authority, 1957/1958 ECR 133.

[48] European Commission: A Roadmap towards a Banking Union, COM (2012) 510 final, p.3.

[49] 歐洲市場基礎設施規章即為 2012 年第 648 號規章，OJ 2012 L 201/1。主要在規範非股市交易的 OTC 衍生性商品、避險基金（hedge-funds）等，市場參與者必須透過中央交易對手（Central Counterparty）清算其非股市的標準衍生性業務、向一個交易登記機關申報這些 OTC 的業務，並授權歐洲有價證券暨市場監理局實施歐洲市場基礎設施規章。申言之，歐洲市場基礎設施規章主要內容為標準的 OTC

2013 年 7 月公布另類投資基金經理人指令（Alternative Investment Fund Managers Directive），這些法規主要要加強在歐盟境內經營的外國金融企業，以防止規避在所在國監理機關的監理。2009 年美國通過 Dodd-Frank 法，以改革華爾街的金融監理與加強金融消費保護，強調監督系統風險與加強監督信貸評等機構（credit rating agencies）。美國的金融監理改革也激發歐盟更進一步的改革，預計在 2018 年時要完全發展成一個歐洲銀行聯盟（European Banking Union）。2010 年時，銀行聯盟已經完成初步的階段，而建立一個雙層的金融監理制度，即

1. 上層由歐洲系統風險理事會與歐洲中央銀行組成。
2. 下層則由全體會員國的金融監理機關與三個歐洲金融監理局組成一個網絡，由一個分散的監理結構結合成一個跨領域的監理結構。

　　2012 年 6 月 29 日，在布魯塞爾舉行的歐元區高峰會議決議歐元區會員國彼此應互相支援，除了要防止主權債務的惡化外，同時要對銀行建立一個單一監理機制（Single Supervisory Mechanism）[50] 與歐洲穩定機制（European Stability Mechanism），即建立所謂的銀行聯盟（Banking Union）。銀行聯盟聚焦在打破歐元區銀行失靈與主權債務的連結，提供一個穩定的平台，以支援在全體會員國發展一個資本市場聯盟；同樣的，良好完整的資本市場有助於提高經濟暨貨幣同盟的抗壓性。[51] 也就是要在歐元區建構一個真正的經濟暨貨幣同盟，應包含單一的銀行監理、共同的存款保險制度與決議架構。[52]

　　為實現銀行聯盟第一步的單一監理機制，並設立一個單一清算基金（Single Resolution Fund）有效率的管理銀行解散清算，並保障實體經

衍生性商品的清算義務、對 OTC 衍生性商品特別的風險管理與 OTC 衍生性商品的申報義務，此一規章於 2012 年 8 月 16 日生效施行。2012 年 9 月 27 日，歐洲有價證券暨市場監理局已經公布管制與技術標準作為施行規定。

[50] 也就是由歐洲中央銀行負責，在上層對銀行實施單一監理機制，歐洲中央銀行直接負責約 140 家大型銀行與間接負責在歐元區所有 6000 家小型銀行的監理，並由歐洲中央銀行與會員國監理機關的合作。

[51] COM (2015) 63 final., p.5.

[52] European Commission, A roadmap towards a Banking Union, COM (2012) 510 final.

濟受最小的衝擊。自 2016 年 1 月 1 日起，成立單一清算理事會（Single Resolution Board），以負責由歐洲中央銀行直接監理歐元區銀行解散清算的業務。[53] 歐洲中央銀行與會員國的主管機關依據歐洲單一手冊（European Single Rulebook）進行銀行監理，這些規則不僅適用於歐元區的金融機構，並且適用於全歐盟境內的金融機構。[54]

也就是執委會進行許多的金融改革，以建立單一市場更安全與更穩固的金融業，這些改革措施包括對銀行業更嚴格的審慎要件、改善存款保障及管理失靈銀行、在全歐盟 28 個會員國內對全體金融業者形成一個單一手冊，因此單一手冊為銀行聯盟的根基。[55] 這些單一手冊的共同規則就是要協助單一監理機制與單一清算機制，以阻止銀行危機的發生，這些規則要求銀行有適足的自有資本 [56] 與管理銀行清算程序的共同架構 [57]，這些規則並協助保護存款人在全歐盟內保證 10 萬歐元不受擠兌的影響，在 2019 年以前，執委會將檢討會員國的存款保證制度（Deposit Guarantee Schemes），是否在銀行聯盟架構下，建立一個泛歐的存款保證制度。

肆、資本市場聯盟

資本市場聯盟（Capital Market Union）為執委會在資本市場範圍最新的政策倡議，執委會一提出此一倡議即引起廣大的迴響，因為資本市場聯盟係一個單一的資本市場，同時目標為在全球金融海嘯後，使中小企業受利，也就是使中小企業更容易取得所需要的融資。[58] 資本市場聯

---

[53] http://ec.europa.eu/finance/general-policy/banking-union/index_en.htm, accessed August 9, 2016.

[54] Danny Busch, Guido Ferrarini, eds., European Banking Union, (Oxford: Oxford University Press, 2016), p.4.

[55] http://ec.europa.eu/finance/general-policy/banking-union/index_en.htm, accessed August 9, 2016.

[56] 包括 2013 年第 36 號資本適足指令與 2013 年第 575 號資本適足規章。

[57] 即銀行重整暨清算指令（Directive on Bank Recovery and Resolution）。

[58] Pierre Schammo (2015), Capital Markets Union and Small and Medium – Sized Enterprises: A Preliminary Assessment, Working Paper, p.2.

盟為一個不甚明確的概念，資本市場聯盟與銀行聯盟不同，資本市場聯盟係 2014 年 7 月現任執委會主席容科（Jean-Claude Juncker）在歐洲議會演講提出的概念，提出歐洲投資計畫（Investment Plan）（又稱為「容科計畫」）的倡議，推動新的投資政策，希望藉由投資計畫長期投資於基礎設施，促進歐洲經濟復甦[59]，以創造更多的就業機會、長期的成長與提高競爭力。[60]

依據執委會在 2015 年公佈的「建構資本市場聯盟綠皮書」（Green Paper: Building a Capital Markets Union）[61]，闡述在「容科計畫」[62] 下，建構一個資本市場聯盟，以在全體會員國間形成一個真正的單一資本市場。容科的構想是應以資本市場聯盟補充對銀行新的歐盟法規，為改善對企業的融資，應進一步發展與整合資本市場，這有助於減少融資的成本，特別是對中小企業，同時有助於降低對銀行融資的依賴，亦可以提高歐洲作為投資地的競爭力。[63] 資本市場聯盟是歐盟的一個基礎設施計畫項目，而不是只適用於歐元區的計畫項目。[64] 相較於其他國家，歐洲企業仍相當仰賴銀行取得融資，因此更強大的資本市場可以補充銀行提供融資，同時可以投資更多企業（特別是中小企業）與基礎設施項目、吸引更多外國的投資人到歐盟投資、以及開放更廣泛的融資來源、建立更穩定更穩定的金融制度。[65]

---

[59] http://ec.europa.eu/priorities/jobs-growth-investment/plan/index_en.htm, accessed August 11, 2016.

[60] COM (2014) 903 final, p.4.

[61] COM (2015) 63 final.

[62] 2014 年 12 月 6 日，執委會在史特拉斯堡舉行會議時，主席容科提出振興經濟的最優先方案，即為歐洲投資計畫（Investment Plan for Europe），又稱為『容科計畫』（Juncker Plan）或『歐盟基礎設施投資計畫』（EU Infrastructure Investment Plan），推動新的投資政策，希望藉由投資計畫長期投資於基礎設施，促進歐洲經濟復甦，以創造更多的就業機會、長期的成長與提高競爭力。目標將在 2015 年至 2017 年三年的會計年度在實體經濟的公共與民間投資 3150 億歐元。

[63] Jean-Claude Juncker, "A New Start for Europe: My Agenda for Jobs, Growth, Fairness and Democratic change," Strasbourg 15 (July 2014), http://ec.europa.eu/priorities/docs/pg_en.pdf.

[64] COM (2015) 63 final., p.5.

[65] COM (2015) 63 final., p.2.

　　資本市場聯盟就是要實現一個單一的資本市場，以便資金可以跨國的自由流通，同時資本市場聯盟也是一種方法，以減少對銀行資金的依賴，協助實體經濟（特別是中小企業）取得所需的資金，並協助投資人取得更多的投資機會，這些目標反映出執委會當前促進就業、成長與全球金融海嘯後振興企業的重要方案，當然這也是容科計畫的優先項目。[66]在全球金融海嘯後，銀行受到嚴重的衝擊，因而採取緊縮的貸款政策，企業更不容易取得融資。因此，執委會主席容科提出資本市場聯盟以作為金融海嘯後振興經濟的重要方案，特別是協助中小企業更容易取得融資，以期創造更多的就業機會。

　　建構資本市場聯盟五個重要的原則[67]為：
1. 應對產業、就業與成長最大化資本市場的利益。
2. 應藉由廢除在歐盟內的跨國投資障礙、促進與全球資本市場更緊密的連結，對全體會員國以建立一個單一的資本市場。
3. 應建立在金融穩定的堅實基礎上，對金融業適用有效和一致的統一規則手冊。建構一個資本市場聯盟是一個長期的計畫，歐盟其實已經開始建立一個統一規則手冊，已經進行了許多重要的法規改革，例如金融工具市場（markets in financial instruments）、市場濫用（market abuse）、另類的投資基金經理人（Alternative Investment Fund Managers）、歐洲市場基礎設施（European market infrastructure）與集中證券保管（central securities depositories）。
4. 應確保有效的消費者保護與投資者保護。
5. 應協助吸引全球的投資與提高歐盟的競爭力。

　　資金自由流通為歐盟條約明文規定的目標，而促進中小企業取得融資實屬歐盟過去改革未完成的工作，在 1998 年提出「風險資本行動計畫」（Risk Capital Action Plan）[68]，目的在於促進發展歐洲的風險資本市

[66] Pierre Schammo (2015), Capital Markets Union and Small and Medium – Sized Enterprises: A Preliminary Assessment, Working Paper, p.11.

[67] COM (2015) 63 final., p.5.

[68] http://cordis.europa.eu/documents/documentlibrary/30636641EN19.doc, accessed December 28, 2016.

場，強調應使歐洲企業（特別是中小企業與快速成長的企業）以「對的價格」、在「對的地方」和「對的時間」取得「對的融資」，以擴展業務，是非常重要的，因此在金融海嘯後，執委會更加體認到解決中小企業取得融資的問題，銀行在資本市場聯盟扮演重要的角色，同時亦對歐洲經濟具有關鍵的角色。[69]

　　資本市場聯盟的一個核心目標是使中小企業更容易取得融資，但實際上中小企業是一個保護傘條款（umbrella term）[70]，歐盟對於中小企業並無單一的定義，2003 年 5 月執委會針對微企業、中小企業定義建議[71]，中小企業係指員工少於 250 人且年營業額未超過 5,000 萬歐元、且或年度財報未超過 430 萬歐元的企業；公開說明書指令（Prospectus Directive）第 2 條第 1 項第 1 款定義中小企業採同一規定，但第二個金融工具市場指令（MiFID II）第 4 條第 1 項與第 13 項對於中小企業定義，係指根據前三個年度年底的金額平均市場資本化低於 2 億歐元的企業。

　　由於中小企業的規模小，雖然可以在資本市場上市籌集所需的資金，但上市需考慮上市的花費，例如必須遵守資訊揭露的要件與其他法規要件，對於中小企業而言，在資本市場上籌資相對不符合經濟效益，根據調查資料顯示，許多小型企業主要仍是向銀行貸款融資，每年營業額至少 5,000 萬歐元的企業在資本市場上籌資才比較符合經濟效益。[72]

　　2015 年 2 月 18 日，執委會開始檢討公開說明書指令[73]，執委會希望可以建構一個簡單、透明與標準化的證券化架構，因為發展高品質的證券化是建立資本市場聯盟的重要因素之一。[74]公開說明書是證券發行

[69] COM (2015) 63 final., p.4.

[70] Pierre Schammo (2015), Capital Markets Union and Small and Medium – Sized Enterprises: A Preliminary Assessment, p.16.

[71] OJ 2003 L 124/36.

[72] Pierre Schammo (2015), Capital Markets Union and Small and Medium – Sized Enterprises: A Preliminary Assessment, p.18.

[73] http://ec.europa.eu/finance/consultations/2015/prospectus-directive/docs/consultation-document_en.pdf.

[74] European Commission, An EU framework for simple, transparent and standardised securitisation, http://ec.europa.eu/finance/consultations/2015/securitisation/docs/consultation-document_en.pdf.

人藉由公開發行籌集資金或尋求核准在受管制市場交易有價證券的重要
文件，而必須由相關的主管機關核准每個公開說明書。原來公開說明書
指令第 1 條第 2 項第 h 款排除小型企業上市，即指低於 500 萬歐元的有
價證券上市，第 3 條第 2 項規定公開發行必須在每個會員國超過 150 人
認購或證券發行超過 10 萬歐元，因此對於中小企業在資本市場籌資仍
相當不符合經濟效益。執委會考量是否應對中小企業實施一個量身訂製
的公開說明書制度[75]、與是否應修訂公開說明書的核准制度。2011 年 11
月時，公布第 73 號公開說明書修正指令[76]，以期建立一個適當的資訊揭
露制度、消除防止非股票特定類型發行人選擇不同主管機關的限制、在
員工持股制度下，促進對員工發行證券。[77]

　　整體而言，中小企業要在證券市場上籌集資金面臨資訊揭露問題的
複雜與上市不符合經濟效益，可以想見未來銀行仍然是中小企業主要的
融資來源，為保護投資人與籌資的中小企業，因此在資本市場聯盟中應
採取「一站式的服務」（one-stop shop），以協助中小企業取得支援、
諮詢、所需的資訊，事實上歐盟對於中小企業已經有一個歐洲企業網絡
（Enterprise Europe Network），即為對於中小企業的「一站式的服務」。[78]
畢竟資本市場聯盟應提供給中小企業更多的融資選擇，銀行在資本市場
聯盟終將維持提供融資重要的角色。[79]

　　在 2015 年 9 月 30 日，執委會提出「建構資本市場聯盟行動計畫」
（Action Plan on Building a Capital Markets Union）[80]，執委會指明首要目
標為強化歐洲經濟與促進投資，以創造就業；為加強長期投資，因此需
要有更強大的資本市場，以提供企業新的融資來源、協助儲蓄人更多的
儲蓄選擇、使經濟更有彈性，這也是容科接任執委會主席後的首要工作
項目之一，應在全體會員國建構一個真正的單一資本市場，即所謂的資

---

[75] European Commission, Review of the Prospectus Directive, p.14.

[76] OJ 2010 L 327/1.

[77] COM (2009) 491 final.

[78] 2013 年第 1287 號規章（COSME），OJ 2013 L 347/33。

[79] Pierre Schammo (2015), Capital Markets Union and Small and Medium – Sized
Enterprises: A Preliminary Assessment, p.36.

[80] COM (2015) 468.final.

本市場聯盟。[81]

　　透過資本市場聯盟，支持經濟凝聚與協助解決歐元區的經濟震盪，亦可以支撐經濟暨貨幣同盟。[82] 更強大的資本市場可以補充歐洲銀行融資的強勢傳統，同時更強大的資本市場有下列的作用：

1. 開啟更多來自歐盟與其他國家的投資：資本市場聯盟有利於歐洲資金的流動，將資金導向所有的企業（包括中小企業在內）、基礎設施與長期永續的項目，皆有助於創造更多的就業機會；另一方面，資本市場聯盟亦提供儲蓄人更好的選擇，可以規劃更好的退休理財。
2. 在歐盟內有更好的連結投資項目的融資：市場規模小、而有高成長潛力的會員國對於其基礎設施項目，可以獲得更好的融資與投資管道；而已經開始發展資本市場的會員國可以從更大的跨國投資與存款機會獲益。
3. 使金融體系更穩定：完整的金融與資本市場有助於會員國（特別是歐元區的會員國）承擔經濟震盪的衝擊。
4. 深化金融整合與提高競爭力：更多的跨國風險分享、更深化及更流通的資本市場、更多元的資金來源將深化金融整合、降低成本費用及提高歐盟的競爭力。

　　簡言之，資本市場聯盟將加強儲蓄存款與成長的連結，可以提供給儲蓄人及投資人更多的選擇與更好的獲利，同時亦會給企業在不同發展階段更多的融資選擇。要達成資本市場聯盟，必須採去許多具體的措施，以便消除在投資人的資金與投資機會間的障礙、克服阻礙企業取得融資的障礙，應盡可能使會員國內與跨國的融資管道更有效率。愈緊密整合的資本市場與逐步消除會員國現有的障礙，以避免有可能會對金融穩定產生新的風險，因此應提高金融監理整合，以便資本市場的主管機關以一致的方式進行監理，並加強可使用的工具，以審慎有效的管理系統風險（systemic risks）。[83]

---

[81] Ibid., p.3.

[82] Ibid.

[83] Ibid.

伍、結語

　　歐盟金融市場已經是全球金融體系的重要市場實力，已經和美國可以分庭抗禮，亦足以主導全球金融法規的制定與施行。在國際金融治理，藉由各國主管機關的協調發展出一套國際準則，已經愈來愈重要成為管理經營風險的規則，雖然歐盟在全球金融治理主要仍是由會員國的主管機關參與，但隨著歐洲單一金融市場愈來愈緊密的結合，歐洲的金融監理機關開啟了一個新的行政管道，以參與全球金融治理與國際金融規則的制定。

　　全球金融海嘯爆發後，歐盟體認到系統風險對於單一金融市場的衝擊，必須在全球層級解決問題，不僅在 G20 金融高峰會議中，歐盟在協調程序中扮演著主導地位，同時亦必須在 G20 金融高峰會議中實施所承諾的事務，歐盟亦有效率的整合全球金融規則，也就是歐盟持續的履行在 G20 金融高峰會議的承諾轉換成自己的法規與政策文件，例如2010 年第 1092 號建立歐洲系統風險委員會規章在歐盟層級以總體審慎管制與監理預防對於金融穩定的系統風險，實際上就是體現國際貨幣基金、金融穩定委員會、巴塞爾銀行監理委員會與 G20 金融高峰會議決議的全球金融標準。

　　總而言之，歐盟金融治理的制度化與立法，提高了被認可規範的執行與改善金融監理，當然也加強了歐盟在全球金融治理的立場與角色。為了實現歐盟的資本市場聯盟，自 2017 年起，執委會勢必陸續公布新的金融市場法，以規範風險資本與股票融資，使中小企業更容易在公開的金融市場上籌集所需的資金、促進跨國金融投資、強化銀行的融資角色、建構歐盟的證券化市場、加強金融監理的凝聚及資本市場抗壓能力的建構、檢討歐盟總體審慎架構以提高維持金融穩定的能力。

國家圖書館出版品預行編目 (CIP) 資料

歐盟全球經濟治理／陳麗娟主編 . -- 一版 . --
  新北市：淡大出版中心，2017.08
    面； 公分
  ISBN 978-986-5608-65-1 (平裝)

  1. 歐洲聯盟 2. 國際經濟 3. 文集

578.1642   106011083

叢書編號 PS016   ISBN 978-986-5608-65-1

歐盟全球經濟治理　*EU's Global Economic Governance*

著　　者　陳麗娟　主編

社　　長　林信成
總 編 輯　吳秋霞
行政編輯　張瑜倫
行銷企劃　陳卉綺
內文排版　張明蕙
封面設計　斐類設計工作室

發 行 人　張家宜
出 版 者　淡江大學出版中心
　　　　　地址：25137 新北市淡水區英專路 151 號
　　　　　電話：02-86318661/ 傳真：02-86318660
出版日期　2017 年 8 月 一版一刷
定　　價　420 元

總 經 銷　**紅螞蟻圖書有限公司**
展 售 處　淡江大學出版中心
　　　　　地址：新北市 25137 淡水區英專路 151 號海博館 1 樓
　　　　　電話：02-86318661　　　　　傳真：02-86318660
　　　　　淡江大學—驚聲書城
　　　　　地址：新北市淡水區英專路 151 號商管大樓 3 樓